创意写作书系

交互式新形态教材

COLLEGE
CREATIVE
WRITING

SECOND EDITION

# 大学创意写作

## 第二版

葛红兵 许道军 主编

中国人民大学出版社

·北京·

本教材系国家社科基金重大项目"世界创意写作前沿理论文献的翻译、整理与研究"(项目批准号:23&ZD294)、国家社科基金一般项目"创意写作与当代中国文学生态研究"(编号:20BZW174)阶段性成果。

主　　编：葛红兵

执行主编：许道军

编　　委（按姓氏拼音排名）

| | |
|---|---|
| 陈晓辉（西北大学） | 王宏图（复旦大学） |
| 陈佳冀（江南大学） | 王　忠（澳门城市大学） |
| 戴　凡（中山大学） | 吴　俊（上海交通大学） |
| 刁克利（中国人民大学） | 夏　烈（杭州师范大学） |
| 高尔雅（华东政法大学） | 徐　强（东北师范大学） |
| 葛红兵（上海大学） | 许道军（上海大学） |
| 何　平（南京师范大学） | 刘业伟（浙江传媒学院） |
| 江　冰（广东财经大学） | 易永谊（温州大学） |
| 金永兵（西藏大学） | 翟业军（浙江大学） |
| 梁慕灵（香港浸会大学） | 张永禄（上海大学） |
| 刘川鄂（湖北大学） | 张　生（同济大学） |
| 路　云（湖南理工学院） | 朱丛迁（澳门科技大学） |
| 谭旭东（上海大学） | 朱　军（上海师范大学） |

**编写者**

方钰铃　葛红兵　黄　斌　刘仕杰　吕永林　任丽青　王磊光　徐　倩　许道军　许　峰

# 第二版前言

《大学创意写作·文学写作篇》第一版发行以来，反响良好。据出版社统计，有60多所高校在使用这本书，用作本科教材或者研究生入学考试参考书；另有许多写作爱好者在网上自行购买，用于自学。这本书基本上实现了一年加印一次，其中部分章节被《啄木鸟》《文学报》等报刊以及许多公众号摘录发表、转载。此外，在关于高校创意写作教材编写研究的论文中，这本书也常常被作为重要的案例来考察。作为编著者，我们自然感到欣慰，同时也感到责任重大。

第一版发行于2017年，至今已经有7年了。按照教材使用惯例，它应该根据使用状况自动进入修订程序。更重要的是，中国创意写作已经进入高速发展期，创建创意写作学科，开设创意写作课程的高校越来越多，而华东师范大学、南京大学、浙江大学、同济大学等许多文科实力很强的高校也纷纷加入，大大加速了学科的发展。2009年的时候，只有复旦大学的创意写作在率先探索，到了今天，几乎所有的"985""211"文科或综合高校都设立了学科点或相关研究机构，尤其是一大批一线作家，如莫言、王安忆、阎连科、毕飞宇、李洱等知名作家，以各种形式受聘高校创意写作教职，无疑将创意写作的发展推向了新阶段。在这期间，创意写作的研究和实践也逐渐深入，相关的会议、活动不断进行，如"世界华文创意写作大会暨中国创意写作年会"已经举办到了第七届，大会会议论文集已经发展成为《中国创意写作研究》辑刊，"中国大学创意写作联盟""长三角高校创意写作教育教学联盟"等网络学术平台也相继成立，不定期展开学术讨论。中国人民大学的"创意写作书系"已经出版了70多种书，而上海大学的"上海大学创意写作丛书"也出版到了第三辑。2023年，创意写作发展更是达到一个"高潮"。4月，复旦大学、华东师范大学、北京大学等C9高校成立"中国大学创意写作联盟"；6月，上海大学成立"上海大学中国创意写作研究院"，发布《中国创意写作白皮书》；11月在第八届中国创意写作年会上，"中国中小学创意写作教育教学联盟"宣告成立；12月，继2020年国家社科基金一般项目"创意写作与当代中国文学生态研究"立项后，葛红兵教授领衔的国家社科基金重大项目"世界创意写作前沿理论文献的翻译、整理与研究"立项。而2024年1月，教育部中国学位与研究生教育学会宣布"中文创意写作"正式列入中国语言文学二级学科，这标志着创意写作的中国化与建制化进程进入了一个全新阶段。

这些喜人的发展态势，反过来对学科基础的教材提出了新的以及更高的要求，因此《大学创意写作》的修订成为十分紧迫的事情。实际上，这个工作从2022年冬季就开始了，到如今历时近两年。这次修订，体现在如下方面。

首先，在指导精神上，第二版在初版的基础上，进一步强化了社会主义核心价值观的指导地位，全面贯彻党的二十大精神，面向现代化、面向世界、面向未来，同时坚持文化自信，创造性继承与转化中华优秀传统文化，实现中西文明互鉴。习近平总书记明确指出："繁荣发展文化事业和文化产业。坚持以人民为中心的创作导向，推出更多增强人民精神力量的优秀作品，培育造就大批德艺双馨的文学艺术家和规模宏大的文化文艺人才队伍。""增强中华文明传播力影响力。坚守中华文化立场，提炼展示中华文明的精神标识和文化精髓，加快构建中国话语和中国叙事体系"。创意写作作为新兴学科、交叉学科，要为"培育造就大批德艺双馨的文学艺术家和规模宏大的文化文艺人才队伍"和"讲好中国故事、传播好中国声音，展现可信、可爱、可敬的中国形象"服务，在原理与技巧上为社会主义文化事业和文化产业培养新型写作人才。

其次，在体例上，第二版继续坚持守正创新思路，根据创意写作学科特点和中国创意写作发展实际，有坚持也有调整。它依旧坚持"基础性""通识性""知识性""实践性""思政性"思路，即：说清楚创意写作是一门什么样的学科，创意写作遵循什么样的创意与写作原理，创意写作可供借鉴与继续开发的技巧有哪些，创意写作如何上手、上路，创意写作如何与学生个人成长结合，等等。它不强求成为一本面面俱到的教材，因为创意写作学科不止"大学创意写作"这一门课程。据我们统计，国外这个学科有一百多门课程，从类型上说，包括基础课、通识课、文体课、工坊课等，而教材也相应包括学科基础教材、通识教材、文体写作教材、工坊教材等。但这是创意写作学科十分发达、内部已经实现细致分工的结果。就目前中国创意写作的发展来说，我们的课程类型和数量远远不够，教材撰写也是刚刚起步，因此在这个阶段，必须有一些课程、一些教材承担综合陈述学科发生发展论、本体论、方法论、实践论等信息的任务，要系统回答创意写作是什么、怎么兴起、应对何种问题、包括哪些内容等学科核心问题，建构学科基础知识体系。《大学创意写作》自觉承担了这样的使命，因此，我们坚持初版的思路，即在产业视野下定位创意写作学科，在学科视野下定位基础/通识教材，在基础/通识教材视野下定位体例，不对原有教材的体例做大幅度调整。我们希望它是一个母体，将来在条件成熟的时候，分蘖出更多的教材，如创意写作史，创意写作思维训练，小说写作、诗歌写作、散文写作、故事写作、文案写作等创意写作分文体训练教材，就像作为基础课/通识课的"创意写作"，分蘖出更多的创意写作课程一样。

再次，在内容上，第二版做了大幅度的改变与扩充。从定位看，它不再以"大学创意写作·文学写作篇"为名，而直接命名为"大学创意写作"，因为创意写作本身已包含文学写作。实际上，创意写作在百余年的发展过程中，的确以文学写作为中心，的确以大幅度提高文学写作数量与质量以及大批量培养文学作家而著称。但创意写作不是仅包含文学写作，因此在章节上，我们增加了"电子游戏剧本与剧本杀剧本""微短剧剧本与短视频脚本""广告文案与软文"三章。这些新增的内容，是今天写作语境下更为活跃的部分，也是最需要创意写作提供支持的部分。但反过来说，创意写作面向需求、面向文化创意产业的学科视野和学科使命，也更需要这些内容去落实、落地。这是一个改变，也是一个进步，当然更是一个挑战。

最后，在编著队伍上，我们力求由权威专家写作。葛红兵、许道军是中国创意写作学科的领军人物，他们领衔"创意写作的学科视野、理论基础与教学教法"的撰写是合适的。新加入的徐倩、方钰铃来自一线游戏公司，是资深项目主管、策划人，完成并上线过多个游戏作品，她们撰写"电子游戏剧本与剧本杀剧本"这一章，其内容自然是专家的经验之谈。刘仕杰是中国著名的自媒体策划与写作专家，出版了多部爆款著作、写作指南，她的加入等于"带项目入组"。王磊光是年轻的学者、作家，在非虚构理论研究方面成果卓著，其《一位博士生的返乡笔记》更是一度掀起了"返乡"写作热潮，该文章点击量达1.5亿，影响巨大。当然，为了增加教材写作的规范性和理论深度，每一章依旧实行集体写作制度，以保证写作的质量与权威性。比如许道军分别加入了"电子游戏剧本与剧本杀剧本""微短剧剧本与短视频脚本"写作团队，王磊光与吕永林、任丽青一起负责"非虚构文学与散文"这一板块。

在修订过程中，我们得到了中国人民大学出版社的大力支持，尤其是杜俊红、岳娜编辑，她们及时反馈了高校教师的教材使用情况和教材改进意见，我们根据这些宝贵信息对本书内容做了调整。还有许多老师通过微信、邮件等方式与我们交流了意见，提出了要求与设想。同时，修订工作也得到了本书写作团队的积极响应，他们按照要求保质保量地完成了任务，这里一并感谢。

2024年1月21日

# 序言

2004年，我从英国剑桥大学回来，带回两个想法：一是中国文化会产业化发展；二是高校文学教育会创意写作化。当时很难，谈"文化产业化发展"，谁都不理解，那个时候国内正兴起"文化批评"，正批评西方的文化工业；谈"高校要培养作家，要培养面向文化产业的写作者"，谁都摇头，那个时候，多数高校中文系是不培养作家的。

高校中文系要培养作家，同时要面向文化创意产业，培养文化创意产业基础从业人员。创意写作包含文学写作，同时也包含面向创意产业的生产性文本的创作。高校的创意写作学科要培养作家，就是我们传统意义上的纯文学作家，要培养类型小说作家、影视编剧，要培养文化产业的基础从业人员——策划编撰人员，要培养创意策划师。

创意写作是实践领域，但是，研究创意写作的内在规律，研究创意写作的教育教学规律，却是"学科"。高校需要这样的学科，需要能研究、能在理论上说清楚它的人。以往创意策划师不被承认，地位低于创意设计师，或者说，根本没地位，用文稿写出来的创意不值钱、不被当回事，为什么？就是因为没这个学科。所以，我们要创建中国化的创意写作学科。

创意写作学科建设中，创意写作教育教学方法的研究尤其重要。现在各地都在办创意写作，有一窝蜂的倾向，但是，我们的研究还没有跟上。一是作家教写作的体制，二是工坊制培养的体制，三是面向实践的强调实践能力的教学体制，四是创意潜能激发的课程思维。这些和我们传统的写作教学完全不同。传统中文写作是教格式写作、写作技巧；而现代创意写作是教创意思维，让人成为有创造力的人，提升文化创造力，让文化创造力成为生产力要素。我有个说法：科技是生产力，文化也是生产力；高校要做科技发动机，也要做文化发动机；让文化创新成为生产力，现在已经不是口号，而是正在发生的事实了。

我呼吁高校文学教育改革，创建本科创意写作教育教学体系；我呼吁承认文学教育是艺术教育，创意写作应该有自己的专业硕士方向。现在的问题，让我很担心，一哄而上的创意写作教育，将来会是什么样子？（1）是否真的研究了创意写作学科？本质认识、教学方法等，是否有根本改进？（2）是否真的用实践教学，用工坊制教学？是否能实现作家教写作？（3）是否会用纯文学观念束缚了学生？（4）是否研究了下游文化产业、文化服务及文化消费？是否能培养有领导力的新一代文化产业从业人员及领导者、开拓者？

本书为"上海大学创意写作研究丛书"的成果之一，丛书作者均为中国一线创意写作研究专家，他们对这个学科的中国化创生做出了卓越的贡献，这些专书有些经过高校相关课程的实证，用作教材，学生觉得有用，学生有好评，有些专书直接来自一线作者和工作者，它们紧贴写作爱好者实践、文化创意产业一线创意工作者的实际，上手快，能直接指导实践，有些专书来自这个学科第一批博士研究生、硕士研究生的研究成果，他们是中国第一批"创意潜能激发""创意技能拓展""创意潜能量化评估""创意写作教育教学方法"等方面的研究专家。

这些书是为写作学习者、爱好者及创意产业从业人员而编撰的，希望它们既是学习者的教科书，也是从业者的工作指南。

葛红兵

2015 年元月于上海

# 目 录

## 第一章　创意写作的学科视野、理论基础与教学教法

　　第一节　创意写作的学科视野　　　　　　　　　／ 5

　　第二节　创意写作的理论基础　　　　　　　　　／ 13

　　第三节　创意写作教学教法　　　　　　　　　　／ 21

## 第二章　故事与小说

　　第一节　故事　　　　　　　　　　　　　　　　／ 36

　　第二节　小说　　　　　　　　　　　　　　　　／ 52

## 第三章　戏剧小品与影视剧本

　　第一节　戏剧小品　　　　　　　　　　　　　　／ 66

　　第二节　影视剧本　　　　　　　　　　　　　　／ 85

## 第四章　非虚构文学与散文

　　第一节　非虚构文学　　　　　　　　　　　　　／ 112

　　第二节　散文　　　　　　　　　　　　　　　　／ 124

## 第五章　自由诗与歌词

第一节　自由诗　　　　　　　　　　　　　　　　/ 144

第二节　歌词　　　　　　　　　　　　　　　　　/ 156

## 第六章　电子游戏剧本与剧本杀剧本

第一节　电子游戏剧本　　　　　　　　　　　　　/ 173

第二节　剧本杀剧本　　　　　　　　　　　　　　/ 188

## 第七章　微短剧剧本与短视频脚本

第一节　微短剧剧本　　　　　　　　　　　　　　/ 204

第二节　短视频脚本　　　　　　　　　　　　　　/ 215

## 第八章　广告文案与软文

第一节　广告文案　　　　　　　　　　　　　　　/ 232

第二节　软文　　　　　　　　　　　　　　　　　/ 249

# 第一章 创意写作的学科视野、理论基础与教学教法

- 第一节　创意写作的学科视野
- 第二节　创意写作的理论基础
- 第三节　创意写作教学教法

作为一个历史概念，创意写作最初仅仅是指以文学写作为核心的高校写作教育改革，以"一项在全国高校内开设小说、诗歌写作课程的校园计划"和"一个招募小说家、诗人从事该学科教育教学的国家体系"形式拉开序幕[1]，后来泛指包括文学写作在内的一切面向现代文化创意产业以及适应文学民主化、文化多元化、传媒技术的更新换代等的多种形式的写作以及相应的写作教育。它在美国的发展过程中，为应对战后军人战争创伤、黑人教育、移民浪潮、女权运动、多元文化差异、文学类型化、美国梦塑形以及文化创意产业发展等问题发挥了巨大作用，与此同时，其自身也发展为一门成熟的学科，并在欧美、澳大利亚及亚洲等地区推广开来。

创意写作学科创生八十多年以来，相对于其他成熟学科，一直缺乏系统的研究，正如黛安娜·唐纳利描述的那样："创意写作一直是这样的一个领域，它避开了学识问题。"[2] 格雷戈里·莱特也认为："虽然创意写作作为正式的学科在英国和美国等地发展了很长时间，但其自身的学科视阈却仍未完全设定。"[3] 对创意写作的研究、认知也需要综合的考量，罗伯特·斯滕伯格指出："创意写作研究是跨学科的，涉及认知、社会、个性、心理学、生理等方面……"[4]

因此，创意写作是一个怎样的学科？它关心以及要解决的是什么问

---

[1] MYERS G. The elephants teach. Chicago: University of Chicago Press, 2006: Preface (xi).

[2] DONNELLY D. Establishing creative writing studies as an academic discipline. Proquest: Umi Dissertation Publishing, 2011: 1.

[3] LIGHT G. From the personal to the public: conceptions of creative writing in higher education. Boston: Kluwer Academic in Publishener, 2002: 259.

[4] STERNBERG R. Foreword, the psychology of creative writing. Cambridge: Cambridge University Press, 2009: XV.

题?写作为什么可以教学?作家为什么可以被培养?又如何在技术上培养?这些根本问题关系到创意写作学科根基与体系,同时也影响到它在实践中的推进。

## 第一节 创意写作的学科视野

完整的创意写作包括"写作""学术""学科"三个层面，这三个层面相互支持，又互为依存。其中"写作"是创意写作发挥自己多个层面实践功能的基本形式和中介，"学术"是关于一个新型学科和写作形式的知识建构与自我反思，而"学科"则是推动创意写作发展的引擎。[1] 作为学科，创意写作以师资、课程、课时、学分、学位、教学等方式承担着培养大批量、多层次、多类型"作家"的任务，当然它也会"外溢"为各种形式的社会培训。但要培养什么样的"作家"以及以什么方式去培养，又关乎什么是"创意写作"的问题。

何谓创意写作，学界主要有三种不同的观点。第一，创意写作是一切"以创意为特点的写作类型"（保罗·道森），"是学生们用他们找到的最合适的方式表现他们的所思所感"（简妮·瑟芭）。创意写作主要培养"写作技能"（格雷迪斯·坎贝尔）、"创造力"（西蒙顿、Tan Ai Girl、阿玛贝尔等）、"创造性智慧"（露拉·B.库克）、"积极性"（安娜·海格）、"自我探索"（伯尔·霍格瑞夫、伊斯贝尔·福特等），而作家就是"有创作能力的人"（多萝西娅·布兰德）。第二，创意写作就是"文学写作"（马克·麦克格尔等），它主要培养文学作家。创意写作虽是高校（英语）文学的"革命者"，但"大学以及英语系是文学最大的庇护人"（艾伦·泰特）。第三，"所有的写作都是创意写作"，因为包括公文写作、学术论文写作在内的各种写作，甚至是一份"电钻说明书"，都是具有"创意"的。[2]

---

[1] XU D J. What is creative writing: different questions and answers//LEUNG M L. Chinese creative writing studies: theory, pedagogy and practice. Singapore: Springer, 2023.

[2] MCVEY D. Why all writing is creative writing. Innovations in education & teaching international, 2008, 45 (3).

三个观点各有拥趸,但创意写作就是文学写作,培养作家就是培养文学作家,这个观点深入人心,由来已久。实际上创意写作在相当长的时间内都是以"文学写作"的方式存在的,它早期的"英语写作"也是文学写作的一种。承认、鼓励创意写作的"创意性"以及在"自我探索"方面的功能,这种认识敏锐地发现了创意写作与文学写作的微妙不同、未来可能的发展方向,同时也在某种程度上解释了世界范围内创意写作蓬勃发展的根本原因。越来越多的学者在实际教学中发现文学写作教学的力不从心:"我认为,学生们想从创意写作中获得的是一种文化资本,这种文化资本不是特定的'文学',而是没有固定形态的'创意'。像 Jump Associates 和其他创意的提供者一样,学生们明白,在我们当前所处的历史时刻,创意技能和经验具有巨大的价值。当然,创意写作的学生最终会按照要求,在课堂上写诗、写故事、写散文,但他们更看重的是我所说的'创意素养',而不是这些作品的文学性。"① 第三种观点具有相当的"破坏力",它在根本上瓦解了创意写作的创新性与学科合法性,也连带引出许多荒诞的问题,比如"创意写作古已有之","屈原/维吉尔是一个创意作家",等等。这个论断是从概念入手、望文生义地猜测结果,抽空了创意写作历史与现实发展的实际内容,但遗憾的是,它在英语国家、在中国,都具有相当大的诱惑性。

在三种观点中,罗伯·波普的观点更客观,他指出:第一,创意写作包括各种形式的写作,但是脱离了文学写作的创意写作是无根之木。第二,文学可以通过创意写作成为以实践为基础的艺术。第三,文学研究、文学理论与创意写作之间存在潜在冲突。其观点三解释了高校文学教育的普遍困境,即创意写作总是扮演(英语)文学系学术研究的"特例"(帕特里克·比扎罗)、"学术的异常"(泰特)、"强悍的孤立主义者"角色(D. G. 迈尔斯),而观点二则提供了具体的改革路向,对中国高校中文写作教育改革具有特别的警醒意义,也是对创意写作研究与认识中

---

① 希利. 超越文学:为什么创意素养很重要//创意写作基础研究. 唐纳利,哈珀,范天玉,等译. 上海:上海大学出版社,2022:94.

普遍存在的"先入为主"、任意想象现象的一个反拨。

我们综合比较历史上的创意写作、现实世界各地存在的各种具体形式的创意写作以及未来理想态的创意写作，深究创意写作强大生命力与发展动力的根源，会发现与传统写作包括文学写作相比，它的确有着自己独特的学科视野，以及不同的学科基点、目标与方法。体现在以下几方面。

### 1. 创意本位

创意写作是指以写作为样式、以作品为最终成果的一切创造性活动。[①] 在这个过程中，"创意"具有第一性价值，创意优先且以创意为本位，它"既是本源（创作的内驱力），又是过程（创意赋形），又是结果（生成性的作品也即产品）"[②]。很大程度上，今天的创意写作与其说是"写作"，不如说是一种创意活动，或者说，"作为创意活动的创意写作"[③]。从内容上说，"创意"是作品跨文体、跨业态、跨形态流转的核心要素，是二度创意与开发的依据。很多时候，一个作品形式/形态向另一个作品形式/形态的转化过程中，"创意"的重要性大于其外在形式/形态。在新的技术条件和时代语境中，有许多写作需要超越传统文体与文类范畴，而以"创意"为驱动的写作也会适应以及衍生新的文体与文类。

文学写作当然包含自己的"创意"，同时也具有服务社会的功能以及具备某种程度上的产业价值，因此创意写作包括传统意义上的文学写作，比如方兴未艾的网络小说、传统的纸媒类型小说，甚至绝大部分经典文学，都具有不可替代的艺术审美、心灵疗愈、介入现实、二度开发等价值，这也是它们作为"产品"可以畅销、长销、流传的原因。从创意写

---

[①] 葛红兵，许道军. 中国创意写作学学科建构论纲. 探索与争鸣，2011（6）.

[②] 葛红兵，高尔雅，徐毅成. 从创意写作学角度重新定义文学的本质：文学的创意本质论及其产业化问题. 当代文坛，2016（4）.

[③] 刘卫东. 创意写作的四种形态：渊源与实践. 湘潭大学学报（哲学社会科学版），2020（2）.

作学科发展史的角度看，最初的创意写作课程就是诗歌写作和小说写作，但是创意写作包括却不限于文学写作。"在纸媒文字中心向视觉中心、数字中心转向的今天，电视节目、电视剧、电影、短视频、数字作品剪辑、动漫、游戏等才是更多接受者的选择，而面向上述领域包括剧本、游戏文案、文旅策划、短视频脚本、超文本制作、元宇宙世界观的'众筹'、IP的二度创作等新领域的写作，且能满足制作方、消费市场、政策规则等方方面面的需求的写作，方可称之为今天的'创意写作'"[①]。在创意写作视域下，今天的写作其实包括三个方面的内容。第一类是"欣赏类阅读文本写作"，也就是传统纯文学范畴的文学写作，包括故事、小说、诗歌、随笔、游记、传记等。从文化创意产业的角度来看，它们大部分是文化创意产业和文学消费的终端产品（当然几乎都具有向其他艺术形式转化的可能）。第二类是"生产类创意文本写作"，这类创作文本本身不作为艺术欣赏消费的直接对象，而是创意活动的文字体现，对应着创意活动的各个环节，其功能主要是生产新的创意文本与创意活动，具有再生产性，包括出版提案、游戏世界观架构、故事策划案等，我们也把用于排演、拍摄的剧本、脚本等纳入生产类创意文本。第三类是"工具类功能文本写作"，这类写作文本与中国高校传统应用写作、公文写作的对象基本重合，它们作为信息传达工具而存在，其价值体现于文本信息的沟通、交流、传达，不以欣赏性作为创作目的，"合规性"是它们的首要要求和主要特点，但其中许多写作同样具有创意的可能。

### 2. 面向文化创意产业及公共文化服务事业

写作当然可以面向个人，修身养性、抒情言志、逞才炫技，况且"写你知道的""发出你的声音"，以及通过写作"发现自我""成为自我"和"超越自我"，既是创意写作的入门途径，也是创意写作的终极目标。但创意写作与传统写作（包括文学写作）根本的不同是，它在今天主要面向文化创意产业与公共文化服务。在过去，写作承担着"参与历史进

---

① 许道军．什么是今天的"创意写作"．文学报，2023-07-30（6）．

展""建构国家意识形态""引领舆论导向"等职责（今天这种职责依旧存在），但其"提供审美愉悦"的功能和作为大众化权利与产品的性质，长期被忽视。随着时代主题的转变，满足人民群众日益增长的精神文化需求成为创意写作的主要面向，而生产力的发展和技术条件的进步也为之提供了可能，规模化的产品市场和职业写作者，打字机、印刷术、网络写作及自媒体制作等写作技术的迭代，加速了这种趋势，也深化了产品侧和供给侧的改革，让创意写作成为产业的一部分。与此同时，创意写作在发展过程中也为公共文化事业提供了新的思路，在族裔融合、社区服务、集体认同、创意城市与创意国家建设等社会事务方面做出了卓越的贡献，美国爱荷华城、英国诺里奇城成功申报"世界文学之都"，很大程度上得益于它们是世界创意写作学科重镇。事实上，"南京成为'世界文学之都'，以创意写作作为原动力的创意产业起到了至为关键的支撑作用"[①]。这让我们对创意写作有了更多信心和希望。

### 3. 全民属性

创意写作的理念是人人皆可以写作，人人皆可以成为作家，写作不再是天才、特殊人群的职责和权利。从学科角度讲，它以解放全民想象力、创意能力与写作能力为旨归，实现人人能写作、写作为人人的双向互动，为大众创新、万众创业贡献力量。[②] 它面向全民，深入教育，从根源上实现国家"软实力"提升。这种努力的反馈是积极的，有学者发现，美国"超过50年的大学创意写作训练让社会整体的创造力得到提升"[③]；创意写作的兴起也激发了文学创意写作的活力，比如"美国战后小说取得的成就，涌现的优秀作品，超过了战前任何一个时期，这与创意写作项目带动的集体努力密不可分"[④]。

---

[①] 叶炜. 作为文学教育共同体的创意写作及其实践品格研究. 写作, 2020 (1).
[②] 许道军. 写作教育激活文化创造活力. 人民日报, 2020-03-06 (20).
[③] 麦克格尔. 创意写作的兴起：战后美国文学的"系统时代". 葛红兵, 郑周明, 朱喆, 译. 南宁：广西师范大学出版社, 2012：13.
[④] 张芸. 创意写作与美国战后文学. 书城, 2009 (12)：83.

### 4. 专业途径

创意写作人人可为，但成为作家、成为优质的写作人才却需要专业的途径。写作发展到今天，它的经验非常丰富，技巧非常繁杂，而写作活动对过往经验与技巧的征用、消费比过去任何一个时期都要快、要多。新类型、新技巧的成熟，类型之间、文类之间、载体之间的交织，跨界所需要的时间，相对于传统大大缩短，这些无疑对今天的创意写作提出了更高的要求，因此写作需要学习，作家需要培养。杰里·克利弗说："职业作家就是由没有轻言放弃的业余作者演变而来的，不放弃是关键之所在。另外一个同样重要的因素是写作指导。""技艺是关键，可是你不能通过自学成才掌握这些技艺。"他打比方说："究竟有几个职业运动员是自学成才，既没有参加过任何训练营，也没有参加过任何集训班的呢？又有几个球队是没有教练员的呢？答案是没有。"① 事实上，在今天的美国，我们很难找到一个没有受过创意写作训练的"作家"，二战后普利策奖获奖人多数出身于创意写作训练班，而当代知名作家几乎都有创意写作学位，许多作家受聘于大学，执教创意写作专业，中国作家所熟悉的同行，如雷蒙德·卡佛、哈金等人的经历，都证明"在美国，每一位作家都上创意写作班"。② "自上世纪 30 年代美国爱荷华大学建立创意写作系统以来，由大学培养创意写作人才的教育模式已在全世界范围内被广泛接受，一大批享誉世界的文艺工作者均从高校创意写作系统走出。"③ 一个作家如果闭门造车或者妄想独成一家，实际上是很难的事情。

### 5. 可认知与可获得论

创意写作不认为"写作"是一个神秘的过程，"创意能力可以评估，

---

① 克利弗. 小说写作教程：虚构文学速成全攻略. 北京：中国人民大学出版社，2011：1.
② 哈金. 在美国，每一位作家都上创意写作班. 鸭绿江，2019 (2).
③ 曹文轩. 创意写作与大学教育. 中华读书报，2023-04-19 (13).

创意潜能可以激发，创意活动可以控制"[1]。首先，它将"创意"作为一种解决现实需要、应对实际问题的最优选择方案，虽然不能创造与等待灵感，却可以通过思维训练等方法为灵感的产生准备条件；其次，它将写作过程视为协商、对话，通过树立对象化思维方式，联通写作双方，将写作置于一种"可控"境地；最后，它借助"成规""类型"理论，提炼"结构""语法"，总结人类已有创作的经验，并大胆鼓励模仿，寻找创意写作学习抓手，建立起点。

### 6. 培养新型复合人才

以学科与科学的方式培养作家是创意写作应有的责任，这也是创意写作的初衷，即"新世纪以来大量作家进入高校，或担任驻校作家，或直接担任全职教授，比如刘震云、张悦然受聘于中国人民大学文学院，莫言、苏童受聘于北京师范大学文学院，这些作家有能力同时也有意愿为文学写作培养更多人才"[2]。但创意写作不一定都要做成"爱荷华模式"，何平认为："可能有的大学只能做成文化产业模式，这也是媒体变革、'写作产业工人'被社会大量需要的必然原则。"[3] 中国新型文化产业存在巨大"写作产业工人"缺口，如火如荼的新媒体写作、自媒体写作等领域也处于自发状态，从业者亟须专业化提升。因此，创意写作应首先和主要面向文化创意产业，在继续培养文学作家的同时，还要为文化创意产业输送大批量、多类型、多领域、多层次的复合型写作人才。

### 7. 开放式发展

创意写作作为学科仍旧处于一种认知模糊、界定困难的状态，这一方面说明创意写作研究有待加强，另一方面说明创意写作学科的特殊性，

---

[1] 葛红兵，高翔."创意国家"背景下的中国当代文学转型：文学的"创意化"转型及其当代使命. 当代文坛，2019（1）.

[2] 杨庆祥. 创意写作：返本开新再出发. 人民日报（海外版），2020-08-13（7）.

[3] 中国高校创意写作十年：是否培养作家，依然是个问题. 澎湃新闻，（2019-12-17）[2023-11-02]. https://baijiahao.baidu.com/s?id=16531306662293666197&wfr=spider&for=pc.

也是它独特生命力之所在。首先它具有强烈的问题意识，为应对具体写作需要而不断变革，一直处于自我发展中；其次它具有明显的跨学科特征，涉及认知、社会、个性、心理乃至生理方方面面，横跨文学、写作学、教育学、心理学、传播学、管理学等多个领域，下设二十多个学科子类，且能在二十多个学院、专业内，贡献自己的理念、课程、方法，既可以在文学专业，也可以在传播专业、出版专业、影视专业等其他相关专业内大显身手。因此，作为学科，其"视域"持续待定，恰恰是它开放式发展的结果。

## 【延展阅读】

### 一、推荐书目

1. 迈尔斯．美国创意写作史．高尔雅，译．上海：上海大学出版社，2022.

2. 唐纳．作为学术科目的创意写作研究．许道军，汪雨萌，译．上海：上海大学出版社，2019.

3. 葛红兵．创意写作学理论．北京：高等教育出版社，2020.

### 二、补充阅读

请扫描下方二维码，进入"《大学创意写作（第二版）》各章补充阅读资料"栏目，进一步了解创意写作在理念、思路、培养目标等方面与传统写作的区别。

1. 上海大学创意写作学科培养目标
2. 中国创意写作学科建构设想

## 第二节　创意写作的理论基础

创意写作可以教学，作家可以培养，这是一个建立在实践基础之上的事实发现，也是一个实现创意写作学科目标的理论指向。"潜能激发与自我挖掘""沟通交往与创意实现"与"文类规约与个体独创"是创意写作的三个基础理论，它们来自创意写作实践的经验总结，也是对前者的普遍化提升。

### 一、潜能激发与自我挖掘

创意写作认为创意来自自身，技巧上创意写作应从个人出发，并回归自身。在全球化、现代化和多元化的今天，写作的自我挖掘与自我表达有利于保护文化多样化发展，提供现代化替代性方案，可以为应对人类共同问题提供异质智慧。

赖声川认为，创意的源泉存在于自身。一是创意动机来自自身，它对内是抒发与表达自我的愿望，对外是解决具体问题的意愿。"自我"包括个人意义上的现实诉求、历史及未来想象，还包括家族、地方、种族、性别、文化、宗教、国家甚至人类全体等各个具体利益单位的共同意愿。讲述祖先们的故事、种族的神话、国家的历史等，都是个人自我的延展。二是支撑动机实现的材料也来自自身："没有任何元素是'空降'到我体内的。而如果这些元素没有储藏在我脑中，催化剂也不可能催化出这样的反应。"[①] 创意写作赋予创意形式。形式多种多样，可以是文字，也可以是包括文字、数据（表格）、声音（音乐）、线条（绘画）、形体（舞蹈）、砖木（建筑）等在内的复合形态。

创意写作从个人出发，然而个人的经历与生活总是有限的，"生活中

---

① 赖声川. 赖声川的创意学. 北京：中信出版社，2006：42.

一个令人悲哀的真理是，在现世这条泪河中，我们真正了解的只有一个人，那就是我们自己。我们从根本上而言是永远孤独的。"① 罗伯特·麦基提出了问题，但也提供了解决问题的线索。他认为，尽管人们具有年龄、性别、背景和文化的显著区别，尽管人与人之间存在着这样或那样的明显不同，但人们的相同之处远远大于人们的不同之处，共享着同样不可或缺的人生体验。我们每一个人都有喜怒哀乐，都有希望和梦想，都想让自己的人生具有价值。大街上的每一个人，尽管有其各自不同的生活方式，但是他们都具有和我们一样的基本的人类思想和感情。因此，在写作的时候，我们尽可诚实，忠实于对自己的考察，而对自己人性的隐秘之处观察得越深，对自己的了解就会越多，从而也就越能了解别人，因此，他说："写作优秀人物的基础是自知。"② 安东·契诃夫也说过类似的话，"我所学到的有关人性的一切都是从我自己这儿学来的。"

弗洛伊德精神分析理论揭示了写作源泉存在于个人内部的秘密。他认为文学故事其实就是作家自己的白日梦，是潜意识的改头换面，是心思的文字虚拟形式。荣格、拉康等发展了弗洛伊德的个人无意识理论，发现了掩藏在个人意识更深处的集体无意识。赖声川在精神分析理论和佛学理论的基础上更进一步，他认为："我们每一个人内心深处似乎都有一个个人创意源泉。同时存在一种更广大、超越个人、属于全人类的共同源泉，里面储存着各种原始、深奥的集体智慧。这个庞大源泉或许在我们体内，或许我们通过一种渠道可以连接到它。"③ 从意识到潜意识，再到集体无意识，它们一直都存在，然而却处于不自觉状态，人类的创意创作或许频频受益于它，但是人们却一直不明就里，逐渐将其神秘化。赖声川以"创意金字塔"图表形式详细剖析了创意的来源、创意的本质与创意的机制，他认为，创意学习的主要内容就是在清理金字塔内部，打通上下，让创意在金字塔内顺畅地流通。

---

① 麦基. 故事：材质、结构、风格和银幕剧作的原理. 周铁东，译. 北京：中国电影出版社，2001：454.
② 同①.
③ 赖声川. 赖声川的创意学. 北京：中信出版社，2006：12.

发现与承认写作来自自己的心思、潜意识乃至无意识，对于创意写作来说是不够的，我们不仅要学会正确对待它们，还要学会控制它们为写作所用。多萝西娅·布兰德在《成为作家》一书中详细剖析了培养作家气质、控制与利用无意识的方法，她指出，若想成为作家，"第一步就是要约束你的无意识，让它为你的写作服务"①。

## 二、沟通交往与创意实现

沟通交往与创意实现强调创意的主体与客体之间的平等、民主关系，服务他人与自我实现一体两面。创意的原点是自我，却指向需要，没有需要的创意是零创意、伪创意。创意写作基于对象化思维，不了解接受者的需要而盲目创意，这样的行为无异于炫技，这样的写作是无效的。创意的正确标杆是"利他"而不仅仅是"利我"，那些优秀的创意，都创造性地解决了人类（他人）的普遍问题，从各自（个人、地方）的角度给予创造性解答。李欣频曾说，创意就是提供一个更好的世界图景、一种更好的生活，创意就是创世。② 因此，有效的创意写作能够找到正确的接受者并尊重接受者的需要，尝试找到更好的沟通渠道与形式，而不是盲目地写作或狂妄地写作。从产业角度说，创意写作就是为了满足群众日益增长的精神文化需求而提供理想的文化产品，或者其他写作服务。

### 1. 艺术民主

创意写作要尊重艺术民主。在当今世界，你不可能要求所有人都拥有相同的艺术趣味，接受同一个艺术样式，哪怕它在艺术成就上达到相当高的水准。在创意写作视野里，也不存在艺术趣味和审美取向的等级之分，阳春白雪是好的，下里巴人也应自行其道。苏珊大妈、菜花甜妈的胜利并不意味着低俗艺术战胜了高雅艺术，更不代表高雅艺术、知识分子趣味的没落，只是说明艺术民主的时代已经真正来临。实际上，我

---

① 布兰德. 成为作家. 刁克利，译注. 北京：中国人民大学出版社，2011：45.
② 李欣频. 十四堂人生创意课Ⅱ：推翻李欣频的创意学. 南宁：广西科学技术出版社，2009：146-149.

们将艺术分为高雅与低俗本身就是有问题的，高雅与低俗是相对的、历史性的认识，它们的互动、转化已经屡见不鲜。传统工具类功能文本写作一般被当作"应用写作"对待，学习、研究与教学的主要问题集中在"格式"上面，但创意写作学科视域下的工具类功能文本写作除了要解决"什么是应用写作"这个本体论问题之外，还要着重解决"谁在写作""想写什么""写了什么""谁在看"等主体论、客体论、载体论和受体论问题。作为"工具"，实现其工具性的关键恰恰不在主体而在受体，离开了受体，所有的写作都是无效的写作。正是在研究了受体的各个方面后，比如受体的阅读水平与阅读范围、主体与受体的关系以及受体的共同需求，我们才开始选择写作客体和写作载体，进行有效的沟通和交流。受体需求、活动预期等都是创意写作的考量因素，离开了这些前期目的考量，创意写作只能是撞大运，也可以说是在"戴着镣铐跳舞"。

### 2. 期待视野

期待视野是接受美学的重要范畴，指接受者由先在的人生经验和审美经验转化而来的关于艺术作品形式和内容的定向性心理结构图式，包括文体期待、意象期待、意蕴期待三个层次。从接受心理层面说，期待视野包括创新期待和守旧期待两个方面。前者指接受者总喜欢在作品中看到超出自己过往审美经验的部分，获取新的审美感受。后者指接受者在接受过程中总是受到接受惯性的制约，希望在自己选定的作品中获取特定的审美需求，并且希望在能够理解的前提下去接受。完全创新的作品读者是没法接受的，也不理解。但是接受者的期待视野不是一成不变的。每一次新的艺术鉴赏实践，都要受到原有的期待视野的制约，然而同时又都在修正拓宽期待视野，因为任何一部优秀的艺术作品都具有审美创造的个性和新意，都会为接受者提供新的不同于以往的审美经验，因而期待视野的形成总是在一个螺旋式上升或循环往复的过程中进行。

对于那些把"创意"等同于"创新"，把创意视为作家纯个人性发挥、天马行空的人来说，他首先得解决创意写作期待视野中的"求旧"问题。不理会受众的阅读需求的看法是非常过时甚至迂腐的。麦基说，成熟的艺术家绝不会故意引人注意，明智的艺术家绝不会纯粹为了打破常规而行事。创意的所有技术问题，首先都是如何尊重读者的阅读习惯、阅读定式、阅读惯性的问题，而不是无视这些，就如同一个室内装潢设计师需要了解房主的要求，电影公司在一部电影投拍之前要了解这部电影的预想观众群，了解他们的需求、习惯一样。无视受众的创作者注定是要失败的，也注定不会得到受众的认可——历史不会专门打捞那些被受众抛弃的创作者。

### 3. 读者意识

有些作家声称，创作不是为了交流，而仅仅是为了表达，这种话不可信。这些作家也有潜在读者，只不过是大刊物的编辑、研究者、批评家，在某种意义上他们不是不需要读者，而是不需要普通读者；不是没有功利目的，而是功利目的更强，因为他们的作品要越过普通读者的检阅，直接进入"文学史""艺术史"。藐视读者的作家，其实有一种强烈的"上帝"意识。他们不相信读者，也不愿意承认读者与他们拥有平等地位。他们认为，所有的读者都在等待他们的启蒙、等待他们的拯救。实际上，他们不是上帝。如果考虑到生产类创意文本与功能类工具文本的写作，这种话更加荒谬。

创意写作要找准自己的读者，知道自己在向谁说话、向谁写作。找准了自己的听众和读者，才会根据听众和读者的条件和需求，针对他们进行有效的创作。文学史上，找准自己读者群的作家往往能够取得成功，比如20世纪初的"鸳鸯蝴蝶派"作家，三四十年代的张爱玲、徐訏、赵树理等人。跟新中国成立后的前三十年相比，一本刊物、一部作品满足所有读者阅读需求的时代结束了。社会分工进一步发展，人们的审美趣味也逐渐在细化、类型化，不同的人群开始有不同的阅读需求，那些试图强行规训读者趣味的行为被证明是行不通的。

## 三、文类规约与个体独创

文类规约与个体独创处理的是规律、普遍性与个人独创的关系。从创意写作的角度看，人类的创意活动首先是一个学习的过程，新作品来自过往的"旧"作品，创新建立在传统基础之上，而创意写作活动总是有规律可循，遵循着各自的文体规约和类型规约。反过来说，既往的文体规约和类型规约又为随后的创新提供了方向与标杆，可以激发更多的创新，保证创意写作在原理与技巧上可以习得、可以教学。

规约即"规定"与"约定俗成"，是"成规"概念的通俗化表达。戴维·K.刘易斯这样描述成规：当全体居民中的成员面对一种经常性发生的情形时，它们的行为也会表现出一致性，并逐渐成为一种内在运作机制——过去有效的在未来也有效，过去人们处理某种事物的时候表现出的一致性生产出了未来的一致性，一致性生产一致性，一致性使自己不断自我复制和生存。对成规的理解、获得和遵循是一个人得到集体意义和价值的前提性活动，它让人在面对多种选择的时候首选成规项，因为这是具有集体感、能获得集体认同的方式。成规事关价值认同，事关人类集体意义世界的相互通约。

社会学领域的成规是大众趋同并且后来者认同这种趋同的结果。创意写作也是社会性活动，遵循一般社会性行为特征，表现在具体的创作活动中，它要遵循种种文类成规，在接受对象可以理解和写作主体有所依凭的基础上展开写作。文类成规包括文体成规和类型成规两个方面，二者有所区分，但也有交集。文体成规包括不同的具体类型成规，类型成规在具体文体中存在。

## 1. 文体成规

文体成规指创意作品的结构、形式、功能、语体语貌、价值指向等在历史发展中所形成的惯例，一般情况下表现为"体裁"特征。文体成规是在长期的写作实践中由读者与作者共同创造完成，并在相当长的时间内共同遵守的契约，同时，它也是在与其他相邻文体比较中自觉选择的应用与审美功能，形成特有的外在的形式约束性和可辨识性。对于作者而言，他选择了一个文体类型，意味着选择了一系列的限定。从大处说，欣赏类阅读文本与生产类创意文本、工具类功能文本在文体上有所不同；从小处说，"诗言志""歌咏情""小说讲故事"等，是在审美功用上的区分。以"故事"为例，这个文体经历了口头"讲"故事、纸媒"写"故事、戏剧/影视"演"故事、玩家"体验"故事等阶段，由于"创作"与"接受"活动的改变，其文体成规也发生了相应变化：用于口头讲述的"话本""评书"、用于阅读的"小说"、用于表演的"剧本"，其文体在结构、形式、语体、语貌等各个方面有着不同的限定，文体、载体等决定了文本的内容。

### 2. 类型成规

类型是在某个文体类型中一组具有一定历史、形成一定规模、通常呈现出较为独特的审美风貌并能够产生某种相对稳定的阅读期待和审美反应的作品集合体，比如"小说类型"之于"欣赏类阅读文体"。在一定的文体系统中，它一方面包含了对自身某种传统的认同，另一方面包含了对其他作品集合体相异性的确认。支撑某个文体类型生成及发展的根本动力是"类型成规"的蘖生、定型和瓦解。类型不是缺乏创意、简单模仿的结果，恰恰相反，它是某一艺术类型发展到成熟阶段，具备区别于其他艺术样式，具有稳定艺术特征的产物。就审美而言，类型有着自己的艺术规范和魅力；就认识论而言，类型有着认识世界的特定视角和模式；就价值论而言，类型有着相应的精神诉求，审美地承担了人类价值域的某一隅的责任。

成规具有约束性，一切类型的写作都建立在各自的类型成规基础之上，不可避免地对写作形成约束与规范。但同时成规也具有生成性，在表面千变万化的形式下面，隐藏着一种具有文化、心理与审美诸方面功能的深层结构，正是这个深层结构，促使我们的创作既有稳定性、向心性，也有开放性、创新性。对于创作学习者来说，从发现语言表层的结构模式入手到对深层结构的递进理解，然后在理解的基础上进行创造性模仿，是一条创作的捷径。

### 3. 从成规上路

作为前人留下的既有规则、方法，文类成规实际上有两个属性。一是给后来者提供现成的规范和模板，使得后来者能尽快进入和适应创作，熟悉成规、效仿成规是后来者学习的有效途径。二是为后来者提供了创新的指向、目标。没有成熟、可把握的具体成规要素，我们不知道创新从何开始。没有成规，我们连创作都无法开始；不了解成规，我们无法真正创新。实际上我们的创作都是对某个既定成规的暗中遵循或有意违反，如什克洛夫斯基所说，任何一般的艺术作品都是作为与某个样板相似和相反的东西被创造出来的，也就是说，创新是对它之前的包括创作模式、创作框架在内的成规的陌生化，新形式的出现不是为了表达新的内容，而是为了取代已失去自身的艺术性的旧形式。

## 【延展阅读】

### 一、推荐书目

1. 赫弗伦．作家创意手册．雷勇，谢彩，译．北京：中国人民大学出版社，2015.

2. 赖声川．赖声川的创意学．北京：中信出版社，2006.

3. 葛红兵．小说类型学的基本理论问题．上海：上海大学出版社，2012.

### 二、补充阅读

请扫描下方二维码，进入"《大学创意写作（第二版）》各章补充阅读资料"栏目，进一步了解创意写作原理与技巧。

1. 创意激发与思维训练
2. 疯狂写作练习
3. 类型成规理论与类型化写作：以故事创意设计为例

## 第三节　创意写作教学教法

多萝西娅·布兰德说，作家确实存在一种神奇的魔力，而且这种魔力可以传授。① 这种说法是有根据的，创意写作在海外的发展经验告诉我们，科学有效的写作教学与训练，可以培养作家、繁荣创作。比如，《纽约客》作者露易丝·梅南德曾将工作坊教学法的神奇之处概括为："一群从未发表过诗歌的学生，能够教会另一群从未发表过诗歌的学生，如何写出一首能被发表的诗歌。"② 20 世纪 30 年代以来美国文学在世界文学格局中的领先地位以及美国文化创意产业的发达，莫不与创意写作学科在美国高校的发展、创意写作课程和训练的科学开展息息相关。

### 一、过程教学/写作法

过程教学法（writing process）主要针对双语写作（second language composition）中传统控制写作法和现时传统修辞法的弊端，后来因其与欧美高校或各种形式的创意写作课程的教育理念不谋而合，并与各种形式的工作坊相得益彰，最终被广泛采用。

过程教学法认为：创意写作是一种群体间的交际活动，而不仅仅是写作者的个别行为；同时创意写作也不是简单的语言、段落、篇章以及技巧、修辞的组合，而是包含着创意、构思、写作及反复修改的全部过程。因此，过程教学法对应着写作的全过程、全方位，建立在对"过程写作法"的充分理解和操控之上。过程写作法一般分构思、打草稿、修改、校订和发表五个阶段。"构思"就是写作前的集体创意、写作的准备，主要解决创作意图的问题，关键环节在于以集体讨论开拓思路，以

---

① 布兰德. 成为作家. 刁克利, 译注. 北京：中国人民大学出版社, 2011：5.
② MENAND L. Show or tell：should creative writing be taught. The new yorker, 2009（6）.

问题引导激活思维。"打草稿"主要任务是解决主题创意，而不拘泥于具体的语法和修辞。"修改"即根据同伴或教师的反馈，修改自己的初稿。"校订"是在内容修改的基础上，进一步规范作品的文字与形式。"发表"即在班上或小组内朗读或传阅彼此的定稿。

过程教学法的优点是，将创意写作的教学从传统偏重下游环节的篇章结构、语法修辞拓展至写作全程，尤其是延伸到写作的上游——"创意"阶段，解决创意写作中"创意"的产生、成型及修正问题。在揭开"创意"与"写作"神秘面纱的同时，还打破了"创意"与"写作"的孤立状态，使创意写作教育教学进入"集体创意""集体写作""集体修改"层面，从操作环节实现"创意可以习得""写作可以教学"的理念。过程教学法对于学生而言是相互合作、相互鼓励、多向反馈、思维碰撞的过程，对于教师而言则是对创意写作活动主体性的让渡和过程的管理。实践证明，过程教学法有助于活跃写作课堂气氛、发展学生的创意思维、掌控写作的全过程，从而提高写作积极性和写作能力。

## 二、创意写作工作坊

创意写作工作坊（creative writing workshop）是以创意写作实践或创意写作教育、研讨等相关工作为导向，由若干参与者组合而成的活动组织。由于它是一个由作家领衔的组织或者是作家自身组建的"群体"（group）或"团体"（community），因此这些工作坊（又简称"工坊"）的命名大多与"写作"和"作家"相关，有时候被称为"写作工作坊"，更多的时候被称为"作家工作坊"。创意写作工作坊既可以是维护作家权益、交流写作技巧、筹谋写作活动的作家组织，也可以是以创意写作为形式的社区服务组织，同时它还可以是更小一级的教学单位，相当于"班级""课程"。不同的创意写作工作坊、课程工作坊以及进阶学位等，包括入学、选课、培训、提高、认证各个环节的体系，构成了创意写作系统。在这些不同类型的工作坊活动中，尤其是在高校创意写作工作坊活动中，教学、培养作家是常见的内容。在一百多年的工作坊教学中，创意写作工作坊最终发展出了一种有别于传统的写作教育理念和教育方法的现代教学模式，甚至在某些时候,这个教学模式会以该工作坊直接命名,表示它们在工作坊教学方法改进方面所做的特别贡献,比如"克拉里恩方法"(Clarion Method)、"故事工作坊方法"(Story Workshop Method)等。①

创意写作工作坊一般以一位在某个领域富有经验的主讲人为核心,配以1~2名助教,在主讲人的指导之下,由10~20人组成的小团体通过活动、讨论、短讲等多种方式,共同探讨某个话题,展开创意和写作。10~20人的团体又可以根据兴趣、写作任务或者文体文类划分,进一步细分为多个二级单位,6人或3人为一个小组,结为"戏水伙伴"。超过20人的班级,则可根据实际情况配置更多的助教,划分更多的小组。创意写作工作坊课堂上到底做些什么、怎么做?工作坊教学专家汤姆·吉利认为:"每节课尝试完成三件事:一个关于写作的讲演,一个关于文本的讨论,一个课堂写作任务(小组作业,或者介绍一个新任务)"②。一般而言,写作知识与技巧讲解、学生作品研讨和个人写作练习,是创意写作工作坊课程内容的三个组成部分,每个部分各占约三分之一比重。

在工作坊中,学生与老师组成合作团体,每个学生在课上展示自己的作品,然后由其他人提出优点、缺点、称赞、批评、修改意见,既尊重学生的写作创意和个性,又尊重创意写作的规律,教学与讨论相结合。工作坊形式比较灵活,可以走出教室,采取田野采风、写作(夏令、冬令)营、户外活动、实地观察等多种形式。它没有严格的空间限制,也没有严格的时间约束,师生可以建立多种形式的联系方式,比如建立网上讨论群组、网页、论坛、博客、纸质或电子刊物,随时在课堂外交流、沟通、分享,及时了解和掌控教学的进度。课堂教学可以围绕教学计划展开,根据写作的规律逐渐推进教学,也可以由项目或活动带动,全体成员都参与其中。后者既是教学,也是写作。

与传统写作教学方法相比,创意写作工作坊有如下特点:

(1) 多重反馈/头脑风暴:1(教师)对N(学生)→N(学生/教师)

---

① 许道军. 创意写作工作坊研究. 雨花. 2015 (1).
② KEALEY T. The creative writing MFA handbook. New York:Continuum,2008:170.

对 N（学生/教师）。

（2）专业反馈：教师教学写作→作家、专家参与教学活动。

（3）及时反馈/试错与纠错并行：（教师）出卷—（学生）考试→创意—写作—研讨一体化。

（4）"不愤不启"：系统知识传授→问题引导、主题探讨。

（5）目标转换：作品完成/知识学习→创意能力获得。

（6）主体转换：教师讲解→学生沉浸式写作、头脑风暴式研讨、集体创意。

师生在工作坊教学过程中，需要完成写作知识讲解、技巧分析、经典作品与学生作品研讨、课堂写作等基本任务，同时也要建立一种亲密的合作关系，遵循以下工坊原则：

（1）保密原则。除了未发表的作品和未公开的创意外，工坊成员的隐私也要受到保护。不泄露、外扬工坊伙伴的隐私，并尊重个人创意。

（2）合作原则。教师主导，学生主体，师生保持平等合作关系。

（3）表扬原则。师生互动以及小组活动时，以表扬、肯定为主。作品研讨时，以发现对方优点或特点为主，可以强行规定提出三条优点，或者支持"我做不到的地方"以示鼓励。

（4）不抗辩原则。个人作品接受小组讨论时，作者保持完全开放的状态，接受或者只记录发言人的意见，以资参考。"为了避免研讨会仅仅是对作品的延伸自卫，通常要求作者在讨论他的稿件时不要发言。"[1] 但不抗辩不意味着必须全盘接受工坊伙伴的意见，研讨只是一个头脑风暴的过程，最终采用哪一种方案，由作者自己决定。在更多的时候，工坊讨论更像是这样：嘴里说着 A，心里想着 B，写出来的却是 C……

（5）建设性原则。"工坊的目的是寻找改进的途径，而不仅仅是批评。"[2] 如果的确不同意作者的创意与构思，也不要轻易否定，而要建设性地提

---

[1] BISHOP W, Starkey D. Keywords in creative writing. Logan：Utah State University Press，2006：198.

[2] GABRIEL P. Writers workshops & the work of making things. New York：Addison-Wesley Longman，2002：137.

出替代性方案。比如这样说：如果是王安忆，她会怎么写；如果是莫言，又会怎样写；如果我来写，我会这样写……总之，创意写作工作坊实行写作法与教学法统一，要求学生像作家一样写作，像解读经典一样解读自己的作品，从作家的角度阅读，从读者的立场写作。

在工坊讨论中，还有许多事项需要注意。比如：不花时间去讨论语法、字词错误；促成学生迅速完成作品（也可以携带已完成作品入工作坊，进行孵化提升）；不过多关注作品未来的完成形式（这也是克里弗的著作《小说写作教程》第五章就写到"自我修订"的原因）。一般情况下，工作坊只讨论完成（包括设计完成）的作品，而不讨论不存在的事物；不讨论过多的作品，努力实现从一部作品的写作当中学会多部作品写作的方法，保证工作坊讨论的切实有效。[1]

研讨会（seminar）是创意写作课程的又一重要组织形式，它为创意写作活动就某一专题在一集中场合做主题性讨论、研究、交流而召开。与创意写作工作坊相比，其规模更大，主题更集中，形式更正规，学术色彩也更浓厚。在规模上，研讨会邀请工作坊之外的相关专家、作家、行业人士做主题发言，参加人数最多可达 200 人，一般控制在 20～50 人，少于 50 人的研讨会一般采用圆桌会议形式。在主题上，研讨会就某个具体问题展开讨论，参与成员可以从不同角度发表意见，展开交流与交锋。研讨会安排持不同观点的参与者演讲发言，通常会安排多个参与者发言。为保证交流效果，每场演讲发言的时间设定为 15 分钟左右。每位专家发言后，相关点评人员负责对发言内容做归纳、提炼、点评。专家们发言之后，安排讨论时间，专家与专家、一般参与成员甚至旁听人员可以就某一发言展开讨论、提问。在形式上，研讨会成员一般由工作人员、与会人员组成，并在与会人员中设主持人。工作人员负责场地安排、会务服务、活动宣传、采访报道、会议材料整理等工作；与会人员主要由专家、工作坊成员和主持人组成，一般还有旁听人员；主持人负

---

[1] 许道军. "作家如何被培养"：作为教学法的创意写作工作坊探讨. 华东师范大学学报（哲学社会科学版）. 2020（2）.

责会议的组织、会议的进程、问题的提出、话题的衔接转换、发言的安排等。研讨会对主持人要求比较高，除了对研讨内容具有相当的权威性和号召力之外，主持人的语言表达能力、活动组织能力、应急应变能力以及人际交往的亲和力都是决定会议成功的重要因素。研讨会对场地也有一定要求，通常需要正式的会议室，会场应提供投影仪、音响、话筒、白板等演讲所需的设施，在3个小时以上的研讨会上，还需要安排会间休息，俗称茶歇或茶点时间。对于创意写作课程而言，研讨会提供了一个高端、前沿的学习机会，学生可以与相关专家展开面对面的讨论，也可以就自己的问题或作品请教相关作家、专家。如果说工作坊、同伴反应小组促进具体的写作，那么研讨会则有助于提高对写作理论的认识。

## 三、系统训练

传统写作重知识传授，轻写作训练，写作训练又偏技巧、章法、文体、修辞，整体上零散、割裂、随意，不成系统。创意写作教育教学不走传统的老路，其教育教学方法建立在突破作家障碍、创意思维训练、创意写作训练等系统的训练基础之上，提供系统的训练支撑。

### 1. 突破作家障碍

"作家障碍"（writer's block），也叫"写作障碍"，是指不能用文字表达自己意思的现象。作家障碍的形成有多种原因，同时它也有多种表现形式。就原因来讲，有心理原因、技巧原因、习惯原因、时间原因等；就表现形式来说，有找不到恰当的词语、无法组织素材、难以开头、拘泥于一种文体、不能流畅地写作等。无论是什么原因和何种表现形式，都会对写作产生影响，最严重的表现形式是彻底丧失写作能力。但是在所有的障碍当中，最为有害的是心理原因，即相信"作家是天生的，而不是后天培养的"。这个写作问题其实带有普遍性，即使在创意写作学科创建近百年的美国，创意写作课堂同样存在这样的问题。因此，在创意写作工作坊里，专门开设有"突破作家障碍"课程，把解决创意写作心理问题上升到设置专门课程的高度。[1]

创意写作课程不是学习写作,它本身就是写作,这是突破作家障碍的首要信念。创意写作的目的是通过自己的活动,创生一个全新的世界,这个世界又是建立在自己的心思之上。有"心思"就有创意,会说话就会写作,给"心思"讲一个故事、赋予一个形式就是创意写作。"心思"的系统形式是世界观,最高标杆是创生新世界。没有目的的写作是盲目的写作,没有世界观支撑的写作不可持续,不为创生一个新世界的写作是徒劳的写作。创意是一种思考、建构世界的方法,是觉醒、敏锐、突变而来的,并非由素材与规模累积而成。在创意写作思维里,现实世界永远不完美,创意写作的目的就是重建一个全新的世界。

### 2. 创意思维训练

创意思维训练(顺向、逆向,广度、深度等)锻炼写作的敏捷性、创造性、原生性,它们在结果上不可预料,但是在具体训练上有着指向性,并非天马行空、随心所欲。创意思维训练的指向有二:一是向外,重新处理自我与世界、社会、他人的关系;一是向内,重新处理自我与智慧、经验、习性、偏好的关系。无论是向外还是向内的创意思维训练,都不可脱离时间(过去、现在、未来、永恒)与空间(地方、世界、未知、宇宙)维度,脱离了时间与空间维度的思维是井底之蛙、檐下之雀,鼠目寸光。赖声川的创意金字塔模式有助于认识创意思维活动,对"头脑风暴""脑力激荡"活动起到理论指导作用,但它只是创意思维训练方法的一种,不能取代其他创意思维训练方法。现在比较认可的创意思维训练方法有脑力激荡法、心智图法、曼陀罗法、逆向思考法、综摄法、强制关联法、七何检讨法等,它们对创意写作课程的教育教学大有裨益。而孤立地进行这些思维的训练又是不可取的,应当将创意思维训练、创意活动与创意写作训练结合起来。

---

[1] GOTHAM WRITERS WORKSHOP FACULTY. Writing fiction: the practical guide from New York's acclaimed creative writing school. London: Bloomsbury, 2003.

### 3. 创意写作训练

创意写作既是关于"所有写作的写作"，也是具体的文类写作，创意写作训练与创意思维训练一起，共同组成创意写作活动的两翼。创意写作训练的主体是学生，主导是教师，教师在这个活动中，承担活动的发起者、过程的维护者和结果的评判者角色。创意写作训练是一个系统、循序渐进、因人而异的过程。所谓系统训练，是指创意写作训练在内容上的各种文类写作训练（包括打破文类界限的综合写作），感觉上的听、视、嗅、味、触觉等训练，直觉上的运动、平衡、空间、时间、纠错等训练，思维上的回忆、联想、想象、推理等训练，以及技巧上的人物特写、场景描写、拼贴游戏、修改等专项训练。所谓循序渐进，是指创意写作遵循写作学普遍原理，开展由易而难、由浅入深、由专项向综合、由模仿向独创、由个人向他者的创作过程。一般来说，写作从检视自身生活，发展个人心思，书写个人自传、家族史开始，走向更为理性、深入、外向和综合的写作。在课程设置上，一般写作者要经历初级、中级到高级三个阶段。所谓因人而异，是指创意写作训练尊重学习者的写作经历、能力、禀赋和个人兴趣爱好，切身体己、量身定做，帮助学习者设置适合个人兴趣、有助于形成个人风格、可持续写作的训练方案。创意写作训练主要包括以下几种：

（1）文类写作训练。

文类写作训练包括欣赏类阅读文本写作、生产类创意文本写作和工具类功能文本写作三个大类，面向文学消费、文化创意产业和一般事务性写作三个方向。一般来说，欣赏类阅读文本与传统虚构和非虚构文本多有重合，但是着重训练纸媒文本向影视文本的转换和二度创作。生产类创意文本更多的是打破文类规范的综合性写作，重在活动本身的创意，着重训练文案写作和活动策划。工具类功能文本有着比较严格的文类规范，在训练上着重文体的训练。

（2）感知写作训练。

感知写作训练包括实地考察式的听觉、视觉、嗅觉、味觉、触觉、运动觉、平衡觉、空间觉、时间觉及纠错觉的训练，以及回忆、想象及移情替代式的感知训练。前者可以采取走出教室以田野采风、参观考察、人物采访、故地重游等形式开展，也可以在教室随意选定人物、器物、活动等为对象，分门别类地激活身体器官感知世界的能力，全方位地打开切入世界的通道；后者则在虚拟中以体验、想象的方式进行，主要以书面形式记录感知结果，也可以口头描述。

（3）系统写作训练。

经历感知写作训练后，创意写作进入系统写作训练阶段。在这个阶段，教师开始设置诱导性话题，结合学生个人生活经验和知识积累，展开回忆、想象、联想和推理等多种形式的思维活动，从回忆录、家族史写作开始，激励学生打破作家障碍，发展个人心思，合理利用成规，提升创意品位，从个人性的写作迈向有个性的写作。创意写作一方面承认写作的个人性、创造性；另一方面又破除写作的神秘性，打破写作的私密化状态，大胆鼓励写作者对他人作品的借鉴和模仿，调查和尊重写作受众，总结和遵循文类成规，在开放、轻松和互动的写作环境中进行创作。在生产类创意写作活动中，更以工作坊为单位、集体创作为主要形式，训练学生适应现代文化创意产业的写作能力。

（4）专项技巧训练。

专项技巧训练包含在系统写作训练之中，也体现在作品完成之后的修改、润色、提高方面，包括搜集和选择写作素材、开列提纲、提炼主题、培育意象、确立故事发展动力与阻力、设置故事情节、创意阅读、场景描写、人物刻画、对话描写、人称转换、写作路线、文体转换、拼贴训练等具体内容，而修改技巧训练及活动则可应用于任何一个写作环节，促使作品尽善尽美。在作品完成后，又可引入投稿、申请出版资助、出售作品版权等活动，这些活动既是创意活动的延伸，也是写作活动的转换。

对于创意写作活动的组织者和发起者而言，写作训练首先应合理设置写作单位，安排同伴反应小组和同伴校正小组，为集体创作做精心准备；其次要营造理想的写作环境，引导写作者安然进入写作状态，扩展观察能力、想象能力和语言能力，获得自信，开口说话，交流沟通，激发灵感；最后要注意设置诱导性话题，突破学生的思维障碍并使之打开想象空间，让学生迅速进入创作状态，在写作中学习写作。

创意写作课程能提供什么样的帮助？我们的想法是，它能锻炼我们向各种方向拓展的写作能力；激发我们丰富的想象能力，去追求一个新观念，"戴着镣铐跳舞"；在一个没有压力的环境里，得到老师、同学的反馈和支持；扩大我们的观察和想象领域；找到使你的语言更生动活泼的技巧；找到属于自己的故事，形成属于自己故事讲述的声音；形成一个良好的创作习惯；明确自己创意的优势和劣势；通过练习和同伴的赞扬获得自信；战胜自己的恐惧，突破自己的障碍，享受每一堂创意写作课的时光。

## 【延展阅读】

### 一、推荐书目

1. GABRIEL P. Writers' workshops & the work of making things. New York：Addison-Wesley Longman，2002.

2. 沃尔克. 创意写作教学：实用方法50例. 吕永林，译. 北京：中国人民大学出版社，2014.

3. 艾丽斯. 开始写吧！：非虚构文学创作. 刁克利，译注. 北京：中国人民大学出版社，2011.

4. 艾丽斯. 开始写吧！：虚构文学创作. 刁克利，译注. 北京：中国人民大学出版社，2011.

5. 许道军，冯现冬. 创意写作十五堂课. 2版. 上海：上海大学出版社，2023.

### 二、补充阅读

请扫描下方二维码，进入"《大学创意写作（第二版）》各章补充阅读资料"栏目，进一步了解创意写作教学教法在作家培养、创意激发及写作技巧训练中的具体运用。

1. 突破作家障碍技巧
2. 课程工作坊建设小贴士

# 第二章 故事与小说

◆ 第一节　故事
◆ 第二节　小说

故事与小说关系紧密，二者不可分割。一方面，小说就是故事的文字形式，不存在不讲故事的小说，"所谓散文化、无故事的小说，多半是用一系列小故事代替通篇的大故事，用没有啥戏剧性的故事代替戏剧性强的故事罢了"①。很多时候，二者没有明确界限，故事自身的体例也是小说讲故事的一种方式。在古代中国，"有头有尾""时间顺序"的小说模式，恰恰是故事尤其是口头讲故事自身的特征。现代小说的兴起，大大发展了讲故事技巧。从"讲什么"到"怎么讲"的关注重心的转变，反映了讲故事技艺的深入。然而，这并不意味着"（长篇）小说的崛起"就一定伴随着"讲故事走向衰微"②，相反，随着影视图像艺术日益成为当代艺术消费的中心，"故事"再度焕发光彩。另一方面，小说又不等同于故事。讲故事的方式不止小说一种。故事在漫长的演变过程中，大致经历了口头/声音讲故事、文字/符号讲故事、影像/演员讲故事、游戏讲故事四个阶段，衍生出了"说话"、评书、小说、戏剧、影视、动漫、剧情游戏、剧本杀等多种文体，小说只是讲故事的形式之一。

将故事与小说放在一起来讨论，目的有二：第一，明确"故事"与"小说"的分野，二者不可等同；第二，明确写小说的基本功是讲故事，创意写作从故事开始。

---

① 樊俊智. 中外小说35种创作样式. 郑州：海燕出版社，1988：11.
② 本雅明. 讲故事的人：论尼古拉·列斯科夫//阿伦特. 启迪：本雅明文选. 张旭东，王斑，译. 北京：生活·读书·新知三联书店，2008：99.

# 第一节 故事

## 一、文体界说

在创意写作语境中，故事指"一系列事件"。[1] 然而，"故事"（story）这个术语却来自叙事学，在最一般意义上指：第一，"叙事文的内容即事件与实存"，包括具体的事件、人物、背景，以及对它们的安排，即"由作者的文化代码处理过的人和事"[2]；第二，"被讲述的全部事件""真实或虚构的、作为话语对象的接连发生的事件，以及事件之间连贯、反衬、重复等等不同的关系"[3]，这里，热奈特是从"叙事"层面阐释"故事"的，即叙事包括"故事"和对"故事的讲述"；第三，"叙述的内容：人物、事件和背景都是故事的组成部分；以编年顺序排列的事件构成了从话语中抽取出来的故事"[4]；第四，"叙述按时间顺序排列的事情"[5]；第五，"从作品文本的特定排列中抽取出来并按时间顺序重新构造的一些被叙述的事件，包括这些事件的参与者"[6]。

这些叙事学经典的定义涉及"事件""存在""真实""虚构""关系""顺序""编排"等重要概念。故事是叙事（通俗叫"讲故事"）的对象，以连续发生的事件及事件组合的关系为内容。在经典叙事学那里，"故

---

[1] PECK J, COYLE M, MORRISON M. Key concepts in creative writing. London: Bloomsbury, 2010: 130.

[2] 查特曼. 故事与话语：小说和电影的叙事结构. 徐强，译. 北京：中国人民大学出版社，2013: 12.

[3] 热奈特. 叙事话语 新叙事话语. 王文融，译. 北京：中国社会科学出版社，1990: 6, 198.

[4] 费伦. 作为修辞的叙事：技巧、读者、伦理、意识形态. 陈永国，译. 北京：北京大学出版社，2002: 173.

[5] 福斯特. 小说面面观//卢伯克，福斯特，缪尔. 小说美学经典三种. 方土人，罗婉华，译. 上海：上海文艺出版社，1990: 222.

[6] 里蒙-凯南. 叙事虚构作品. 姚锦清，等译. 北京：生活·读书·新知三联书店，1989: 56.

事"与"话语"、"故事"与"叙事"存在某种程度的分离（但是没有"话语""叙事"，故事就无法呈现，它们其实保持了某种程度的"同时性"），可以"从话语中抽取出来"，并可以"按时间顺序重新构造"，这个地方显示了"故事"与"小说"的重要区别。

作为小说的《百年孤独》这样开头：

> 多年以后，奥雷连诺上校站在行刑队面前，准会想起父亲带他去参观冰块的那个遥远的下午。

开篇即采用预叙、回叙的方式，从奥雷连诺上校多年后行刑开始。然而，作为"故事"的《百年孤独》，却只能从布恩迪亚家族第一代何塞·阿尔卡蒂奥·布恩迪亚着眼，并按照时间顺序讲起，只有这样，小说《百年孤独》的故事读者方可理解。

> 何塞·阿尔卡蒂奥·布恩迪亚是西班牙人的后裔，住在远离海滨的一个印第安人的村庄。他与乌尔苏拉新婚时，由于乌尔苏拉害怕像姨母与叔父结婚那样生出长尾巴的孩子，她每夜都穿上特制的紧身衣，拒绝与丈夫同房。因此布恩迪亚遭到邻居普鲁邓希奥·阿基拉尔的耻笑，一次比赛中何塞·阿尔卡蒂奥·布恩迪亚杀死了普鲁邓希奥·阿基拉尔。从此，死者的鬼魂经常出现在他眼前，那痛苦而凄凉的眼神，使他日夜不得安宁，他们只好离开村子，外出寻找安身之所。经过了两年多的奔波，来到一片滩地上，受到梦的启示决定定居下来。后来又有许多人迁移至此，建立村镇，这就是马孔多。布恩迪亚家族在马孔多的历史由此开始。

在小说中，奥雷连诺上校第一个出场，排在第一顺位。但作为家庭成员之一、家族故事的一部分，他只能在"第二代"故事中才出现：

> 老二奥雷连诺生于马孔多，在娘肚里就会哭，睁着眼睛出世，从小就有预见事物的本领，少年时就像父亲一样沉默寡言，整天埋头在父亲的实验室里做小金鱼。长大后爱上马孔多里正千金蕾梅黛丝，在此之前，他与哥哥的情人生有一子，名叫奥雷连诺·何塞。

后来他参加了内战，当上上校。他一生遭遇过 14 次暗杀、73 次埋伏和 1 次枪决，均幸免于难，当他认识到这场战争毫无意义的时候，便与政府签订和约，停止战争，然后对准心窝开枪自杀，可他却奇迹般地活了下来。他与 17 个外地女子姘居，生下 17 个男孩。这些男孩以后不约而同回马孔多寻根，却被追杀，一星期后，只有老大活下来。奥雷连诺年老归家，每日炼金子做小金鱼，每天做两条，达到 25 条时便放到坩埚里熔化，重新再做。他像父亲一样过着与世隔绝、孤独的日子，一直到死。

在法语里，有一个被译为"故事"的术语"histoire"，它还有"历史"的含义，E. 本维尼斯特用它指"过去事件的书面叙述"[①]。这种观念与中国传统叙事学对故事的理解十分相似。在中国传统叙事学里，"故事"一般是指"旧事""旧业""先例""典故""花样"等已经发生、"真实"存在的事件、事物，如《史记·太史公自序》中："余所谓述故事，整齐其世传，非所谓作也。"中法两种文化对故事本质化和实体化的理解，类似于热拉尔·热奈特的描述：（故事）"由处于时间和因果秩序之中的、尚未被形诸语言的事件构成"。由此来看，作为"事件"，故事包括"真实发生"和"虚构"两种情况，这就与现代小说观念倾向于"虚构"有所区别。

我们倾向于这样认为：故事是真实或虚构的、作为话语对象的接连发生的事件，或者从已有作品文本中抽取出来并按时间顺序与逻辑关系重新构造的事件。

## 二、文体特征

### 1. 独立于不同文体与载体

一个故事改头换面被不同的载体与文体演绎后，我们依旧识得它，知道这是同一个故事，它们只是换了一个"马甲"而已。正如克洛德·布雷蒙所说，"一个故事的题材可以充当一部芭蕾舞剧的剧情；一部长篇

---

[①] 王先霈，王又平. 文学理论批评术语汇释. 北京：高等教育出版社，2006：352.

小说的题材可以搬到舞台或银幕上；一部电影可以讲给没有看过的人听；一个人读的是文字，看见的是形象，辨认的是姿势，而通过这些，了解到的却是一个故事，而且很可能是同一个故事"①。从叙述上讲，故事需要通过多个媒介（符号系统）和话语类型来讲述。故事的"语法""丝毫不反映这些差异，更不反映虚构叙事与历史叙事的差异，它是一种普遍性模式"②。申丹认为："一、故事独立于不同作家、舞台编导或电影摄制者的不同创作风格；二、故事独立于表达故事所采用的语言种类（英文、法文、中文等）、舞蹈种类（芭蕾舞、民间舞等）和电影种类；三、故事独立于不同的媒介或符号系统（语言、电影影像或舞蹈动作等）。"③罗伯特·麦基说："戏剧、散文、电影、歌剧、哑剧、诗歌、舞蹈都是故事仪式的辉煌形式，各有其悦人之处。"④他们的话可以理解为，故事可以存在于不同的载体，也可以存在于不同的文体，被不同的方式讲述，具有不依赖具体文体和载体的独立性。但穿梭于各种文体、载体，各个时代、语言、文化中的"故事"，其"独立性"主要体现在故事的核心事件与核心动作上，至于故事的意义、价值，事件的起因、关联，人物的形象、设定，都会在每一次讲述中被丰富、被改变。"贞德的生活事实永远是相同的，但是，她的生活'真实'的意义却有待于作家来发现，整个样式也因之而不断改变。"⑤诗歌《木兰诗》、电视剧《花木兰》、电影《花木兰》对"木兰从军"故事做了地方性与时代性的演绎，同一个故事呈现出不同的面貌，焕发出不同的光彩。

## 2. 以事件/行动为中心

故事就是事件。什么事件也没发生，就没有故事。事件（event）是

---

① 申丹. 叙述学与小说文体学研究. 北京：北京大学出版社，1998：19.
② 道勒齐尔. 虚构叙事与历史叙事：迎接后现代主义的挑战//赫尔曼. 新叙事学. 马海良，译. 北京：北京大学出版社，2002：177.
③ 同①.
④ 麦基. 故事：材质、结构、风格和银幕剧作的原理. 周铁东，译. 北京：中国电影出版社，2001：33.
⑤ 同④31.

构成故事的最基本单位，《牛津英语词典》给"事件"下的定义是"发生的事情"。根据这一定义，施洛米斯·里蒙-凯南说："一个事件就是一件发生的事情，一件能用一个动词或动作名词加以概括的事情。"① 换句话说，讲故事就是讲"发生了什么事情"。一个事件无法组成一个故事，故事需要完整告知："发生了什么事情""为什么会发生""后来怎么样"。三个事件可以组成一个故事，我们称之为"最小故事"。

一个完整的故事应该包括集中讲述的核心事件以及围绕核心事件而配置的背景事件、过渡事件、激励事件、补充事件等。一般来说，背景事件交代故事发生的时间、地点、主人公信息、世界观等前提要素，用以说明这是关于谁的故事，故事将以什么样的方式发生，等等。这些信息有时候可以用概述或者补叙、插叙完成，但用于表演的故事则不可跳过。过渡事件是主人公在日常状态下、按照他自身的惯常方式进行的一个事件，往往与接下来要发生的事件关联不那么直接。激励事件紧跟过渡事件，发生了一件足以改变主人公处境甚至命运的事件，让他陷入极大的麻烦之中，促使他产生"不得不"或者"一定要"的行动。激励事件一定是麻烦事，可以是"天降横祸"，也可以是"突发横财"（比如《西虹市首富》），但一般是前者。核心事件是主人公在经历激励事件后，为了走出困境，摆脱麻烦，开始有意识地、主动地去行动。在这个过程中，他具有非常明确的目标，极为强烈的行动欲望，同时也在实现目标过程中遭遇了对手，形成了故事的核心冲突。核心事件是故事的主体，分量要占整个故事的三分之二左右，它包括故事的发展、小高潮、高潮、结局几个关键部分，遵循"越努力越糟糕"的一般规律。结局是主人公解决问题的环节，一般要体现出主人公的人性真相和作者的价值观。补充事件是对故事意义的延展，一般用于史诗这样的大型故事或者悲剧型故事。②

故事由"事件"组成，但故事中的"事件"意味着变化。没有引

---

① 里蒙-凯南. 叙事虚构作品. 姚锦清，等译. 北京：生活·读书·新知三联书店，1989：4.
② 许道军. 经典电影如何讲故事. 北京：中国人民大学出版社，2021：4-9.

起变化的事件，或者发生了一系列事件之后，相关故事要素，比如人物状态、人物关系、周遭情境等，依旧没有发生变化，这种事件就不是有效事件。米克·巴尔把事件定义为"由行为者所引起或经历的从一种状况向另一种状况的转变"①。但如果一个事件的发生与主要人物的外在生活或内心生活无关，那么它就是偶然事件，故事不能建立在偶然事件之上。好故事的事件都会引起内在情感与认识的变化。比如，一个人视财富为自己的人生全部，为了获取更大的财富目标，他宁愿牺牲亲情与友情。后来，他竭尽全力也未实现这个目标，但此时他却发觉，虽然没有获得更多的财富，却拥有了更宝贵的亲情与友情。没有这笔财富，他反而更加富有（《人再囧途之泰囧》）。初始内在价值观推动事件的发展，事件的发展和最后的结果却改变了他初始的价值观，故事的两段似乎都是平衡，但这两种平衡的性质完全不同。相反，如果故事事件发生了，但没有引起相应变化，那么我们就说这个故事"什么也没有发生"。"有一条规律差不多是普遍有效而应当加以强调的，那就是：在一幕戏的结尾，不应当让行动停留在这幕戏开始时它所停留的地方。观众有一种对'前进'的直感和希望。他们不愿意把事情仅仅理解为时间推移的标志，不愿意在一幕戏结束时感到似乎什么事情也没有发生过，即使在这幕戏的进程中，时时刻刻都是饶有兴趣的。"②

事件意味着变化，跟"变化"密切相关的是"行动"，"行动"导致了变化。其重要性，亚里士多德表述为"人物不是为了表现性格才行动，而是为了行动才需要性格的配合。由此可见，事件，即情节是悲剧的目的，而目的是一切事物中最重要的。此外，没有行动即没有悲剧，但没有性格，悲剧却可能依然成立"③。在所有行动中，有一个核心行动，故事紧扣核心行动展开。一般而言，核心事件由人物尤其是主人公的核心

---

① 巴尔. 叙述学：叙事理论导论. 2版. 谭君强，译. 北京：中国社会科学出版社，2003：219.
② 阿契尔. 剧作法. 吴钧燮，聂文杞，译. 北京：中国戏剧出版社，1980：163.
③ 亚里士多德. 诗学. 陈中梅，译. 北京：商务印书馆，1996：64.

行动来参与、完成。许多类型故事就建立在类型化的核心行动之上，比如"寻宝故事""复仇故事""学艺故事""成长故事""拯救故事""逃亡故事"等，数不胜数，具体故事围绕核心行动展开，比如《活着》是"活着"，《神探狄仁杰》是"断案"，《西游记》是"取经"，《魔戒》是"销毁"，《人在囧途》是"回家"等。

### 3. 围绕主人公/人物展开

故事是事件，讲故事就是讲述一系列有变化或者能够引起变化的事件，但所有的事件都与"人"有关。我们不可能讲述一块木头、一块石头的故事，除非将它们拟人化，比如匹诺曹（《木偶奇遇记》）、孙悟空（《西游记》）或贾宝玉（《红楼梦》）的故事。之所以不能讲一块真正的木头或石头的故事，是因为它们没有人的欲望，而没有欲望，就没有行动的动机，也没有行动的目标；没有行动，就没有事件；没有事件，就没有故事。

故事都是关于人物的故事，一个完整的故事往往包含多个人物，这些人物在故事中的重要性或许不相上下，但需要以某个人物为中心，故事基本上围绕这个人物展开，我们称之为主人公。一个完整的故事人物在功能上可以分为主人公、对手、帮手、帮凶、摇摆人物、随机人物等几个类型，它们形成一个结构。故事核心行动在主人公和对手之间展开，他们形成故事冲突，即经历激励事件后，主人公萌生了强烈的行动动机并明确了具体目标，开始展开有力的行动，但他的对手出于种种原因（从他的角度看有充分的理由）展开强烈的反行动，而意志同样不可动摇。围绕这组二元对立的冲突，帮助主人公、有助于主人公目标实现的人物，我们称之为帮手，反之则成为帮凶，处于二者之间且摇摆不定的即摇摆人物。故事中的人物越少，摇摆人物的重要性就越大。只为了完成某个任务而配置的人物，我们称之为随机人物，无须深度描述。

无论是幻想故事还是现实故事，都要遵循逻辑，但无论是故事的人物还是发生的事件，它们都是现实生活的反例、奇观、极端现象，即没有一个故事真正等同于生活本身。换句话说，故事讲述的事件，多是生活中的极端事件（这个极端当然也包括特别好的，比如《边城》《受戒》这样的故事）；而讲述的人物，尤其是主人公，也是生活中的极端人物。与日常人物相比，他们或是拥有特别的经历与背景，或是具有特别的意念与毅力，或是具有特别的能力或"金手指"，或是具有特别的好运气（当然也包括相反的运气，比如《活着》中的福贵），导致他们的行动总是在关键时刻具有了特别的助力，大难不死，绝处逢生，傻人傻福，大事必成，等等，俗称"开挂"或者拥有"主人公光环"。从功能上说，主人公之所以拥有这个特权，是因为主人公需要推动故事前进，不可妥协；主人公面临最艰难的考验（包括生死，也包括情色、物质诱惑等），需要完成最艰巨的任务，等等。与主人公的"开挂"对应的是，他的对手同样强大，甚至更强大，只会留给主人公一次战胜的机会。而且，他甚至也拥有与主人公一样强大的意志，心怀坚决阻止主人公行动的信念，同时在他看来，他的反对同样具有不可反驳的理由，形成"坏人坏得好有道理"。当然，他的反对，可能出于恨、出于利益之争，有时候也可能出于爱。[1]

### 4. 戏剧性是故事趣味的重要来源

一个完整的故事，它的基本样式是这样的：

  从前（时间），在一个地方（地点），有一个人（人物），想做什么事（事件开端），有过种种经历（事件发展），最后成功/失败了（事件结局。）

但显然，这样的故事是不够的，因为它无趣。因而，一个好故事的实质是这样：

  从前（时间：错误的时间）
  在一个地方（地点：错误的地方）
  有一个人（人物：不合适的人）

---

[1] 许道军. 经典电影如何讲故事. 北京：中国人民大学出版社，2021：21-31.

他想要/做（自不量力）（事件：非要不可/非做不可）

后来，他成功了（正义必胜）

或者，他失败了（有价值的失败）

显然，经典故事基本上是这个样子的，有意义而又有趣，我们因为喜欢它，才接受它的观念和判断。一个好人，做了一件好事，在道德上值得赞扬，也鼓励读者自觉地去效仿；但是在趣味上，我们更愿意听到一个坏人因为某种原因开始做好事并且成为一个好人，或者他坚持做坏事最终人生没有好结果的故事。后者"惩恶扬善"的教谕效果要远比前者好得多，这就是为什么人们更愿意阅读"三言二拍"而非《太上感应篇》或其他各地方牌坊故事的原因。"好人做坏事"跟"坏人做好事"的故事，在材质上有共同点，那就是人物和事件存在反差，这种反差我们称之为"戏剧性"。戏剧性的实质是故事要素的精心选取和有意味的设计组合，以及由此带来的"有趣"的审美感受，它既是故事必要的组成部分，也是故事整体的表达效果，经常涉及偶然、巧合、骤变、夸张、变形等，其内涵是"离奇""不平常"，通常我们将之理解为"反差"。

故事的实质是事件，讲故事也就是讲述事件，设计与创作故事必须以事件为中心。但故事又不仅仅是事件，从戏剧性要求来看，故事对其所有要素（比如时间，地点，人物，事件发生的起因，事件的发生、发展、结局，世界观），都有特殊的文体要求。换句话说，讲故事与一般事件陈述不同的是，进入故事的所有要素，都需要"离奇""不平常"，整体构成"奇观"，呈现"非日常状态"；而在叙事结构上，上述要素又会进一步"故事化"，突出其整体的戏剧性。

## 三、写作要点

### 1. 寻找故事事件的戏剧性

一个故事是否有趣，取决于故事戏剧性的发掘程度。戏剧性的来源有多种，人物与事件的反差、欲望与结果的反差、行动与环境的反差、行动与时间的反差、意义与行动的反差等，都可以营造戏剧性。以下是几种常见的戏剧性营造方式。

（1）人物身份与行动、行动与结果等存在巨大反差。

比如：一个贼不去偷盗，反而阻止同伙对受害者实行偷盗（《天下无贼》）；一群强盗去剿灭另一群强盗，其目标不是为了钱财，而是为了"公平"（《让子弹飞》）；一个和尚万里迢迢去取经，途中要面对无数的妖魔鬼怪，他肉眼凡胎，毫无辨别危险的能力和自保能力，而且他自身是妖魔鬼怪的首要攻击目标（《西游记》）；没有枪、没有经费、主张和平主义、具有"达姆弹情结"的人，要去公开刺杀，完成"一桩事先张扬的谋杀案"（《借枪》）；妓女比贵妇更高贵（《羊脂球》），等等。试想，如果是"老鬼当家"（《小鬼当家》）、"青年与海"（《老人与海》），那么故事又该如何讲述呢？堂吉诃德生活的时代，骑士早已消失一个多世纪，但他的思维却停留在骑士时代（《堂吉诃德》）。他披挂整齐、骑驴漫游行侠仗义的时候，我们就想知道：两个时代的碰撞会产生怎样的结果？

我们来看中国古代四个经典爱情故事：牛郎织女、董永与七仙女的故事讲述的是贫穷的人间小伙与美貌富足的天仙的故事；白娘子与许仙是"人与妖"的故事；梁山伯与祝英台最后因化为蝴蝶而获得永久的幸福。国外有许多"贵公子与贫女"的故事，比如贵族子弟与妓女（《魂断蓝桥》《茶花女》）等，还有一些经典的"偷情"故事（《安娜·卡列尼娜》《泰坦尼克号》《廊桥遗梦》《查泰莱夫人的情人》）等。在这些爱情故事中，人物的行动与自己的身份形成了巨大的反差。

反差还存在于行为与结果之间，比如：反抗悲剧命运的行为却导致悲剧命运的加速到来（《俄狄浦斯王》《无极》等）；想要摆脱某种坏的东西，摆脱之后却发现那是最宝贵的东西，因此而失落（《人生》《黑骏马》等），或者相反，没有摆脱掉却因此而受益（《疯狂的石头》等）；得到了一直想要的东西，最终却发现不可能再拥有或者它已经没有价值（《两杆大烟枪》等）。这些故事有些是悲剧，有些是喜剧，有些是滑稽剧，但种种反差存在于其间。戏剧性只关乎趣味，无关乎主题。

（2）行动发生的时间不适宜。

可以是超前于行动发生的时代，或行动发生的时空错位。贾宝玉与林黛玉的爱情就超前于时代（《红楼梦》）；而几乎所有的穿越、架空故事，都处于时空错位，比如《新宋》《庆余年》《终结者》《蝴蝶效应》《古今大战秦俑情》等，这些故事中的人物要么从当下穿越到过去，要么从未来穿越到当下，使当事者直接面临困难，或者给相关者造成困难。也可以是行动所需的时长不够，目标的实现变得加倍困难而让人抓狂，比如《唐人街探案》《寻梦环游记》《环游世界八十天》等。

（3）行动发生的地点不适宜。

几乎所有的探险、恐怖、灵异故事，特别是"凶宅"故事，其地点都不合时宜，但也正因如此，才让故事的行动变得惊心动魄。实际上，经典故事的人物行动往往在不友好的地点发生。比如尼奥，他一直生活在虚拟的世界中，与"矩阵"做斗争（《黑客帝国》）；而楚门从一出生就生活在全世界的关注下，每一秒都有上千部摄影机对着他，他的"小确幸"以及后来的逃离，变得如此荒诞（《楚门的世界》）。

（4）超越日常生活。

《世说新语》《太平广记》《阅微草堂笔记》中的许多人物，他们来自生活，却非凡、特立独行、难以解释。他们有这样或那样的性格，这样或那样的癖好，这样或那样的经历。英雄传奇、历史演义中的"大人物""大事件"可以决定国家命运、历史走向。而从幻想故事中，我们可以看到，在我们的生活之外，还有什么样的生活。比如，"从前，有一块木头，叫匹诺曹。这块木头落在老木匠手里，老木匠用斧柄敲敲木头，木头竟然大喊：'很痛呀！'……杰佩托将木头刻成木偶，嘴巴刻好了，匹诺曹马上伸出舌头来做鬼脸。刻好了手臂，匹诺曹又立刻伸手把杰佩托头上的假发拉掉。脚刻好了，匹诺曹拔腿就跑"（《木偶奇遇记》）。

（5）提供异质生命。

他们或是来自偏远的地方，或是来自遥远的过去，比如《边城》《大淖记事》《马桥词典》《商州》等故事。在现代化、全球化的今天，这样的人与事件或许在"量"上处于绝对劣势，被边缘化，不被理解，现实中并无多少人愿意模仿，但是他们仍旧有自己的价值。一个人在生活方式及意义上，并不像在数量上那样处于以寡敌众的绝对劣势，相反，他具有独特的"传奇"价值："一个人有一套道理这样想这样做，另一个人却有另一套道理那样想那样做，而竟然这样也对，那样也对。"① 这让我们不由反思自己的生活是否真的那么优越、正确。

（6）类型故事的特殊规定性。

类型故事都有属于自己的特殊而稳定的规定性，这个规定性带来了独特的趣味。比如，武侠故事人物的行动遵循两个原则：一是有事不告官，但自身处理事务的能力堪忧；二是有话不好好说，遇到需要"主持公道"或者需要"讲理"的情况，其结果往往是越讲越乱。惊悚故事、灵异故事、探险故事的人物总是在乱说乱动，一不小心就身处险境。侦探故事中，男主与女主总是不能"在一起"，因为"恋爱脑"会影响推理、判断，而绝顶聪明的侦探总要配置愚蠢的助手，因为需要后者发问；而在故事结束的"说案"环节，"坏人"总是"死于话多"，因为需要坏人亲口说出真相。

## 2. 确立核心事件与核心行动

故事以事件为核心，一个故事至少由三个事件组成，其中必有最紧要的事件，我们称其为"核心事件"。它是故事的中心，相较于其他事件，起到聚合目标的作用，失去它，故事的其他事件就失去了方向。就小说而言，"核心事件是小说情节的'纲'，并跟小说的题旨直接相关，是小说情节的总枢纽，具有'牵一发而动全身'之效"②。核心事件与故事的核心行动相关，应有人物尤其是主人公的参与。在这些故事中，其中有些事件用以说明、设置人物的经历、性格等"外部生活"和"内心生活"以及二者的不一致，但是它们在功能上只是为将要发生的事件做铺垫、解释，交代随后的事情为何发生以及发生的方式，重点在于人物将要面临的问题、解决问题的过程与方式。

---

① 杨照. 故事效应：创意与创价. 沈阳：辽宁教育出版社，2011：59.
② 曹布拉. 金庸小说技巧. 杭州：杭州出版社，2006：129.

### 3. 提供新的感受与见解

故事总是伴随着感受与见解，小说、剧本故事让感受与见解从故事中自然流露，散文或诗歌故事则要通过作者、诗人去揭示。但是，每部成功作品都能给这个世界习以为常的世俗生活提供新的感悟。反过来说，这些新的感悟构成了新故事的核，从这个"核"，可以生长出新的故事。《婚前试爱》表达了这样一种见解："你爱一个人，就先要伤害他，因为内疚是维系爱情最好的方法。""内疚是维系爱情最好的方法"，这句在现代都市迷狂状态下的爱情感悟，似乎是长久以来类似爱情境遇的极端表达。它虽然难以接受，但不无道理，在很多经典爱情故事中，深爱或者更爱建立在"内疚"或"愧疚"的基础之上，只不过话语表达方式不是这样的。"伤"了一个人，才更爱一个人；伤害至死，于是遗恨一世，才深爱一生。李寻欢（《小李飞刀》）对林诗音的爱，其实建立在悔恨与对林诗音无穷无尽的愧疚之上。他亲手将自己深爱并深爱他的爱人送给一个无赖，最后又亲手杀死了自己爱人的儿子。如果没有那么多的伤害，李寻欢会那么悔恨与愧疚吗？没有那么多的悔恨与愧疚，或许也就没有那么多的爱。这种关于"爱"的解释，大大丰富了我们对爱情题材的认识。

故事其实就是作者通过虚拟一些人物，在设置的场景里，去虚拟地解决自己设定的问题，通过人物的行动来表达自己对生活与世界的认识。故事就是世界观，是对现实世界与永恒问题的发言。从这个意义上说，陈词滥调没有价值。

## 四、写作训练

### 1. 构思或检查

（1）构思一个故事。向伙伴介绍故事的主人公、要发生的事件、戏剧性以及你要表达的见解与感情。

（2）检查带进工作坊的故事。对照故事元素，考察：

①这是关于谁的故事？

②主人公经历一系列事件之后，价值观/对世界的认识是否发生了改变？

③这个故事有无戏剧性，是否值得讲下去？

④这个故事提供什么样的见解？除了正确之外，是否还有其他启示意义？

2. 讲述一个"我"的故事

尝试这样的标题："好莱坞正在制作一部关于'我'的生活的电影"。这样的故事将包括哪些场景？

（1）人物。

①你生命中谁最重要？为什么对你最重要？

②如果你被来自其他星球的外星人绑架，你会最想念谁？为什么？

③你有一个亲密朋友搬家离开你了，对他的离开，你有什么感觉？后来又见到他了吗？再见面时又跟以前一样吗，或者有什么不一样？

④你跟最好的朋友见面是什么样子的？你们是怎么变得这么亲密的？

（2）地点。

①想象一下，你和你的家庭将移民太空的某个地方，永远不会再回到地球，离开之前你们将会去哪里参观？

②哪个地方是你永远也不想再去的？为什么不愿意再去？

③你生命中最快乐的事发生在哪个地方？最悲伤的事呢？最恐惧的事呢？最滑稽的事呢？最奇怪的事呢？

（3）成长。

①你曾经做过最艰难的决定是什么？回过头来看，你认为当时做的决定是正确的吗？

②如果你能穿越时间回到过去，你将回到哪个时刻？为什么要选择这个时刻？现在回去，你还会跟过去一样做相同的事情吗？

③与一年级时候的你相比，你现在有什么不同？发生了什么让你改变？[①]

---

① AMBERG J, LARSON M. The creative writing handbook. Tucson：Good Years Books，1992.

### 3. 整理故事

选择一部自己喜爱、熟悉的作品（影视、戏剧、小说等），整理故事要素（人物/主人公、事件/行动、见解/感受、戏剧性），从主人公角度按时间顺序整理这个故事。

### 4. 默写故事

比如默片《艺术家》。

### 5. 改写故事

以上述故事为基础，试从以下几个方面改写这个故事：

（1）作品人称。

（2）叙事视角。

（3）从边缘人物的角度重新讲述故事。

（4）从对立人物的角度讲述故事。

（5）增加人物。

（6）增加故事变量。

（7）改变故事地点。

（8）改变故事时间。

（9）倒写。

（10）穿越。

（11）参与别人的故事。

欢迎把练习发布在本教材配套的交流圈子（见后折口），和更多人分享你的作品。

## 【延展阅读】

### 一、推荐书目

1. 布鲁克斯. 故事工程：掌握成功写作的六大核心技能. 刘再良，

译．北京：中国人民大学出版社，2014.

2. 许道军．故事工坊．修订版．北京：中国人民大学出版社，2022.

3. 杨照．故事效应：创意与创价．沈阳：辽宁教育出版社，2011.

二、补充阅读

请扫描下方二维码，进入"《大学创意写作（第二版）》各章补充阅读资料"栏目，进一步理解故事的文体特征与创意技巧。

案例分析：小说《活着》VS电影《活着》

## 第二节 小说

### 一、文体界说

小说是一种以塑造人物为中心,通过描述完整的故事情节和具体的生活环境,形象、深刻、多方位地反映社会生活的叙事性文学体裁。故事是小说的主体,情节是作家对故事的编排。现代小说出现向人物内心发掘、淡化情节、有意强化故事意义的趋势,出现了许多探索人物内心世界的心理小说、意识流小说,甚至精神分析小说,比如《尤利西斯》《墙上的斑点》等。在刻画人物形象,尤其是刻画人物内心世界方面,小说有戏剧、影视不具备的优势。但总体说来,人物、情节和环境仍旧是小说的三个要素。

在漫长的发展过程中,小说发展出了志怪、笔记、传奇、公案、武侠、历史、幽默、哲理、信体、诗体、命运、惊险、魔幻、推理等多种形式,近年来网络文学又发展出了穿越、架空、仙侠、玄幻、奇幻、竞技等新种类。常见的小说分类方法是按照字数,将小说分为微型小说、短篇小说、中篇小说和长篇小说几类。不过网络小说的兴起,不断挑战按照字数分类的方法,现在连载的小说普遍突破了原有的限度,超长篇小说层出不穷。

微型小说亦称"小小说""一分钟小说""袖珍小说",篇幅通常为1 000~2 000字。它选材精粹,事件微小,情节单一,人物少,一般情况下是一条线索、一个人物、一个场景,只选取人物在某一场合中的片刻行动。题材常是生活经验的片段,故事经常有头无尾,或有尾无头,甚至无头无尾。高潮一般放在结尾,结尾余音绕梁。由于比短篇更短,字句也相对更加精练,结局多出人意料。

篇幅在2 000~30 000字的小说一般被划归为短篇小说,相对于中长篇小说，它以减少角色、缩小场景、短化故事中流动的时间为特点。但短篇小说也对细节有足够的刻画，绝非长篇小说的节略或纲要。一般认为，篇幅在 3 万～6 万字的小说是中篇小说，其容量大小、篇幅长短、人物多寡、情节繁简等均介于长篇小说和短篇小说之间，通常只是截取主人公一个时期或某一段生活的典型事件塑造形象，从而反映社会生活的某个方面，表达作者的完整见解。故事情节完整但线索比较单一，矛盾冲突不如长篇小说复杂，人物也较少。字数在 6 万以上的为长篇小说，还可细分为小长篇（一般 6 万～10 万字）、中长篇（一般 10 万～100 万字）、超长篇（一般超过 100 万字）。然而，网络文学的兴起改变了这种格局，在网络文学领域，百万字的小说只能算"中短体量"，几百万字甚至上千万字篇幅的网络小说层出不穷。一般说来，中短篇小说写人物故事，长篇小说多写人物命运。

## 二、文体特征

### 1. 以书面语言讲故事为基础

尽管以"故事性""情节性""因果性"为基本特征的线性叙事在 20 世纪受到挑战，而"去故事化""淡化情节""反因果关系"等小说理论及小说创作实践如火如荼、相互支撑，但是从小说的发生发展以及真实的存在境况来看，"故事性""情节化""因果性"始终是小说的基本文体特征，这已经在 20 世纪之前的小说发展历史中清晰可见，也被 20 世纪以来小说类型的阅读实景所证实。从发生学上说，故事是小说的雏形，小说是在故事的基础上发展而成的。从六朝志怪小说、唐传奇开始，中国古典小说的重要特点，就是有一个完整、清晰的故事。"扣人心弦"是评价故事也是小说写作成功的重要标志。但小说又不等于故事。一方面，讲故事一直是小说的传统，讲故事的小说实际上一直受到读者的欢迎。但对小说文体特征的新认识以及创作者在表现手法上的大胆探索，的确发展和深化了小说的表现力，在与新近兴起的影视故事竞争中，确立了属于自己的表现领域与特权。

## 2. 以人物塑造为中心

故事离不开人物，但以事件为核心，小说逐渐从故事中独立出来，开始从写事转向写人。"这样一种传统小说的基本格局，虽然也主张人物'做什么'和'怎么做'，但对于人物'想什么'却关注得不够。没有强调表现人物的丰富性与复杂性。直到明、清时代，中国的小说创作才真正从写事转到了写人。而西方的小说，也同样经历了这样一个漫长的时期。例如西方的流浪汉小说，不过是用人物来贯串那复杂而庞大的情节而已，人物是为故事服务的。直到18世纪，一大批杰出的小说家才真正把小说艺术变成了人的性格的活写真。"[①] 因此，"凡是好的作家身后总是站着一排人物"[②]。小说所讲述的故事情节是围绕着人而产生，由人来演绎的。故事是人物的故事，主人公的"欲望"是推动故事发展的内在动力，主人公采取行动、克服重重阻碍的过程就是故事的情节。人物所处的社会环境、自然环境或者虚拟社会，个人的生活经历、身体特征、心理状态、教育程度、文化归属、生活习惯、人际关系等，都是故事发生的原因、动力、阻力或者助力，分别形成必要的或关键的细节、情节，没有脱离人物的事件、细节、场景，事件永远为人物服务。

与故事相比，小说最重要的不是讲故事，而是写人。即使有的小说是以情节跌宕取胜，如莫泊桑的《项链》、欧·亨利的《麦琪的礼物》《警察与赞美诗》，但它表现的仍然是人的心理、人的命运。尽管有部分小说以动物为主人公，如夏目漱石的《我是猫》、乔治·奥威尔的《动物庄园》、卡·恰佩克的《鲵鱼之乱》等，但也是将动物拟人化，使动物具有像人一样的思维能力和行为能力。在中外小说早期发展中，比如中国的志怪、神魔小说或者希腊神话、史诗中，主角多半是"神""怪"或者奇异之物，而在许多寓言小说中，主角也是飞禽走兽、花鸟虫鱼，但是，"神"也好，"怪"以及其他也好，它们都只有被拟人化，被赋予人类的

---

① 傅腾霄. 小说技巧. 北京：中国青年出版社，1992：29.
② 徐春萍. 写我们内心的秘密：关于长篇小说《后悔录》的访谈. 文学报，2005-08-04.

思想与感受，跟我们一样有内心冲突、有意识和潜意识，才有行动的欲望、主动性和感受，才会有属于"自己"的事件发生。它们与我们一样，我们才会在阅读中为它们移情，比如《聊斋志异》《西游记》《我是猫》《变形记》等众多小说中的形象。未被拟人化的事物只能是故事的物象。

对于小说而言，人物和故事两者不可分割，人物离不开故事，故事更离不开人物。一部优秀的小说，其过人之处常常在于塑造了令人难忘的人物形象，如《儒林外史》中的严监生、范进，《故乡》中的杨二嫂，《孔乙己》中的孔乙己，《阿Q正传》中的阿Q等。这些鲜活的人物，既有鲜明的个性，又具普遍的社会代表性，成为艺术的典型。

### 3. 偏重于虚构

小说不同于新闻报道或散文、诗歌的地方，在于其故事世界的虚拟性和写作手法的虚构性。小说中的世界是虚拟的世界，小说中的生活是虚构和模拟的生活，整体上偏重于虚构。尽管中外小说在发展过程中，都有过认为小说是讲述真人真事的观念，就像狄更斯在小说《匹克威克外传》中说的那样："我们只是努力用正直的态度，履行我们作为编辑者的应尽之责……我们只能说，我们的功劳只是把材料做了适当的处理和不偏不倚的叙述而已。"[①]《三国志通俗演义》作者在自序中说："晋平阳侯陈寿史传，后学罗贯中编次。"在中国的某些时期也曾因题材的真实性问题引发现实争议，但是到了现代时期，小说是虚构的叙事作品已经成为不争的常识，很少有人像凌濛初、冯梦龙、罗贯中或者英国18世纪小说家笛福、理查逊等那样强调小说是真人真事。幻想类小说（神魔、科幻、玄幻、奇幻、穿越、架空等）无疑虚构性最强，但即使"叙事多有来历"或者以自己亲身经历为基础、以现实事件或人物为原型的故事，也经历了选择、改写和虚构的过程，整体上变成了虚构作品，已经不同于生活本身。

但小说中的虚拟世界既真又假，既假又真，真真假假，假假真真。

---

① 狄更斯. 匹克威克外传. 蒋天佐，译. 上海：上海译文出版社，1979：54.

作者通过对生活的发现，把自己的见解、感受和情绪，把自己的假设、想象融入小说。小说是作者内心与生活经验、主观世界与客观世界的结合。没有生活的真实，在现实中找不出原型，激发不了读者的共鸣，那肯定不是一篇好的小说；同样，就事论事，没有虚构想象，没有艺术加工，也很难成就一篇优秀的小说。小说既是真实的，又是虚构的，真与假相互依存。

## 三、写作要点

小说就是讲故事，但是"小说是用一种特殊的方式讲故事"①。艾弗·伊文斯所说的"特殊性"有许多是其他文体可以共有的，只有放在"口头讲故事""纸媒写故事"与"演员演故事"这个更大的视野下，方可真正把握到属于自己的"特殊性"。

### 1. 小说的主体是故事，但故事讲出多少、怎样讲是作者的权利

小说从故事演进而来，以讲故事为己任，但这并不意味着，小说就一定要把故事事件按照它自然的顺序、本来的样子讲述出来。我们现在所说的"诗化故事""心理故事"或"哲理小说"似乎是不需要故事、反故事的，但是我们要明白，它们是有完整故事基础的，对立面、冲突、情节、逻辑等隐藏其中，但是作者要么掩饰它，要么省略它，反过来去强调另外一部分，比如氛围、情境、内心世界等。可以参照的是山水画的"留白"，我们知道露出画面一角的山水，必有来路，必有去路，虽云遮雾罩，但不等于它们不存在。"诗意""意识流""哲理"等效果或风格的获得，是向诗歌、散文等文体主动学习，将故事碎片化、情绪化、对象化处理的结果。

小说记录、处理事件，相较于口头故事以及戏剧故事，有着自己独有的经验和便利，比如口头故事与小说可以分享连贯叙事、插入叙事的技巧，但交替叙事是口头故事、戏剧故事难以实现的。"这种形式显然是

---

① 伊文斯. 英国文学简史. 蔡文显，译. 北京：人民文学出版社，1984：285.

同口头文学失去了任何联系的文学体裁的特征,因为口头文学不可能有交替。"① 当然影视故事以"蒙太奇""闪回"的方式弥补了戏剧的缺憾,但即使是影视故事,也难以连续表现大幅度跨时空的事件、情节与细节。

### 2. 构思从人物与同类或异类的关系入手

"小说是由什么构成的?"龙一认为,小说不是由人物、情节、主题、悬念之类的东西组成,小说的基本结构单位是"遇合",即人物与同类或者非同类事物(包括物体、异类、天气等)相遇。由遇合向前发展,两个"人"发生了联系,就会变成大一点的构建,叫"交流";在交流中发生了矛盾,成为更大一点的"冲突";冲突的结果造成了一方生活的细微的转折,便是"小情节"。从发生冲突并造成细微转折的小情节开始,对其加以扩大,注入背景、次要人物和前因,形成"场面";如果场面中主要人物与"阻碍因素"发生剧烈冲突,并给其中一方的行动或情感造成了较为重大的转折,便会扩张为小说中至关重要的"戏剧性场面"。这些便是小说的基本构成。②

龙一结合自己的创作经验,并借鉴罗伯特·麦基的银幕剧故事结构原理探讨小说结构,是有真知灼见的。小说以刻画人物形象为主要任务(外在生活或内心世界),而故事的事件本身也离不开人物,抓住了人物就抓住了关键。人物不仅决定了故事的事件,还决定了故事的长度。长篇小说为什么"长",根本原因在于人物多。人物多,关系就多,相应的事件就多起来。

### 3. 使用小说的权利

我们无法领略宋元时期勾栏瓦肆那些说话大师们纵横捭阖、舌灿莲花的精彩,但那个时期的人们也无法领略今天发达影视技术的"画面语言",尤其是3D、4D时代的到来,使影视语言更加令人震撼。其实,小

---

① 曹布拉.金庸小说技巧.杭州:杭州出版社,2006:15.
② 龙一.小说技术.天津:百花文艺出版社,2011:89-90.

说的语言可以实现影视语言难以实现的效果。其一，语言的欢乐、阅读的快感，或优美，或明快，或幽默，或雄辩。其二，叙事的便利，可以深入人物内心、潜意识，发掘与表现人物内心的冲突。其三，作者的声音，可以出现在作品中，影响读者对故事或人物的判断，提高作品的表现力，引导读者的移情；而在影视中，画外音是拙劣的手段。其四，虚拟的简洁，小说是虚拟的艺术，既有虚拟的权利，又有虚拟的便利，相对于影视、戏剧事物写实展现的"笨拙"，小说几乎可以天马行空。

小说可以继续走故事化的道路，也可以模仿影视故事，借鉴叙事空间化，将内心语言的"阅读"转化为"看"；还可以"零度写作"，作者退出故事世界，让人物自己行动，但他必须坚持自己特殊的权利，方可树立自己不可取代的地位。"小说作者对于叙述过程的控制性要强于导演对于电影叙述过程的控制。在小说叙述中，读者最终不得不跟着一个叙述者走；而电影观众对于影像的接受很可能完全不受导演意图的控制。"[①] 作者对故事的控制、"强叙述"，在这个意义上，是文体特性而不是明显缺陷，这就是《尤利西斯》《追忆逝水年华》《芬尼根的守灵夜》，甚至《信使》《我是少年酒坛子》这样的作品的价值所在——它们不是用于"听"的，而是用于"阅读"的。

## 四、写作训练

### 1. 以《梦里水乡》为素材，写成一篇小说

歌曲《梦里水乡》的 MV 呈现了一位姑娘的今昔对比——从前的"我"在江南小镇生活，朴实无华，撑着油纸伞，宛如"丁香一样的姑娘"；现在的"我"则是烫着卷发、穿着超短裙的摩登女郎形象：

　　春天的黄昏/请你陪我到梦中的水乡/让挥动的手/在薄雾中飘荡/不要惊醒杨柳岸/那些缠绵的往事/化作一缕轻烟/已消失在远方

---

[①] 杨世真. 重估线性叙事的价值：以小说与影视剧为例. 杭州：浙江大学出版社，2007：101.

暖暖的午后/闪过一片片粉红的衣裳/谁也载不走/那扇古老的窗/玲珑少年在岸上/守候一生的时光/为何没能做个你盼望的新娘……

教师引导学生对歌词进行重点分析，尤其是关键句："玲珑少年在岸上/守候一生的时光/为何没能做个你盼望的新娘"。

很明显，歌词讲的是一个少女怀春、抚今追昔的故事。"我"和"玲珑少年"深爱彼此，但最后很遗憾，有情人并没有成为眷属。根据MV的情节，一个是过去在乡间生活的"我"，一个是已进入城市并接受、认同城市文明的"我"，而且离别很可能是由"我"引起的。围绕着这一关键句，引导学生思考——究竟是何种原因造成目前这种有情人不能成为眷属的局面？是什么样的原因造成"我"的离别？通过MV的情节，基本可以判断"我"后来进了城，而"玲珑少年"依然留在原籍。尽管"玲珑少年"痴心不改，但两人还是因为城乡之间的差异最终分道扬镳。

《梦里水乡》中的情节，很容易让人想起路遥的《人生》，"我"的经历与高加林非常类似。在课堂上，教师可以拿高加林和"我"进行比对，引导学生模仿《人生》，把"我"写成女性版高加林，离别的原因既可以是当年的上大学，也可以变成今天流行的出国留学，等等。

因一方上学、进城、升迁而造成离别，这一情节设计是基于城乡之间的差异或社会地位的变化所产生的外力作用。在练习完毕之后，可以引导学生进行逆向思维：是否会因为彼此深爱着对方，一方出现变故，不忍拖累对方，因此忍痛挥泪作别？在此处，可以引入乔叶获得第五届鲁迅文学奖的中篇小说——《最慢的是活着》。奶奶与下乡筹建高级农业生产合作社的毛干部彼此相爱并珠胎暗结，但政治运动中风云突变，毛干部一夜之间变成"右派分子"。奶奶因为不忍心再连累对方，再给毛干部增加新的罪名，忍痛堕胎……两人最终没能在一起。这是一个因爱而导致分离的故事，可以和《人生》放在一起，引导学生学会同时从正反两个方面进行思考并进行小说创作。

2. 阅读欧·亨利的《二十年后》，感受过去与现在之间的有机衔接。在此基础之上，以《又一个二十年后》为题，就又一个二十年之后，警察吉米与通缉犯鲍勃的境遇展开想象和追问，进行小说创作

欧·亨利的《二十年后》非常值得玩味。又一个二十年后，警察吉米和大盗鲍勃这对兄弟、对头的际遇会是怎样的？在不断追问之下，会发现故事最后很可能峰回路转。话说警察吉米把芝加哥警方通缉多时的江洋大盗鲍勃捉拿归案，而且是大义灭亲，会不会受到上级嘉奖乃至提拔？想来这是理所当然之事，比如吉米因为此次立功，从一名普通的巡警晋升为副警长。不过，"一个萝卜一个坑"，吉米上去了，自然也意味着把别人的升官之路堵死了。既然如此，会不会有人嫉妒眼红？既然嫉妒眼红，会不会在背后造谣生事？吉米觉得自己是大义灭亲，但在别人眼中很可能就是卖友求荣。警界会不会流传吉米头上的"顶戴花翎"，是用兄弟的鲜血染红的这种说法？同僚会不会逐渐与他保持距离？这样一来，吉米还能顺利开展工作吗？本来亲手把兄弟送进监狱就够郁闷纠结的，现在还因此被诟病为卖友求荣的鼠辈，吉米的心情会是怎样的？在这种氛围下，吉米日后的工作和生活将会怎样？如何对那些嫉妒、污蔑他的对头进行反制？……围绕着立功之后的吉米和纽约警察局，完全可以写一部警界《宫心计》。反过来，鲍勃锒铛入狱之后是死不悔改，天天谋划着越狱逃跑，报复吉米、报复社会，还是如同《悲惨世界》中的冉·阿让遇到米里埃主教一样，在狱警的教育引导之下，最终洗心革面，在出狱后通过不懈努力完成了从"冉·阿让"到"马德兰市长"的华丽转身？在又一个二十年后，当吉米和鲍勃再次相会，他们之间会发生怎样的故事？实在耐人寻味。

无论是对《梦里水乡》还是对《二十年后》的二度创作，我们从中都可以发现，其中既融入了现实生活和时代元素，又不断通过追问推动情节演进，彼此之间环环相扣。在此过程中，学生的想象力将得到有效激发。

欢迎把练习发布在本教材配套的交流圈子（见后折口），和更多人分享你的作品。

## 【延展阅读】

### 一、推荐书目

1. 弗雷．弗雷的小说写作坊：劲爆小说秘境游走．许峰，译．北京：中国人民大学出版社，2015.

2. 弗雷．弗雷的小说写作坊：让劲爆小说飞起来．田忠辉，译．北京：中国人民大学出版社，2015.

3. 巴赫金．小说理论．白春仁，晓河，译．石家庄：河北教育出版社，1998.

4. 福斯特．小说面面观．冯涛，译．北京：人民文学出版社，2009.

5. 徐岱．小说叙事学．北京：商务印书馆，2010.

### 二、补充阅读

请扫描下方二维码，进入"《大学创意写作（第二版）》各章补充阅读资料"栏目，进一步理解小说的文体特征与构思技巧。

1. 文本个案综合分析
2. 小说写作构思实操

# 第三章 戏剧小品与影视剧本

- ◆ 第一节　戏剧小品
- ◆ 第二节　影视剧本

若仅就文学层面而言，戏剧影视与小说都是注重讲故事的文学样式，当然，受"编—演"特质的影响，戏剧影视文学剧作既有自己特有的外在文体格式特征，又有自己特有的内在故事讲述方式，呈现出故事情境化、故事行动化、故事场景化、故事对白化等特征。对于学习剧本创作而言，戏剧小品因其"小"，相对容易掌握，是入门的最佳途径；影视剧本是产业化程度最高的，也是最见功力的，是每一个编剧的终极目标。因此，在囿于篇幅而无法面面俱到的情况下，本章仅择取剧作类型中应用面较广、代表性较强的戏剧小品与影视剧本展开讲述。

# 第一节　戏剧小品

就剧本写作学习而言，戏剧小品既具备了戏剧的基本要素，又相对简单；既有着广泛的观众接受面，又有着开展实践的便利度，是入门的最佳途径，故我们从戏剧小品的写作开始谈起。

## 一、文体界说

"小品"原指佛经的简本，后来各种简短的文艺样式皆可以之命名，例如小品文、音乐小品、舞蹈小品、摄影小品、杂技小品等。我们这里所讨论的戏剧小品，是戏剧文艺中特有的一种简短的样式。

就戏剧小品的发展历程来看，古今中外戏剧史上不乏短小精悍的戏剧作品，但除了外在形制的短小之外，这些剧作缺乏区别于其他戏剧种类的内在特质，尚不是独立的戏剧艺术品种。自 20 世纪 80 年代中期以来，中央电视台春节联欢晚会这个具有强大催生效应的平台，为戏剧小品提供了展现艺术魅力的良好契机。此后，借助电视综艺节目和现代传媒手段，戏剧小品那平民化、戏谑化的内在艺术特质为民众所喜闻乐见，戏剧小品在不断搬演中发展壮大，从而具备了独有的审美特质，获得了独立的艺术品格，成为独立的戏剧品种。至今，戏剧小品仍是"春晚"以及其他许多综艺节目中不可或缺的艺术样式，在各级各类文艺演出中有着广泛的编演实践，值得我们用心关注。

## 二、文体特征

关于戏剧小品的文体特征，不同的人站在不同的立场，会给出各自不同的描述。若从便于初学者学习戏剧小品创作的层面去考虑的话，戏剧小品的文体特征有如下两个方面是需要注意的。

### 1. 基本特征的总体把握

总体而言，戏剧小品具有如下特征：其一，篇幅短，剧本少则千余字，多则三四千字左右；其二，体量小，短则 3~5 分钟，在《欢乐喜剧人》等综艺中也有小品的时长接近半个小时，但大部分都控制在 10~15 分钟；其三，人物省，场上的人物以 2~4 人为主；其四，取材活，能较快地反映社会生活，时代感强，被誉为"戏剧轻骑兵"；其五，构思巧，大多截取生活中的片段进行戏剧性的表现；其六，结构精，大多由 6~10 个场面构成；其七，风格喜，台词语言通俗质朴，多呈现出诙谐趣味。

以上这些文体特征归根结底是由小品之"小"决定的。因其"小"，故无法宏大、繁复、全面，难于深刻，短于思辨；但也正因其"小"，故能迅疾、灵活、轻巧、多变。简言之，戏剧小品凸显的文体特征是：小而灵，小而巧，小而热闹。

### 2. 根本属性与外在特征的辩证把握

虽然很多时候我们把"戏剧小品"俗称为"喜剧小品"，或简称为"小品"，但"戏剧"这个关键词决定了"戏剧性"才是它的根本属性，因此戏剧艺术中的剧作构造、情景张力、意蕴内涵、台词语言等要素都是不可忽略的。除了"戏剧性"这一根本属性外，"戏剧小品"之所以被俗称为"喜剧小品"，是因为它有一个非常鲜明的外在特征：鲜明的幽默色彩、浓郁的喜剧风格、强烈的剧场"笑果"。由于根本属性是内隐的，而戏剧小品那"喜"的外在特征又如此鲜明，这导致不少剧作者丧失了对戏剧小品根本属性的认知，只关注了其外在特征的实现。这种片面的理解将小品创作引入了错误的捷径：大量借用网络流行语以及过分使用民间小段子。

不可否认，台词是戏剧小品创作中不可忽视的一环，在台词中借用流行语与小段子能引人一笑，而且运用得当的话，流行段子与戏剧小品会相得益彰，但过分使用的话，会使戏剧小品中的"戏剧"本质大为减损，脱离情境与人物设定的小段子与流行语，会使小品沦为庸俗的"笑话合集"。

流行语与小段子的"笑果"已经是被消费过了的，在戏剧小品中再使用的话会大打折扣，徒有流行语与小段子而没有"戏剧性"的揭示，这样的戏剧小品是快餐式的消费品，不会有人反复去看。如果我们回过头去审视经典戏剧小品，例如《警察与小偷》《三鞭子》《超生游击队》《当务之急》《杨白劳与黄世仁》就会发现，这些小品没有大量借用流行语与攒段子，但它们经典的戏剧性却创造了不少的"流行语"，即便时过境迁，我们还会不时找来一睹为快。而近些年来"春晚"涌现的充斥着段子、流行语的小品，我们在笑过之后，却鲜有找来再看一遍的兴致。以前的小品比较短，现在的小品普遍篇幅变长，一个重要的原因就是其中夹杂了较多的流行语与小段子，从而拖长了小品的演出时长。这是一个值得关注和警惕的现象。理解了这一点，我们就能回到情境张力、人物塑造、剧情构建、审美意蕴展示这些富有生命力的命题上，而不是只汲汲于用段子来装饰无生命的台词语言。

## 三、写作要点

由于戏剧小品是剧本写作入门的最佳途径，为了更好地体现剧本写作的一般原理，故在写作要点的解析中，我们将按照"创意—主题—情境—场面—语言"这一基本创作流程来展开。同时，为了更好地凸显戏剧小品写作的特有规律，在这一基本流程的讲解中，我们将围绕着戏剧小品的创作来拈举例证，并结合其文体特征展开分析总结。

### 1. 创意种子的孕育

在剧作的最初阶段，总要先产生一个基本的意念——创意，有了这一基础才能进一步发展、丰富，最后生成一部剧作。那么创意种子该如何孕育呢？对此，杨健指出：剧本从构思到完成的创作过程就如同一颗种子的孕育、生长、成熟，是一个有着时间先后的线性模型。

剧本创作线性模型：混沌→吸引子→种子→情境→情节→剧作

在这个线性模型中，从混沌状态到创意种子的形成，属于构思的孕育期；从创意种子到戏剧共时情境的建构完成，是构思的生长期；而通过共时情境的生长，长出历时的情节，则是创作的生长期；情节安排妥当，完成整个剧作则是构思的成熟期。①

为了使这个一般性的剧本创作模型能更有效地运用于小品创意的孕育，我们结合杨健的论述，尝试加入一些操作步骤，使之进一步细化为如下的操作模型：

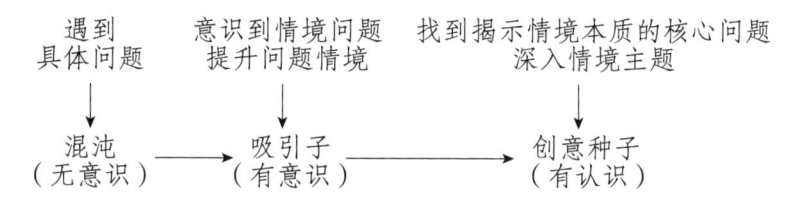

```
  遇到           意识到情境问题        找到揭示情境本质的核心问题
  具体问题       提升问题情境          深入情境主题
    ↓               ↓                      ↓
  混沌    ——→    吸引子    ——————→    创意种子
 （无意识）      （有意识）             （有认识）
```

根据创意学的原理，创意就是解决问题的主意。只有先发现我们自己，发现我们遇到的问题，才有可能找到解决问题的主意，找到创意。因此，创意生成的首要条件就是引入属于我们自己的"问题"。引入"问题"之后，将之与戏剧中特殊的要素——情境结合起来，即可孕育出剧作创意种子。我们可以用小品《当务之急》对这一模型进行赋值验证，看其是否有效。该小品的剧情内容是：某干部为了迎接上级卫生检查，要求下属打扫厕所并将之关闭，为保证落实，该干部在上级到来之前先行私访，不巧内急需要如厕，可处处厕所均已锁闭，最后幸遇一间即将关闭的厕所，但管厕所的老太太以检查将至、情况特殊为由，进行各种阻碍，最后该干部自食其果，失禁裤中。该剧创意种子的生成大抵可以分解为如下步骤：

◆ 混沌：内急则上厕所是生活的常态
◆ 遇到具体问题：厕所用来应付卫生检查，不能用来方便
◆ 吸引子：不能用来方便的厕所还是厕所吗

---

① 杨健. 创作法：电影剧本的创作理论与方法. 北京：作家出版社，2012：21-23.

- ◆ 意识到情境问题：这不是厕所的问题，是检查的问题
- ◆ 提升问题情境：注重形式的检查让厕所陷入不再是厕所的困境
- ◆ 揭示情境本质的核心问题：形式主义作风

在上面的模型与案例中，"内急却不能上厕所"这个"具体问题"是触媒，是生活无意识状态产生转变的契机；从"上厕所"到"卫生检查"这个"情境问题"则使人进一步意识到"具体问题"并非生活日常问题，开掘出了意义；而"厕所不再是厕所"这一"问题情境"则是一种虽然尚不清楚问题的根源但却"有戏"的困境；最后，当这一困境的本质——形式主义作风得到揭示时，情境主题自然也就明晰，创意种子也就孕育而成了。从生活中不能正常如厕的事件到产生创作一部揭露形式主义作风的小品的欲望，这一模型既能进行有效的分析，又可提供操作指导，可见它是创意种子孕育的强大武器。

小品是戏剧的轻骑兵，对当下的社会热点与生活问题关注尤多，例如《超生游击队》中的计划生育问题、《产房门前》中的重男轻女问题、《相亲》中的老年人婚恋问题、《羊肉串》中的职业道德问题、《不差钱》中的选秀问题、《扶不扶》中的社会公德问题等，皆深扎生活土壤，紧扣时代脉搏。这一取材特征意味着：从生活中遇到的具体问题去寻找小品剧作的创意种子不仅是可行的，而且是极富针对性的，因为小品的文体特征最擅长的就是反映"问题"。由此，将丰富多彩的生活问题代入创意种子孕育的模型中，沿着"问题—情境—主题"深入，自然能源源不断地孕育出小品的创意种子。在《一年一度喜剧大赛》中爆火的《互联网体检》实际上就是按照这个模型创编而成的。该小品讲述的是一位青年因入职而去抽血体检，可是从见到医生到正式抽血，再到获得体检报告，这位青年被迫陷入了扫码、验证、下载App、买加速包、买会员等现代科技包装下的商业套路。科技发明的本质不应该是便民利民的吗，怎么会沦为商业套路的帮凶呢？这个核心问题就长成了小品《互联网体检》的创意种子。

当然，从构思的具体表现来看，我们的思维通常浑然一体，不像上

面的模型那样按部就班、清晰可分。在这个模型中，生活能向创意进行转变，主要是由于"问题"与"情境"这两个要素起到了催化作用，故在运用时无须拘泥，抓住这两个关键步骤即可。另外，小品形制小，只能反映较为单纯的思想意蕴，无法宏大化、复杂化，为了弥补这一缺陷，小品的思想意蕴通常趣味化。因此，在运用"问题"与"情境"这两个要素时，创作者通常一方面朝着荒谬化的方向开掘，这也正是戏剧小品以喜剧居多的原因所在；另一方面则朝着生活化的方向进行表现，这也正是戏剧小品显得小而具体的原因所在。以上这些特点是我们在进行小品构思的时候要注意的。

### 2. 主题的陈述

如果说一颗种子包含着成为一棵大树的信息，那么一个小品剧作的初始创意同样是该小品的全息浓缩，它通过主题转化等方式，形成营养输出的大动脉，最终给整个剧作带来生命。因此，对于剧作构思而言，创意种子孕育之后的下一个生长任务是剧作主题的陈述。

所谓剧作主题的陈述，即运用陈述语句将创意描述清楚，使之成为归纳戏剧动作的最小公分母，从而将创意转化为更具操作价值的主题。在主题拟写的过程中，浑然一体的剧作创意种子通常会由一分裂为二：内在隐含的价值判断（即思想主题）与外在显现的戏剧事件（即情节主题，也叫"一句话故事"）。裂变而生的二者的关系是：一方面，情节主题是为思想主题服务的，即之所以要讲述某一个戏剧事件，是因为要表达某一种思想观念或价值判断；另一方面，思想主题只有通过人物动作所构成的戏剧事件（即情节主题）才得以体现，才不是空洞的口号，才能让观众有所触动。下面我们援引一些戏剧（小品）为例进行说明（见表3-1）：

表3-1　　几部戏剧（小品）剧作的情节主题与思想主题

| 戏剧（小品）剧作 | 情节主题（戏剧事件） | 思想主题（价值判断） |
| --- | --- | --- |
| 《少奶奶的扇子》 | 一位声名狼藉但心地纯良的夫人暗中保护女儿的名誉免遭损害。 | 上流社会伦理道德观念的虚伪和社交界男女庸俗卑琐的生活状态。 |

续前表

| 戏剧（小品）剧作 | 情节主题（戏剧事件） | 思想主题（价值判断） |
|---|---|---|
| 《三块钱国币》 | 大学生杨长雄以三块钱的代价砸了尖刻的房东太太的花瓶。 | 秀才遇到兵，有理讲不清！ |
| 《不差钱》 | 有才艺的草根上《星光大道》。 | 因为有才艺，所以成达人！ |
| 《张三其人》 | 一个不想得罪人的人总是不经意间得罪人。 | 我们总是习惯于将别人往坏处想。 |

在以上剧作中，情节主题与思想主题是互为表里，相互印证的。小品形制虽小，但同样遵循以上裂变原则。由此，根据情节主题与思想主题二者的显隐之别，戏剧小品主题的陈述可以通过以下两种方式实现。

（1）主题作为一种情节化的句子。

主题情节化意味着需要通过一个主谓句对行动进行强调，使行动线变得明晰，同时又需要给这个主谓句添加状语或补语来说明行动的价值与意义，从而暗示思想主题。由于这样一个带状语（或补语）的主谓陈述句能将情节主题与思想主题联系起来，故通常被称为目的句。我们以小品《二嫂开店》为例，分解目的句的拟写步骤：

◆ 第一步　写下主人公的名字（即动作的实施者，主语）：二嫂。

◆ 第二步　以简洁的词语概括主人公的动作欲望（即戏剧的行动，谓语）：劝阻饮酒。

◆ 第三步　写下对手（动作的承受着，即宾语）的名字：司机X。

◆ 第四步　确定情感价值（即行动追求的目的，状语）：家庭幸福。

◆ 第五步　目的句成形：为了家庭幸福，开店的二嫂劝阻司机X开车勿饮酒。

通过以上五个步骤的填写，我们得到了明确的一句话故事，故事的内在意蕴很明晰——幸福，故事的吸引力很强——开店的人居然不卖酒，也不许顾客喝酒，反常之极！由此看来，如果一个目的句能兼以上三者之美，那么就是成功的。较之大型戏剧以及影视剧，小品相对简单，目的句的拟写能较为清晰地反映出剧作的面目，而且拟写也较为容易，是进行复杂剧本创作之前的优良的基础练习。

（2）作为思辨性的悖论。

如果说情节化的句子重在表现情节主题，思辨性的悖论则重在表现思想主题。思辨性的主题从来都不是不证自明的，也不是单一存在的，它通过两极化的关系昭示出来。在一个悖论式的陈述句中，包含着人物（行动）的两难选择，构建出一种价值困境，形成了在性质上对这一思辨性问题的超越。由此，思辨性的主题陈述通常由正、反、合三种句式构成：正题（即主题以正面的方式表现出来）、反题（即主题以反面的方式表现出来）在开篇相互对立，形成矛盾；最后合题（即主题以剧作者的选择或态度倾向表现出来）在结局处点题而应，形成主题意蕴的情感激荡。我们通过小品《英雄母亲的一天》来进行分解。

- 思辨性主题：真实的"世俗"VS虚假的"圣洁"。
- 导演要拍英雄母亲的"光辉"形象（正题：虚假的"圣洁"）。
- 英雄母亲展现了真实的"生活"面貌（相应而生的反题：真实的"世俗"）。
- 母亲用计"骗"走了导演（结局的合题：不真实的"美"是不受欢迎的）。

导演要拍英雄母亲的光辉形象作为开篇而起的正题，蕴含了剧情的铺陈，而英雄母亲展现的真实的生活面貌作为相应而生的反题，带来了矛盾，自然也就引发了剧情的跌宕。在令人捧腹的"司马光砸光"的虚假演练中形成剧情高潮后，母亲用计骗走导演然后赶去买豆腐的结局作为思辨的合题，表明了剧作者的思想。也就是说，虽然主题表现为一种主观思辨，但同样也具备了一个有首有尾、有起有伏的故事形态。

以上两种主题陈述的方式各有侧重，但都能将思想主题与情节主题描述出来，且突出了二者之间的表里关系，能较好地促使剧作创意从思想意蕴向行动事件转化，促进剧作故事的完成。

对于小品编创而言，主题的确立意味着人物、行动、冲突、事件、语言的编写都有了一个明晰的纲领。只有主题明确了，后面的一系列工作才有路可循。始终围绕主题的方向前进，整个叙事进程才不会走弯路，不至于陷入不知所终的泥淖里。而主题能否用简洁的语句清晰地描述出来，这正是衡量主题是否明确的重要标准。纵观各种成功的小品，它们的主题意蕴都能在台词中被清晰地概括出来，例如《主角与配角》中的"该干吗干吗去吧"，《红高粱模特队》中的"劳动的人是最美的"，《打扑克》中的"小小一把牌，人生大舞台。生旦净末丑，是谁谁明白"，《扶不扶》中的"人心要是倒了，咱想扶都扶不起来了"。这正是主题做到了清晰描述的有力证明。

### 3. 情境创设

当主题明确后，下一阶段的任务则是在主题的统领下组织戏剧情节，而情节的生成又是由人物的行动来展开完成的，那么如何使得人物展开行动呢？这就需要引入戏剧情境创设这一环节了。

（1）情境的剖析。

戏剧情境是指一种有定性的环境和情况，正如黑格尔所言，戏剧情境能"分裂"并"见出冲突"，因此这种有定性是促使人物进行行动选择的推动力，是戏剧冲突爆发和发展的契机，是戏剧情节的基础。为何戏剧情境具有这样的作用呢？戏剧情境又是怎样建构的呢？我们可以援引凯脱·戈登所设计的一个案例进行分析：

◆ 非戏剧情境：一个男子陷在峭壁下的泥沙里，正慢慢沉下去，他四周无人，求援无门，难免一死。

◆ 戏剧情境：在原来的基础上增加一些条件——此人的兄弟手拿一根长棍，站在峭壁上表示，只要他说出一个重要的秘密，就可以救他的性命。

为何增加了这些条件就是戏剧情境了？因为这些条件代表了三点重要的因素：

①一定的人物关系：二人既是兄弟（亲缘关系），又是生死对手（利

害冲突关系）。

②一项重要的事件：秘密。

③一个特定的环境：两人的争斗是在足以致命的峭壁下展开的。

这意味着戏剧情境的三要素为：人物活动的具体时空环境、激励事件（尤其是会对人物产生重要影响的具体事件）、特定的人物关系。

需要指出的是，三要素的地位并不是均衡的，正如狄德罗所言，人物关系是戏剧情境的基础，它在三要素中最重要，时空环境与激励事件围绕着它而设置。为了使戏剧情境的张力更强，人物关系通常都不是单一的，而是多重关系纠结在一起的。例如，小品《当务之急》中的男干部与厕管大妈在组织上是上下级关系，在厕所的使用上则正好反过来，是被管理者与管理者的关系，这两种关系的错综与不均衡，使得矛盾生成，于是就有了"分裂而见出冲突"的潜在可能了。又如，小品《姐夫与小舅子》中两位主人公的角色关系既是警察和小偷（执法者与犯罪嫌疑人），又是未来姐夫与未来小舅子（亲缘即将缔结，执法有所顾忌），围绕法与情这一对矛盾关系展开，自然有好戏。当然，情境中的时空环境与激励事件也是不可忽视的，否则情境张力的爆发力会受损。例如，小品《当务之急》中干部内急之际（时间）、别处已无可上之厕所（空间）、厕管大妈要闭厕（激励事件）这些要素共同作用于人物关系，戏剧情境最终才得以构建生成。这意味着情境三要素是主题生长的基点，是戏剧张力的支撑点，它们共同作用形成了戏剧的张力圈，进而成为统摄全剧的效应场。要想把戏写好，势必要找到一个好的戏剧情境才行。

（2）利用情境生成剧情。

在设置好戏剧情境之后，情境又是如何生成情节的呢？特殊的时空环境限定了主人公的特殊处境，加上一些激励事件的诱发，使得原来单一平衡的人物关系变得复杂、失衡，就会产生促使人物采取行动的"力"来试图改变这种复杂、失衡的关系，这样就构成了一个能触发行动方向的戏剧情境，于是乎好戏开始了。行动带来的动势加上行动后面临的新境遇，再次通过人物关系作用于人物，人物只能再次行动。如此往复，直到最高点（高潮）释放所有的力，重新回到平衡关系，于是乎好戏结

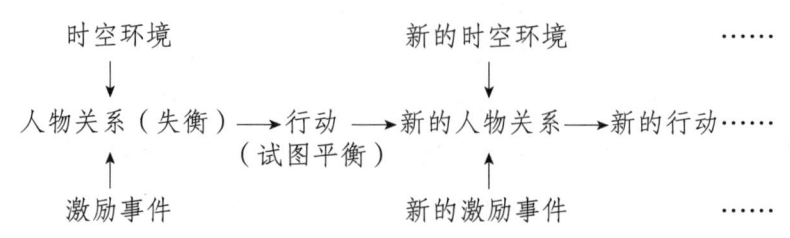

束了。对此，我们可以用这样一个模型来概括：

```
    时空环境              新的时空环境         ……
      ↓                      ↓
人物关系（失衡）→ 行动 → 新的人物关系 → 新的行动……
      ↑          （试图平衡）  ↑
    激励事件              新的激励事件         ……
```

由此可以看出，从剧情发展的动态系统来看，情境其实也是有系统的，包括启动部分、展开部分、完成部分，可表示如下：

　　启动部分（情境）→ 展开部分（行动）→ 完成部分（发现与突转及结局）

与情境系统由三个部分构成相对应，情境也可以分为三个层次：总体情境、阶段情境、具体情境。

一般而言，构成全剧情节的只有一个总体情境，在这个总体情境之上蕴含着一个总悬念，主人公只有一个贯穿全剧的完整行动。因此，总体情境是主人公自始至终置身其中的困境，它基本是不变的，从开场经由剧情的上升一直维持到突转发生的阶段。例如《哈姆雷特》的复仇，从开幕的父亲阴魂阳台示警起，哈姆雷特就处于父亲被害他要复仇的总体情境下，这个总体情境一直影响着他之后的一系列复仇行动，直到决斗高潮杀死克劳狄斯为止。又如《不差钱》中的"上《星光大道》"，即是总体情境、总悬念，也是一个贯穿行动。

阶段情境是人物在行动的不同阶段面临的境遇。与总体情境始终如一不同，阶段情境在戏剧发展的各阶段是不同的。例如，在话剧《你好，打劫》中，两个善良的劫匪、三个麻木的银行职员、数位唯利是图的"皇家FBI"与众多谨小慎微的市民，他们在序幕以及"求证""求知""求同"三幕中，遇到的具体问题都不一样，自然也就形成了不同的阶段情境。又如，《不差钱》可分为如下阶段：老赵因丫蛋忘带钱包而陷入缺钱的阶段，巧妙搞定小沈阳托住局面的阶段，受到小沈阳威胁后进退失据的阶段，得到才艺展示的机会却面临小沈阳反客为主的竞争阶段，等等。这些不同阶段皆是在"上《星光大道》"这一总体情境控制下的阶段情境的具体体现。

具体情境是人物之间在短暂瞬间形成的一种相互关系，它存在于语言和动作的具体空隙，是一个善于变化的量。例如，哈姆雷特在克劳狄斯独自忏悔时是否利用机会报仇的艰难选择就是一种具体情境。又如，《扶不扶》中郝建看到摔倒的老人去不去扶的挣扎也是一种具体情境。

一般来说，总体情境的作用是启动剧情、引起冲突，具有第一推动作用，但人物一旦行动起来，总体情境的作用就会减弱，能量就会逐渐损耗，为此就需要阶段情境与具体情境来补充危机感，增加矛盾冲突的力量。因此，一出戏能写多长，一方面与总体情境爆发出的推动力有关，另一方面也与阶段情境与具体情境的能量补充有关。另外，如果说总体情境是局势的总布置，那么阶段情境与具体情境就是变局设计，因此要使得剧情丰富生动、摇曳多姿，就需要不断制造变局。也就是说戏能写多长、能写多曲折，阶段情境与具体情境这两个变量对此都有重要的决定作用。还有，人物的塑造主要与具体情境相关，性格越复杂，对情境的要求就越具体，需要提供的情境变化也就越多，因为人物的多侧面性格只有在不断变化的境遇中才能得到验证。如果把情境比作性格的试纸，一种情境就是一张试纸，要体现人物个性的丰富性，就必须创造多样化的情境（即设计多张试纸）。[1]

（3）小品创作情境运用的策略。

受小品体量所限，无法设计那么多"试纸"，故小品的情境发育有着区别于大戏的特殊性：总体情境的总爆发力不如大戏那么强，阶段情境也不复杂，甚至没有总体情境与阶段情境，只有具体情境。即便是具体情境，也多集中于一个侧面，无法做到多面。因此，小品的主题意蕴比较具体、浅显，追求趣味，不求深刻宏大；人物性格重在生动鲜明，通常比较单纯，不求复杂。例如，我们看一下《一年一度喜剧大赛》中被誉为"爆款"的爱情系列小品，分别设置了什么样的情境。《爱人错过》

---

[1] 张兰阁. 戏剧范型. 北京：北京大学出版社，2009：31-38.

设置的情境：男女情侣闹小矛盾，女方要求男方道歉；《走花路》设置的情境：婚礼彩排时，父亲面对女儿即将出嫁的不舍；《志胜一击》设置的情境：摄影师遇到前女友携现任男友拍恩爱纪念照时的纠结。这三个爆款小品的情境设置都不复杂，但一样很有戏剧冲击力。因此，我们在创作小品时，无须费心思去设计复杂的戏剧情境，否则反而会面临无法承受之重，适得其反，这是我们需要注意的。

### 4. 场面构成

作为一种共时结构，情境三要素最终要统一于戏剧场面中存在，因此当戏剧情境设计妥当后，接下来的任务就是戏剧场面的安排了。戏剧场面是人物在特定的戏剧情境中进行活动所构成的相对独立的段落，它是戏剧构造中最基本的时空单位，也是戏剧情节的基本组成单位。由于场面只是基本单位，普通观众一般不太关注，也不太容易划分它。但也正因为它是基本单位，剧作者对它须格外注意，因为随着时间、地点的变换以及人物的上、下场，会带出新的行动，推动人物关系发展变化，从而推动情节发展变化。

一般而言，戏剧场面不单独存在，需要和其他场面连缀，组成更有规模的时空层次，构成更大的、更明显的情节段落，最终所有的场面连接在一起，构成一出完整的戏。其构造的具体层级可概括如下：

场面→片段→幕（场）→全剧

受体量所限，戏剧小品的构造不可能如此完备，正如孙祖平所指出的，戏剧小品的构造仅到"片段"这一层级，大多由 6 个场面组成，鲜有超过 10 个场面的。这些场面数量虽少，但互为因果，自成起讫，具有独立整一性。因此，小品虽只有片段化的构造，但又是独立、完整的戏剧样式。更为重要的是，这些场面的质地不同，作用也有所差别。具体包括：

（1）必需场面：一种正反对立的命题，情节拥有实质性的对抗，冲突处于紧张、危机和转折时刻，展现主要剧情。

（2）过渡场面：一种单向说明的命题，场面不具有实质性的对抗，主要起介绍交代作用，酝酿矛盾，为对抗做铺垫。

（3）高潮场面：具有转折意义的必需场面，起到爆发的作用。

（4）升华场面：一种诗意的命题，它的表象类似过渡场面，但不起介绍、交代作用，主要表现冲突后的和谐，使情感与意念得到升华。[1]

在以上四种场面中，第一种是小品构造中不可或缺的；第二种是小品构造中力争减省但依然常见的；第三种是小品构造中发育不饱满、表现不明显的，通常易被当作必需场面来对待；第四种则需要的时候才会出现，是较为少见的。为了更好地说明这些场面的差别，我们可以援引《大米·红高粱》为例说明：

（1）歌舞团大院，演员练美声，老乡吆喝"换大米"，互相干扰串调。（必需场面）

（2）团长上场，演出临时改唱《红高粱》，唱美声的演员找不到通俗唱法的感觉，团长让他去找一个破脸盆。（必需场面）

（3）老乡与团长套近乎，兜换大米。（过渡场面）

（4）团长敲脸盆，让演员往破里唱，演员仍唱不出破嗓子的感觉。（必需场面）

（5）老乡见状，忍不住用《红高粱》曲调唱起"换大米"，团长让老乡试唱，老乡拿扫把当话筒，大过唱瘾。（必需场面或高潮场面）

（6）团长让老乡登台演出，让演员推车帮老乡换大米。（必需场面）

该小品除了缺少升华场面外，其他场面皆有生动体现，其中最主要的场面是必需场面，每个必需场面都推进了剧情；第三场套近乎的过渡场面虽然没有直接推动剧情发展，但却能避免老乡因长时间在舞台上无戏而陷于干立状态，故需要保留；第五场过唱瘾的场面，有一定的宣泄作用，也能极好地调动剧场效果，属高潮场面，但因小品形制小，展开不够，高潮发育不够，故被视为必需场面亦可。至于升华场面，小品《三鞭子》末尾赶驴老人、县长、司机喊着昂扬的号子抬车这一场，小品《红高粱模特

---

[1] 孙祖平. 戏剧小品剧作教程. 北京：中国戏剧出版社，2009：38-40.

队》末尾载歌载舞的时装表演这一场，皆是典型的升华场面，可参考。

由于戏剧舞台在时间及空间上的局限性，戏剧场面的安排应善于根据需要来精选。具体而言，就是根据主题的需要来安排，即要有统一性；重点展开的场面要能展示独特的人物关系和深入揭示人物的内心世界，即要有揭示性；场面与场面之间的连接与转换要有内在的逻辑性，即要有合理性。除了以上基本特性外，因戏剧小品的小而形成的片段化构造，对戏剧场面安排提出了进一步要求：尽量减省过渡场面，力争扩展剧情容量，加快小品节奏，从而避免冗余、拖沓。因此，小品的构造呈现出鲜明的必需场面化的特色，甚至有的小品全由必需场面构成，例如《手拉手》《姐夫与小舅子》《主角与配角》等。总之，小品编创须精心设计必需场面，精确控制过渡场面，想方设法将过渡场面改造或转化为必需场面，从而使小品剧作结构精练不松散、节奏畅快不疲沓。

### 5. 语言风格

较之戏剧小品的其他部分，小品的台词语言更为通俗、生动、幽默，这种语言风格是最吸引人的。回顾历年"春晚"，可以发现这样一个有趣的现象：几乎每年都有小品台词成为流行语。例如，2009年《不差钱》中的"这个可以有"和"这个真没有"，2002年《卖车》中的"忽悠，接着忽悠"，1989年《英雄母亲的一天》中的"司马光砸光"等。戏剧小品的台词语言能有如此奇效，除了遵循戏剧台词语言口语化、动作化、性格化等基本特征外，还有自己的秘密武器。可归纳为如下几点。

（1）结构上通常蕴含"大（正）小（反）"的组合。

小品语言通常借用类似相声制造包袱的手段，把语段分成一个或几个"大—小"否定结构。"大构成"在前，通常由较多的语句构成，句式较长，摆开架势做铺垫；"小构成"在后，通常只用一句话对前面铺排的内容进行彻底否定，简单明了却出乎意料，仿佛不经意间釜底抽薪。"大—小"构成的差距拉得越大，张力越大，效果越好。例如：

采购员：华夏有限公司名誉顾问，神州无限公司名誉经理，联合跨国公司名誉董事，国际环球公司名誉指导……

　　记者：你别念了，别念了，他具体是哪个单位的？

　　采购员：电话：6785423，请胡同的刘大妈叫一声。

　　记者：公用电话啊？！

　　…………

(《打扑克》)

又如，老两口夸主持人：

　　大妈：都夸你呢，说你主持那节目可好了。

　　主持：怎么说的呀！

　　大妈：就是人长得砢碜点。

　　大叔：你咋这样！

　　大妈：说实话么！

　　大叔：瞎说啥实话。对不起，她不是那个意思，我老伴说那意思是都喜欢你主持的那节目，全村最爱看啊，那家伙，说你主持有特点，说你一笑像哭似的。

(《昨天 今天 明天》)

　　这种组合结构，在组成上只有两个要素，较为简单，易于操作，经济简便，又能出乎意料，效果良好，是小品台词写作中不可或缺的。需要指出的是，这一结构虽然能带来笑声，但如果单是为了笑而设的话，又会流于肤浅。因此，这一结构在笑的背后，通常还有更深的揭示意义。例如，《打扑克》中这一结构的运用，并不只是为了引人发笑，还揭示了时人好虚名之俗。又如，《昨天 今天 明天》中这一结构的运用，在笑声的背后刻画出了既憨直又实在的类型化的东北农民形象。

　　(2) 风貌上通常使用上口段子。

　　上口段子即顺口溜，在相声中则被称为贯口。它类似于诗，但更为通俗。小品中的上口段子大体具有以下几个特征：在使用场合上，通常用于小品剧作的开场或中间过渡段落的开头处；在语言文字上，通常句式较为齐整，语言较为经济凝练，较为注重对仗等修辞手法的运用；在音律表现上，平仄起伏，押韵上口，富于韵律美；在剧作叙事层面上，能够迅速交代故事的大致背景以及情境设定的总体情况，大大缩减剧作的叙事进程，有直奔主题之便；在人物塑造层面上，能较为简洁地概括类型化人物的总体特征，便于观众较快地把握人物的形象与风貌；在舞台效果层面上，通常能引人发笑，营造较为活跃的剧场气氛，取得较好的剧场效果。

在大型戏剧以及影视剧作中，并不注重使用上口段子，但在戏剧小品中非常注重并善于运用上口段子。例如，小品《装修》开篇的上口段子——"鸡年大吉我买了新房，买了新房我装修忙。装修的程序都一样，家家户户先砸墙"，无须步步铺陈，即可取得迅速"开题"之效。又如，小品《相亲》中的上口段子——"就兴他们年轻人打情骂俏、连搂带抱，老年人就得一个人干靠"，寥寥数语即可塑造一个渴望温暖情感的老鳏夫的形象，表达了老鳏夫备受压抑的情绪。再如，在《时间都去哪儿了》中，"热搜"作为一个心理幻象，用这样一段贯口，成功地诱惑了一位已经意识到交稿截止时间马上到来的男青年以"只刷五分钟"来自我安慰，不去写稿，反而继续荒废时间——"社会新闻小超话，娱乐热搜大八卦。各家粉丝不对付，一言不合就开骂。兄弟，吃瓜！"这个上口段子，既上承男青年刷手机荒废时间的段落，又下启继续刷热搜荒废时间的段落，具有承上启下的功能。

（3）由年度热词、段子、流行语转化而成的语言梗。

除了上口段子外，近年来，源自网络的各种热词、段子与流行语成为一种语言梗，频频出现在小品中。例如，2010年"春晚"小品《一句话的事儿》就被指严重抄袭了网络段子。有人甚至总结说，三个段子外加一些其他要素，一个小品就成了。对此，我们要持辩证的态度。

一方面，很多段子既搞笑又跟老百姓生活息息相关，这与小品的文体特征与审美风貌是非常契合的，故小品在段子的使用上更为自由，这也是近年来小品往往会使用段子的原因所在。但另一方面，我们在使用段子的时候，要注意适度与契合性，否则会损害小品的艺术性。例如，2010年"春晚"相声剧《不能让他走》，几乎每隔几秒钟就会出现网络流行语或段子，例如"我是雷锋的传人，我叫雷人""我就是打酱油的"

"老爷子唱的不是歌是寂寞""别崇拜哥！哥只是个传说""我妈喊我回家偷菜呢"等等，流行语和段子使用太过频繁，缺少了层次感，也就容易流于肤浅油滑了。由于当下的小品创作（尤其是"春晚"小品）对流行语使用过多，出现了套路化的痕迹，所以从2017年起，每年都有人在网络上预测当年的流行段子与网络热词是否会出现在"春晚"小品上，结果基本都被网友猜中了。这愈发激起网友的预测热情，于是在2023年，哔哩哔哩（B站）等诸多自媒体短视频平台，出现了"一人预测一个2024年春晚小品热梗"的活动。这个活动提示我们，由热词、段子、流行语构成的语言热梗，是一把双刃剑，助人的同时也可能会伤人，这是需要创作者引以为戒的。

## 四、写作训练

### 1. 寻找剧作创意的训练

契诃夫说，独幕剧应该写荒唐事，独幕剧的力量就在这里。这对你进行小品剧作创意的孕育有何启发？请将你近期生活中遇到的问题罗列出来，结合前文所阐述的小品剧作创意孕育的原理以及契诃夫的话，与你的"戏水伙伴"逐一讨论、分析，看其中哪些问题有可能孕育成剧作创意！

### 2. 场面写作训练

请以"春晚"小品《扶不扶》为例进行场面分析：该小品由几个场面构成？这些场面类型分别是什么？这些场面是如何构成一部小品的？

### 3. 小品续写与改写训练

2014年"开心麻花"表演了一个小品《同学会》，该小品与公款吃喝问题紧密相关，直指贪污腐败。请以《同学会》为题，结合当下的新情况，对该小品进行续写；或结合你对生活的新理解，依旧使用同学聚会的题材，但改变主题，对该小品进行改写。

4. 小品创作分析

2015 年，沈腾与马丽在"春晚"舞台合作的小品《投其所好》，讽刺了谄媚上级的不良官场作风；2020 年，二人在"春晚"舞台合作的小品《走过场》，讽刺了"工作走形式"的不良作风；2023 年，二人在"春晚"舞台合作的小品《坑》，讽刺了"躺平式"干部。这三部"官场讽刺"系列"春晚"小品，有一定的共性，有较为鲜明的续作痕迹，请就这三部小品在创作上的异同谈谈你的认识。

欢迎把练习发布在本教材配套的交流圈子（见后折口），和更多人分享你的作品。

## 【延展阅读】

### 一、推荐书目

1. 张兰阁. 戏剧范型. 北京：北京大学出版社，2009.
2. 孙祖平. 戏剧小说剧作教程. 北京：中国戏剧出版社，2009.
3. 陆军. 编剧理论与技法. 北京：中国戏剧出版社，2005.
4. 谢旭慧. 喜剧小品语言幽默艺术. 广州：暨南大学出版社，2009.

### 二、补充阅读

请扫描下方二维码，进入"《大学创意写作（第二版）》各章补充阅读资料"栏目，进一步了解戏剧情境系统、情境张力圈等方面的知识。

1. 关于情境系统
2. 关于情境张力圈

## 第二节　影视剧本

虽然当前的电影与电视剧比戏剧艺术更为主流、更受大众欢迎，但二者却是以戏剧艺术为基础发展壮大的，因而即便壮大独立的电影和电视剧已经自成一家，与戏剧艺术处于分离的态势，被业界与学界戏称为"离婚"，但二者在本质上依然是密切关联的。因而，上节所述之小品剧本创作的原理与方法，可作为本节讲授影视剧本创作方法论的铺垫。有了这一铺垫，本节在有限的篇幅内讲清影视剧本创作关窍的难度就小多了。

### 一、文体界说

在影视剧本的创作过程中，实际上存在着三种不同的剧本：文学剧本、分镜头剧本（或称为导演工作台本）和完成台本。

文学剧本通常由编剧完成，主要为影片提供基本故事情节和人物关系，明确影片的主题、情节、人物性格和风格样式，它可以被称为影片创作的施工蓝图。

分镜头剧本（导演工作台本）是导演在文学剧本的基础上，按自己对未来影片的画面和场面调度的设想，写出的用于拍摄的台本。它可以细致到镜头的分切和单个镜头的拍摄方法，也可以只是在文学剧本的基础上加入导演的理解，具体由导演的习惯而定。

完成台本是电影制作完成之后，由场记根据已经成片的电影，将其中的一切技术与艺术内容（如场次、镜号、拍摄方法、场面调度、人物对话、音响音乐以及长度等）完整地记录下来的台本形式。

以上三种剧本体现了剧作在从案头到屏幕的演变过程中，出于实践的需要而发生的剧本形态变化。人们通常所说的影视剧本是指第一种，即由编剧完成的剧本。本节主要围绕电影剧本，分析其文体特征、写作要点和写作训练方法。

## 二、文体特征

正如悉德·菲尔德所总结的，电影其实就是用画面来讲故事，与之相应，电影剧本呈现出叙事性与造型性两个鲜明的特征。

### 1. 叙事性

既然电影是讲故事的艺术，那么电影剧本呈现出叙事性就是自然而然的。例如，电影剧本《大撒把》讲述的是一对留守男女在留守期间发生的一段欲理还乱、有因无果的情感故事，这是电影剧本的叙事性在整体上的体现。除了整体外，在电影剧本的细部，即大部分的场景写作中，也有鲜明的叙事性。例如第一场：

1. 日　内　机场

一架巨型客机从候机大厅的窗外徐徐滑过。飞机尾舵上的枫叶图案在斜阳中泛着红色的光泽。

几个金发碧眼着天蓝色制服的空中小姐挂着常备不懈的笑容平端着肩膀袅袅地从候机大厅中鱼贯而过。

倚在窗前的顾颜欣赏着在人群中时隐时现的蓝色身姿感慨道："我说这机票怎那么贵呢，就冲这堂儿小妖精也便宜不了。"

"贵？那得看对谁说了，"顾颜妻手持小镜子一边修整妆容一边左顾右盼地，"你别忘了，我坐的可是国际航班。人家不是为咱中国人定的价儿。再说了，半截还放电影呢．没经过审查的。"

这场开场戏虽然只是机场送别的片段，但顾颜的心不在焉与顾妻的兴奋不已，还是极富叙事性的，开启了后面故事的讲述。由此看来，要写好电影剧本，首要的就是讲好故事。

### 2. 造型性

由于电影是通过拍摄而成的画面来讲述故事的，造型性是电影剧本的鲜明特征。这意味着编剧创作时不能停留在文学思维上，剧本中那些"跌入痛苦的深渊"之类无法拍出来的字句是没有实际意义的。尤需指出的是，文学剧本如果写到分镜头的地步，一则过于琐碎和技术化，会削弱它的情节叙述与情感传达功能；二则很不利于发挥导演的创造力。因此，编剧在创作电影剧本的时候，一方面必须运用电影思维（也称"银幕思维"），必须具备造型意识，必须通过"摄影机的眼睛"来进行构思；另一方面又要做到在尽量不用或少用电影术语的情况下将画面叙述清楚，即不用分镜头剧本的方式也能描述画面。例如，电影剧本《啊，无声的朋友们》的第三场：

> 3. "满洲"　　旷野　　夜
> 随着尖厉的汽笛声，火车头迎面而来。
> 前灯刺目的光芒。
> 火车在轰隆轰隆的车轮声中掠过画面。
> 绵延不绝的黑色货车车皮。

编剧在该场景中写了四段文字，每一段文字描述的都是一个"镜头"：第一段暗示了声音与角度，第二段暗示了用光、角度以及景别，第三段则暗示了景别、角度、声音，第四段则暗示了镜头的长度。此外，我们在电影剧本《金色池塘》中老教授摘草莓的段落里，也可以在文字中找到"摄影机的眼睛"的构思：或仰（如"诺曼抬头望着画外的树顶"），或俯（如"寻找草莓"），或摇（如"打量着四周"），或推（如"朝树林深处走去"），或跟拍（如"惊惶失措地在树林里奔跑"），或做画面构图的处理（如"诺曼从左边入画，跑到右边一根倒下的木头跟前"）。编剧通过这一系列不同景别、不同构图、不同运动形式的镜头所造成的压迫感、恐惧感和悬念感，描写了暮年老教授的痛苦、惶惑的心情。[①] 但聪明的编剧却没有使用任何电影术语，体现了创作中纯熟的电影思维。

---

① 汪流.电影剧作：教学、创作及理论.北京：中国电影出版社，2004：23.

## 三、写作要点

影视剧本的写作，若仅就细部而言，貌似是一个个场景的写作，即只要把一个个写好的场景连缀起来就是一部影视剧本。但实际情况是，剧本的写作并非只是简单的文本创作，还涉及面向制片人的营销、面向导演与演员的合作等。如果把影视剧视为以好莱坞为主导的文化产业体系下的精致工业产品，一切就变得简单多了——剧本写作其实就是以影片和剧集为主要产品形式的文化生产，写作的过程与策略实际上就是文化产品的生产流程与操作要领——在什么时间地点、讲述什么事件、这些事件应该承担什么样的功能……这一切全都有规律可循、有方法可依、有严谨的程序限定。关于这些，好莱坞的编剧们总结出了规律，数量既多，讨论又深入，可供我们入门时借鉴。总之，要确保影视剧本写作这一复杂繁重的任务顺利完成，我们需要明确自己的任务是什么，需要知道如何借助梗概来赢得制片人的青睐，需要草拟大纲（包括分场提纲）来引导我们展开构思，需要借助故事框架帮我们定型创意，最后借助具体的场景写作将我们的构想逐一实现。

### 1. 剧作者的任务：提供一个好故事

较之戏剧小品，影视剧是更为复杂、更为烧钱的艺术，通常制片人考量一个影视剧本是否具有投拍价值的首要因素，就是剧本是否提供了一个好故事。那么怎样的故事才是好故事呢？设计好故事该从哪里起步呢？

（1）内核的开掘上：从情感驱动开始。

仍以电影为例，如果说故事的本质是事件，那么好故事就是具有强烈情感驱动的事件的集合，即好故事的本质是事件背后引人大笑或者引人大哭的情感内涵。因为只有这样才能让观众买票进场而又不中途退场。我们试以电影《姐姐的守护者》为例进行分析说明，这部影片讲述了这样一个故事：

女儿得了白血病，需要骨髓移植，但夫妇俩的骨髓却与女儿不匹配。于是，按照医生的意见，他们可以再生一个孩子，如果这个孩子能够匹配女儿的身体要求，那么就等他/她长大之后实施骨髓移植，拯救女儿的生命。小女儿生下来之后，其骨髓幸运地与姐姐匹配成功。但是，小女儿数次捐献骨髓都未能彻底治好姐姐，现在要做的就是不断接受手术。然而，小女儿逐渐长大，她认为父母没有权利决定如何使用她的身体，她攒钱聘请律师，把父母告上了法庭……

这部影片讲述的故事之所以好，是因为它包含了丰富而激烈的情感：小女儿如何对待自己的父母，如何对待自己病入膏肓的姐姐，是爱还是恨？她如何背叛亲人之爱，做出拒绝捐献的决定？最终又如何与父母、姐姐相处？故事表面上是主人公处理是否继续捐献骨髓的问题，实际上是主人公在处理上述情感问题，而这些问题都是我们关心的问题。

现在我们清楚了，要写好一个故事，真正要关心的不是事件本身，而是事件下面的情感驱动，是什么情感驱动主人公如此行动。因为只有这样，我们才能吸引观众盯着银幕，使观众不离开座位；只有这样，制片人才会给编剧将创意变成故事、将故事变成电影的机会。所以，我们给试图进入影视剧本创作的各位的第一个建议是：从情感驱动入手，分析你的主人公的情感：他最大的愿望是什么？当你找出他的情感驱动的时候，你的故事就有了成为好故事的灵魂！

（2）技术的实现上：从难题开始。

我们已经明确了好故事之所以好的秘密是情感驱动，那么接下来该如何落笔，从哪里开始将我们找到的好故事写出来呢？这其实是一个技术实现问题。我们借电影《投名状》进行分析说明。

影片一开始，庞青云从尸体堆中爬出，他的队伍全军覆没，作为将官，他选择生还是选择死？这个难题摆在了他的面前。女子莲生用女性的温柔，重新唤醒了他活下去的勇气！重新活过来的他，实现政治抱负的愿望也变得越发迫切。然而，官场一时是回不去了，为了生存，他只能与两个山大王结义，他要带着这支队伍实现自己的理想。然而，结义的那一刻，他把一顶"绿帽子"扣在了自己兄弟的头上——莲生是他兄弟的女人……

于是一系列问题出现了：生还是死？要兄弟还是要女人？要功名还是要义气？由此我们得知，对于电影而言，好故事是这样开始的——让难题一开始就出场，十分钟内就摆到主人公面前！这些不得不过的坎，有的像炮弹，已经炸响，逼着主人公不得不立即应对；有的像地雷，隐隐地威胁着主人公！

现在，让我们来总结一下。如果你开始不了你的故事，或者觉得开启的不是好故事，那么你就应该让你的主人公在第一节（幕）就遇到"突然……"。突如其来的难题让你的主人公陷入选择的困境，好故事的序幕就揭开了。如果你的主人公突然失恋了，或者突然失业了，突然失明了，突然……恭喜你，主人公的灾难就是你的幸运，你的故事开始了！

（3）进程的设计上：让暴风雨来得更猛烈些吧。

我们已经能抓住笔下的主人的情感，他被心中的欲望驱动，他被面临的难题折磨，好故事已经开场，现在的关键问题是，你的人物如何保持情感和生活遇到问题时的这种张力？如何让读者（观众）继续关心、关注下去？在故事的展开部，我们应该怎么做？方法其实很简单，就是让你的主人公所面对的难题继续恶化成为困境，由困境变成绝境，由绝境变成死穴，直到无法解决、无法缓和，似乎要彻底崩溃为止！

趋利避害是人的本能，作为一个编剧，不敢展开矛盾，怕收不了场，这是一种自然反应，但这种反应会让人物沿着压力小的方向行动，避重就轻，让人物和稀泥。这样一步步地回避矛盾，慢慢地淡化矛盾，故事将变得平淡乏味。这样是无法将好故事继续编下去的，这样做的人是不可能成为好编剧的。要成为一个好编剧，就必须和这种自然反应作战，要克服你的胆怯——这个时候，你会害怕，害怕篓子捅大了，解决不了。不用害怕，在故事的展开部，你只有一个目的，即让你的人物越来越决绝地走向似乎是必然的失败，让读者感觉情势越来越紧张，几乎没有办法解决。比如，电影《功夫熊猫》就把那只熊猫折磨得够呛，任何一个人在成长过程中需要经历的艰难困苦，那只熊猫几乎都经历了一遍，一直到它陷入绝望（师父决定自己对付雪豹，让阿宝和另外几名高徒带领和平谷的谷民逃亡）。

总之，在你的故事的展开部，要让你的人物面对的问题越来越严重，你越是希望他得到好运，你就越是应该让他遭受折磨，把他往你要的结局的相反方向去推，推得越远越好，让他觉得自己已经失败，让观众也觉得他失败了，无可挽回了。若说得更直白点的话，那就是在展开部你至少要写出难题的三个发展：发展成困境，发展成绝境，发展成死穴。只有这样才能试炼人物的内心，逼迫人物行动，使人物展现出超乎常人的情感境界和意志力量！只有这样，才能使已经开始的好故事继续沿着好故事之路走下去。

（4）结局的设计上：峰回路转。

当故事走到绝境与死穴的时候，接下来的问题是该如何收场。我们前面说过，编剧的基本功是让人物遭受折磨，是逆着人物写——你写他是个英雄，就得先让观众觉得他是个"狗熊"（如《功夫熊猫》），这是基本的编剧技巧。其实设计结局的方法也是一样的——逆着写。因为一开始，观众就在和你比拼智力，你的一路"倒行逆施"让他们的预测都失败了，最后终于到绝境与死穴了，你没有回旋的余地了，他们自认为就要猜出你的底牌了，你能在最后输给他们吗？就像俄狄浦斯追查到最后发现罪魁祸首居然是自己从而引发剧情大逆转一样，戏剧高潮之际的发现与突转原则在电影中同样适用。你设计的绝境不能是顺其自然的绝境，你可以装得像是要被他们猜对了，但绝对不能真让他们猜对。比如，那只熊猫的确陷入绝境了，它逃跑了，观众差不多要让你蒙过去了，他们将信将疑，以为你真的要让它失败。面对这样的主人公（遍体鳞伤，心灰意冷），面对这样的观众（将信将疑，智力超群地等着你让他们猜中结尾），此时编剧必须让剧情逆转，要让你的观众本来觉得十拿九稳，突然间出乎意料，但又在情理之中。正因如此，《功夫熊猫》让熊猫在逃跑途中突然悟出了武功的真谛，他相信了自己，勇敢地回去战胜了雪豹！这真是一个值得我们学习的好故事的奇妙结局。

## 2. 故事的骨架：影视剧作的构造模型

以电影为例，关于电影剧作的构造问题，好莱坞的编剧们进行了不同的探讨，例如悉德·菲尔德提出的"三幕线性结构"，罗伯特·麦基的"情节点"与"大情节"（经典情节），还有广为接受的"故事弧线"理论。这些理论源自丰富的实践，各有优点，具有极高的指导价值。我们可以结合各家之长，以图示的方式来把握剧作的构造，为故事编创做出有效的指引（见图3-1）。

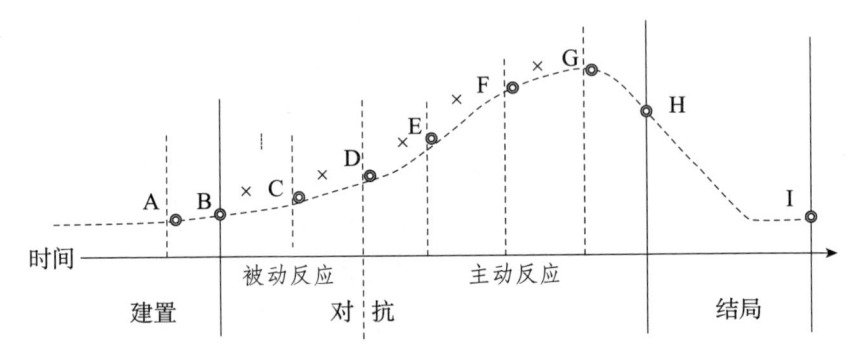

图3-1 影视剧作的构造图示

电影是时间的艺术，影像的流转带动了故事的变化，因此，该图示以时间轴作为描述的基点。这条时间轴被切分为建置、对抗、结局三部分，源自悉德·菲尔德的三幕线性结构理论，强调了每一部分在剧作中所承担的功能：第一幕的功能是情境建置（创设情境），驱使主人公展开行动；第二幕的功能是展现对抗（在图示中以若干个"×"来标识），即主角与对手的争斗是如何展开、如何变化的；第三幕的功能是引出结局，即告诉观众对抗的结果如何。由短虚线连接而成的弧线即故事弧线（又叫叙事弧线），由于剧作故事的发展是由主人公的行动开展来实现的，因此故事弧线实际上又是人物的行动弧线，简称行动线。故事弧线不仅展现了故事情节的变化与发展的运动轨迹，而且还隐含着若干影响故事发展的关键点（即情节点）。具体如下：

A. 激励点——又叫情节诱发点，是导入激励事件，给主人公带来问题，引发戏剧性需求的设置点。

B. 第一情节点——又叫行动点，是主人公对戏剧性需求做出初始应对（被动反应）的设置点。

C. 第一关键点——初始应对（被动反应）恶化，带来更大麻烦的设置点。

D. 中间点——由被动应对向主动应对转化的设置点。

E. 第二关键点——主动应对恶化，带来更大麻烦的设置点。

F. 第二情节点——最大考验来临（与最强对手交锋）的设置点。

G. 超越点（高潮顶点）——主人公战胜自我实现蝶变的设置点。

H. 结局——展示主人公应对最大困难的行动结果的设置点。

I. 结尾——针对整个剧作故事的结果进行说明的设置点。

为了更好地说明这些关键点的功能，我们以伊朗电影《小鞋子》为例进行分析。《小鞋子》的故事梗概是这样的：

> 男孩阿里在分担家务时不慎将妹妹萨拉的鞋子弄丢，由于家境贫寒，无力再买一双新鞋，加上阿里害怕被责罚，于是他不得不自己应对妹妹无鞋可穿的麻烦。最初阿里央求妹妹与他共穿一双鞋来应对，可是共穿一双鞋不仅给他和妹妹带来了极大的挑战和众多的麻烦，更使他屡次上学迟到，陷入将被开除的困境。后来妹妹萨拉无意中发现丢失的鞋穿在一位女同学脚上，正当他们想要回鞋子时，却发现女同学的父亲是盲人，家境也很困难，于是他们主动放弃了索回鞋子的想法。再往后，父亲从朋友处得到了一套园丁工具，于是阿里与父亲骑车进城打工挣钱，好不容易挣到了钱，可在归途中失灵的刹车导致父亲摔伤，阿里又空欢喜一场。再往后，阿里的学校组织学生参加全市的长跑比赛，季军的奖品是一双球鞋。已经错过报名机会的阿里通过自己的争取获得了参赛资格，并立志要在比赛中获得第三名。阴差阳错阿里成了冠军，奖品不是鞋，阿里颇为失望。结局是阿里的爸爸给兄妹俩各买了一双鞋。

这个故事所隐含的关键点分别如下：

激励点（A）：阿里弄丢妹妹萨拉的鞋子（激励事件），阿里需要鞋子（戏剧性需求）。

第一情节点（B）：阿里与萨拉轮换穿鞋（初始应对）。

第一关键点（C）：阿里屡次迟到，面临被开除的困境（初始应对恶化）。

中间点（D）：兄妹俩放弃向穷苦同学索回鞋子，只能另想办法解决无鞋的困扰（被动转主动）。

第二关键点（E）：阿里跟随父亲进城打工挣钱，父亲意外受伤，买鞋的希望破碎（主动应对恶化）。

第二情节点（F）：取得参加长跑比赛的资格，立志赢得季军（最大考验来临）。

超越点（G）：意外获得冠军（战胜自我）。

结局（H）：未能得到鞋，但获得了妹妹的原谅。

结尾（I）：父亲给兄妹俩买了鞋。

总之，主流工业电影的剧作构造大致是相同的，有非常明晰的规律可循，只是在具体的模板类型、划分方式、表述形式上有所差异，编剧必须领会每一个关键点以及每一部分的功能。例如，对于中间点，有人表述为"灵魂的暗夜"，有人表述为"惊人的意外"，但表述所指的功能是相同的——主人公眼看成功，却又功亏一篑。因此，死记硬背关键点的名称是无益的。一定要铭记：就编剧实践而言，剧本写作是灵活的；就剧作构造而言，各家的表述是不一的，重点在于理解剧作构造图示各部分的功能，这样才能做到遗形取神，游刃有余。

### 3. 故事的主导：主角的三维塑造

好莱坞工业体系下的剧作之所以有这样一个构造图示，是因为好莱坞的剧作基本属于"英雄成长"故事，即借助主角的行动来展现主角由"凡人"向"英雄"的转变，因此主角的塑造具有牵一发而动全身的重要性。我们看电影的时候，看到的是主角在故事中的行动，实际上在故事开始前主角的前史对他的行动是有影响的，在故事结束后主角得到了成长已不再是最初的自己。基于这一点，我们可以在过去、当下、未来这三个维度中对主角的塑造进行思考。

（1）第一维：剧作开始时（当下），主角看上去是谁，主角有可能是谁？

有论者把主角的第一维称为"形成人物"，原因在于剧作故事开始时，人物已经具有自己的面目了：主角的外貌、怪癖、习惯、职业、性格等要素已基本确立。这一维通常需要在建置部分的最初（即剧作构造中故事起点到 A 点这一段）以简洁的方式呈现给观众。例如《小鞋子》开篇，在激励点（A 点）到来之前，只用修鞋、买馕、买马铃薯这三个场景就在第一维度上塑造了阿里"穷人的孩子早当家"的形象。需要注意的是，第一维的主角通常有对立的 A、B 两面。A 面是主角日常生活中所表现的"凡人"一面，B 面就是主角内心中隐藏的"英雄"一面，因此 B 面通常与第三维相关，也与剧作主题相关。例如《功夫熊猫》中，开篇只用梦中的大侠与现实中的面馆伙计这两个场景将熊猫的 A、B 两面形象勾勒出来。后来熊猫果然成了神龙大侠，印证了该片"只要有梦想，小人物也能成为大英雄"的主题。在《疯狂动物城》中，开场一小段兔子朱迪的日常生活，让观众爱上朱迪的同时也展现了朱迪的 A 面（种萝卜的农民）、B 面（警官梦），完美完成了主人公第一维的塑造。她的 B 面（警官梦）从正面折射的个人的勇敢与从反面折射的社会的偏见，恰好暗示了故事的主题，确立了故事的总冲突——勇敢 VS 偏见。

（2）第二维：他为何会这样（过去），能保证主角的独立性吗？

第二维影响或驱动人物展现出第一维表象的历史性、背景性要素，即通常所说的人物前史（人物小传）。撰写人物小传的时候，要注意主角的两个关键"穴位"——禀赋（潜能、特长）、心魔（弱点、畏惧），还要注意思考如何将这两个关键穴位巧妙地展现出来。只要这两个关键穴位考虑周全了，主角就是独立的，在面对困境的时候，是主角自己做出了合理的行动选择，而不是编剧强加给主角不合理的行动选择。例如《无人区》中，徐峥所扮演的律师的"潜能"在于对正义与人性的认知仍未泯灭，这一点是通过酒桌上他拒绝与盗猎分子交朋友的细节暗示的；

他的"心魔"在于害怕坚守正义与人性会让他付出代价,失去一些东西,这一点是通过他拒绝解救被拐女孩展现的。无论焚"尸"灭迹的企图,还是勇闯虎穴与盗猎分子斗争,这一切都是由两个关键穴位驱动主角自己选择的。

(3) 第三维:故事结束时,主角到底是谁(未来)?

第一维的主角在经历过一系列的波折与考验后,会有所领悟,有所变化,有所成长,这就是剧作法中所谓的人物蝶变。有了第一维与第二维的充分准备,主角第三维的揭示是水到渠成的。也就是说,主角的第三维其实就是第二维心魔的反面呈现,是第一维所隐藏的 B 面的正面显现。

**4. 故事的成形:故事梗概、剧本大纲、分场提纲以及场景写作**

我们有了故事创意,我们把它写出来,我们把它卖出去——每一步我们都需要借助文字写作来使之顺利分娩,而不是中途流产。具体而言,这些步骤要涉及的写作主要包括以下几个方面。

(1) 故事梗概。

对于编剧的创作而言,故事梗概就是剧情构思的概要。对于剧本营销而言,故事梗概就是理念的推销与题材内容的简述。电影公司在物色剧本时,往往先要剧作者交出故事梗概,作为决断取舍的依据。因此,剧作者构思出了好故事之后,还需要通过故事梗概让制片人认为剧作者已经找到了一个适合拍成电影的故事轮廓。在竞争激烈而注重创意的好莱坞,故事梗概有时甚至会极端化地浓缩为一句话,即"一句话故事"。例如,有的好莱坞制片人常被编剧拦住兜售故事,对此,他总说:"给你 15 秒钟,讲 30 个单词。"这个时候,一句话故事决定了你的创意种子能否赢得继续生长的机会。当你能把《尖峰时刻 3》的故事浓缩为"东方最快的手与西方最多话的嘴一起去办案"的时候,再挑剔的制片人也不忍拒绝你。

当然,多数制片人为确保投资的可靠性,还是愿意看完整的故事梗概。此外,中国影视剧审查制度要求制作方提供完整的梗概,审查通过后制作方才能获得拍摄许可。由此,完整梗概的写作通常成为剧本写作的第一关。那么完整的梗概究竟长什么模样呢?2014 年第四届北京国际电影节甄选了一些值得投拍的优秀电影项目，其中《花街往事》的故事梗概如下：

> 这是一个八十年代的故事。
> 鳏夫顾大宏以亡妻的名字开设了蔷薇街第一家私营照相馆——苏华照相馆。女儿小妍和天生歪头的儿子小山跟着他住在这条街上。
> 顾大宏跟离婚女子关文梨产生暧昧，诸多阻力使两人分分合合，非常纠结。西洋舞风靡戴城，顾大宏意外开启跳舞生涯，关文梨也加入了跳舞一族，舞伴却不是顾大宏，由此引起了舞场上的一系列争斗。两人终于和解后，顾大宏却被关文梨出狱的强盗前夫打伤，关文梨愧疚地离开戴城。顾大宏阴错阳差成为著名摄影师，在外地采风时在舞厅偶遇关文梨，两人再次起舞。
> 女儿小妍美丽叛逆，从小偷东西惹了不少麻烦，中学时在迪斯科舞场遇到宾馆门童陈勉，同时交了远在北方的笔友牛莠。小妍成为蔷薇街第一个大学生，追求她的这两个男生，却阴错阳差地在同一个夏天犯罪，坐牢。
> 儿子小山天生残疾，自卑，忧伤，游荡在布满河道的戴城，他幻想成为捞尸人。小学同桌罗佳三次出现在他的生命中，从童年到少年，成为他一生的光明所在……

故事梗概没有固定的写作格式，只要既能简洁明晰地概括剧情内容，同时又能让制片人（或导演）畅读时眼前一亮，有助于推销剧本即可。而"眼前一亮"的实现，既有共通的原因，也有个性的原因。所谓共通的原因，即前文所述的关于好故事的诸种要求，它可以是复杂的人物关系（例如顾大宏以及围绕着顾大宏的诸位人物之间的关系）、激烈的矛盾冲突（例如围绕着顾大宏的爱情、亲情而发生的诸种波折）、具有吸引力的行动（对亡妻的纪念、与离婚女子的暧昧）等等。所谓个性的原因，可能会与导演（或制片人）以及时代的审美趣味相关，例如《花街往事》所蕴含的怀旧与忧伤的情绪，显然对喜好文艺片的导演（或制片人）更具吸引力。同时，《花街往事》展现的"往事"风貌，又与迅疾发展的当下以及让人迷失的时代形成了鲜明对照，从而具有特殊的讲述价值。总之，故事梗概的写作，要注意以下两点：一是要成形，即把故事说得简明清晰；二是要提鲜，把故事的趣味与风格提炼出来。这样既利于故事的售卖，又便于剧本的写作完成。

（2）剧本大纲。

如果说故事梗概因偏重于剧本推销而在写作时要更多地展现出吸引人眼球的魅力的话，那么剧本大纲则显得较为实在，是为故事的明确成形而作。剧本大纲通常明确地规定了故事走向中的重要节点，丰富了其他人物对故事的推动作用，对一些重要的细节有比较完备的设置与处理，是剧情构思更为细化的体现，它的篇幅通常以1 000~2 000字为宜，内容主要涉及以下几个方面：

①主题：通常用简略的文字说明故事之渊源、中心思想、时代意义等。

②主角及人物关系：主角是谁？用列举或其他方式说明主角的性别、年龄、性格等。主次人物是何种关系？

③主要情节：主角的"计划"（即戏剧性需求）及主导动作是什么？阻力、冲突、危机、高潮、结局分别如何？

④矛盾冲突：主导动作遇到的障碍是什么？形成的对立是什么？

以上方面通常以打散的方式融入剧情的描述中，为了更好地说明以上内容，我们援引《克莱默夫妇》的剧本大纲来进行分析：

在我们最没有准备的时候，生活突然给了我们一击。

一座位于纽约市的中产阶级的公寓。温情的家庭时刻。是吗？乔安娜在哄儿子比利睡觉，她好像有心事。

泰德在广告公司工作，经常加班。老板要给他升职，泰德很高兴。与此同时，乔安娜在家收拾行李。一个是因工作而得意的丈夫，一个是在家悲伤的妻子，两个人即将发生冲突。

泰德带着好消息回到家里，乔安娜却说她要离开他和他们的孩子："没有我他会过得更好。"泰德试图留下她，但乔安娜还是走了。

泰德对着邻居菲尔普斯大发牢骚："你难道不知道她这样做的后

果吗？"菲尔普斯冷冰冰地说："她破坏了你这一生最好的五天当中的一天。"

比利醒来后问妈妈在哪。泰德要"像妈妈"一样烧法式早餐，这令他即抓狂又有点害怕。泰德错误地把自己遇到的麻烦向老板做了倾诉，老板重新考虑要不要把这个重要的职位给泰德。随后，泰德收到了一封来自乔安娜的信，说她不会再回来了。

泰德把家里与婚姻记忆有关的相片、衣服等全部清理掉了。他鼓足勇气迈入了"颠倒的世界"，不过，他没有完全意识到他的生活将会大变样。

在泰德与比利之间，泰德慢慢地放弃了他自私的生活方式，懂得了如何把另外一个人的需要摆在首要位置。邻居菲尔普斯的丈夫离开了她，她将为泰德和比利的独立生活提供帮助，同时帮助泰德理解乔安娜为什么不高兴。

没有了乔安娜，泰德和比利的生活一片茫然。比利感冒了，他想妈妈，并责怪爸爸，故意耍性子来考验泰德。不过，这对克莱默父子仍然过上了正常的生活。他们在晚餐时一起阅读，开始是一阵沉默，然后就讲起了一群人进出洗手间撒尿的笑话。生活中仍有不少挑战：比利参加了一个生日晚会，泰德接他时来晚了，比利很生气。在没有得到爸爸同意的情况下，他买了冰激凌吃，故意气泰德。泰德从公司带了一个女同事回家过夜，比利在过道里撞上了这个赤身裸体的女人。

父子的日常生活变得愉快起来，关系也更亲密了。泰德教比利骑自行车，一节课看上去都很好，即便是比利遭遇意外被送进医院也"幸福"收场。菲尔普斯告诉泰德他干得不错。乔安娜打来电话，泰德认为她想破镜重圆，于是便约她在一家咖啡馆见面。乔安娜却扔下"重磅炸弹"：尽管她自从离家后从没有来看过比利，也没有和比利说过话，但她想要比利的监护权。

泰德的律师告诉他这个官司很难打。就在这时，泰德被解雇了，这对他来说是最糟糕的时刻。由于失业，他肯定会失去比利。于是，泰德在圣诞节期间仍在找工作，他"只要工作"，自愿减薪以吸引未来老板的注意。

泰德准备好了打官司，但是遇到一个麻烦：他得知乔安娜有探望比利的法律权利。这样一来，他将同时失去妻子和儿子，比影片开始失去妻子还糟糕！

在纽约中央公园，泰德放开了比利的手，他看见孩子高兴地投入妈妈的怀抱。

官司开始了，进行得很艰难。庭审中人们发现乔安娜有了新欢，而菲尔普斯站在了泰德这一边。

最后泰德发言，争取他"男人的权利"，表达他收获的人生道理。"我不是一个完美的父亲，但是我在努力，我们共同建立了我们的生活。"尽管这样，乔安娜仍然赢得了诉讼。在家里，泰德和比利一起烧法式早餐，但这可能就是他们俩的最后一顿早餐了。

乔安娜来接儿子，令泰德惊讶的是，乔安娜告诉他比利可以留下来。

总体而言，大纲的编写要清晰有序，要生动有趣，要简洁有力，要简短地说出故事的原委、人物的性格、时空的特点、情节的发展、冲突的高潮、悬念的力量等。因此只宜抓主线，而不能去纠缠细枝末节，笔触应简洁洗练，叙述要有条不紊，描写须生动感人，结构宜紧凑有力。

（3）分场提纲。

故事大纲的完成意味着故事框架的确立、结构的形成，接下来需要着重考虑的就是故事的造型形态，即用视听手段来展现叙事内容的问题，这一问题通常是以场景设计的方式来解决的。考虑到电影故事较长，场景较多，牵涉较广，直接进入具体的场景写作既容易迷失，又加大了写作的困难。因此，较为合理也较为常见的做法是：由故事大纲进一步细化为分场提纲，然后再进行具体的分场场景的写作。也就是说，写分场场景提纲的作用就是将故事大纲中的内容分解落实到具体的场景中去，在每个场景单元中写清楚它所包含的事件或动作的梗概，为下一步更具体地写成剧本场景打好基础。

通常一部 90 分钟左右的电影的场景数为 90～120 场，即每个场景约为 1 分钟，当然重点场景会较长，次要场景会较短。那么这些长短不一、轻重有别、作用不同的场景，是如何设置出来的呢？就整体而言，它们主要是在剧作主题与故事大纲的统摄下形成的。就具体而言，它们是在场景目标的控制下形成的。由于剧作是一个统一的整体，因此所有的分场场景的目标都是推动叙事前进，但不同场景又有各自具体的目的：是为了故事进展而进行铺垫，还是为展示矛盾而设计冲突？或是为了刻画人物？或是为了形成高潮？或是为了抒情？林林总总，不一而足。例如，电影《甜蜜蜜》中有这样一个场景：黎小军和李翘的年夜饭是在小屋里吃馄饨，李翘告别时，黎小军找出自己的旧棉衣给她穿上，他笨拙地帮她系纽扣，李翘往后仰想避开他额前的头发，两人的视线在一刹那间相遇，两人终于抑制不住内心的感情，紧紧拥抱在一起。之所以设置这样一个场景，一方面是"甜蜜蜜"这一爱情故事的主题决定的，另一方面两人的感情需要一个契机来突破"尴尬的窗户纸"状态。因此，场景是否应该存在以及以怎样的方式表现出来，都是由场景目标来决定的。这就要求剧作者在撰写分场提纲的时候，要明确设计每一个场景的目标是什么。

撰写分场提纲时，除了要明确场景目标外，还需要了解不同的场景类别所起到的特殊作用。一般而言，场景的类别大致可以分为如下几类：

①交代场景。通常用在某一情节段落的开始，用来交代人物关系，进入事件，也有的用在段落中间进行补充。

②冲突场景。展示冲突与对抗，推动情节上升。

③高潮场景。段落内情节上升的最高点。

④回落场景。情节回落过程中的场景，其目的是减缓冲突，放松紧张状态。

明确了场景目标与场景类别之后，就可以进行具体的分场提纲的撰写了，例如《入殓师》的分场提纲：

  第 1 场　雾雪天，车里，大悟和社长。大悟旁白：我记得小时候这里的冬天没有这么冷，从东京回到乡下老家快两个月了。

第2场　一家室内，大悟和社长为这家的女儿入殓，大悟主殓，动作熟练，表情肃穆。这时，大悟发现这个女人有那东西，其实是个男人。出现片名：入殓师。

第3场　（迅速以音乐转场，贝多芬交响乐）演奏大厅，大悟正在拉大提琴，交响乐气势恢宏。镜头扫过，观众稀少。演奏结束，乐团老板出场，宣布乐团解散，大悟一惊（滑稽的表情）。

…………

分析上面的分场提纲，可以发现：第1场之所以设置了雾雪天气，设置了旁白，是因为该场属于交代性场景，目的是营造与"入殓"相关的"冷"的氛围，引出第2场以及片名。也就是说，虽然分场提纲只是纲要，但场景目标与场景类别已经完全明确，它们决定了每一场是否存在以及以怎样的方式存在。此外，虽然以上只是分场提纲的文字，但场景的构成要素已经基本齐全了。一般而言，场景的要素通常包括如下几点。

①空间。每个场景都是在一个空间范围内发生的情节。一般来说，这个空间是以人的视线（镜头）在不做跨越障碍物的移动，并且在没有门、窗、墙等阻挡物的情况下所能看到的范围来区分的，如操场、教室、街道边、小商店内就是不同的场景。另外，雨、雪、雾等有助于场景表现的自然氛围也是场景设计中需要注意的。例如，《入殓师》3个场景中分别出现车里、室内、大厅里等空间，而第1场中的雾雪天所形成的特殊的氛围，则使车中封闭的环境能更好地传递伤感的情绪。

②时间。每个场景都是发生在一个具体且连续的时间段内的，如果空间不变而时间发生了明显改变，例如同一房间内的夜景和日景，即便它们连在一起，也应区分为不同的场景。场景中的时间一般分日（白天）、晨、黄昏、傍晚、夜等，对于室内（或封闭环境）的场景，时间要素通常表现得不够明显，例如《入殓师》前3场分场提纲中的时间要素皆未明确点出。

③人物、动作以及与动作相关的事件。没有人物就无法形成行动，没有行动就无法形成情节，因此在场景设计中人物以及相关要素的设置

非常重要。例如《入殓师》第 3 场中，作为乐手的大悟在一场演奏后意外得知了乐团解散的噩耗，这正是人物及相关要素得到确立的生动体现。

总之，分场提纲的撰写就是以实际拍摄的立场重新审视故事大纲。通过分场提纲的撰写，我们会发现原本感觉已写得比较详细的故事大纲仍有许多不够具体的问题尚待细化。这些不够具体的问题主要不在情节内容上，而在对情节内容的表现上。比如，在故事大纲中，有的事件和动作的发生场景并不明确；有时在一个段落中叙述的事情是发生在若干个不同的场景之中的，而一旦将这些场景分开，动作的衔接在时空、节奏等方面的处理上又会出现问题；有些叙事内容在故事大纲中只进行了粗略的叙述，将其落实到具体场景中去时，却找不到相应的有力的动作去体现那个粗略的叙述……这正是撰写分场提纲的意义所在。

（4）场景写作。

虽然分场提纲已经涉及了时间、空间、人物、行动以及与行动相关的事件，但毕竟只是提纲，还不够具体，没有具体的台词，尚需场景写作来进一步充实。大体而言，场景写作的原则如下。

①在处理的原则上，把场景叙事转化为微型故事。

关于场景的写作，罗伯特·麦基的看法是：无论长度如何，一个场景必须统一在欲望、动作、冲突和变化周围，每一个场景即是一个微型的故事。例如，在《卡萨布兰卡》中有一个发生在阿拉伯小贩摊前的场景——曾被抛弃的里克重遇昔日爱人伊尔莎，在醉后的苦涩中他对她大加贬损，伊尔莎离开后，里克后悔了，于是在街上一个卖亚麻织品的摊前，他试图放下自尊，挽回爱情。那么，里克的"挽回"之举究竟会以什么样的方式展开，会遭遇什么波折，又会以什么样的结果告终呢？这一场景要解决的这一系列问题，包含了人物、行动、事件等要素，已然是一个完整的故事，只不过形制相对微小一些。而且这一场景中的事件虽小，但它有始有终，有起有伏，有矛盾，有悬念，能充分保证场景写作富于发展变化，充满灵动的吸引力，无疑是一个微小但精彩的故事。由此可见，将场景转化为微型故事是处理场景写作的有效策略。当然，场景中的微型故事是统摄于整个剧作故事的主干之下的，离题的微型故事即便再精彩也是无益的，这是必须遵循的基本原则。

②在设计上，把场景行动分解为节拍。

每一个微型故事都是由更微小的节拍构成的，所以写好微型故事的关键就是巧妙地设计节拍。节拍，即人物行为中动作与反应的一种交流。只有动作没有反应，那就不是交流，自然也构不成节拍；如果节拍重复多次，没有进展，缺乏变化，那其实还是同一节拍。此外，动作节拍背后通常还蕴含着一个潜文本，即外在动作背后的潜在意图（实在动作）。例如，趴在她的脚下的动作的潜文本可能意味着求饶，而置之不理的反应的潜文本则意味着拒绝饶恕，它们构成了一个包含潜文本的动作节拍。因此，场景写作的关键就是形成动作节拍的变化，而且还要暗示出动作的潜文本。仍以《卡萨布兰卡》中阿拉伯小贩摊前的场景为例，麦基对这一场景的动作节拍做了细致分析①：

1. 接近她/不理他。
2. 保护她/拒绝里克的亲近。
3. 道歉/再次拒绝里克。
4. 找借口/又一次拒绝里克。
5. 试图把脚伸进门内/把门打开一道缝。②
6. 跪地③请求/要求更多。
7. 让她感到自责/反戈一击，也要让他感到自责。④
8. 道别/拒绝反应。
9. 指责她是个懦夫/指责他是个傻瓜。

---

① 麦基.故事：材质、结构、风格和银幕剧作的原理.周铁东，译.北京：中国电影出版社，2001：270-316.

② "门"与"缝"并非真实的表演行为。伊尔莎此前多次不理会里克，意味着关上了沟通之门。现在她终于开口和里克说话，意味着打开了沟通之门。但她的话不多，因而这扇"门"只是开了"一道缝"。

③ "跪地"并非真实的表演行为，指里克努力放下了自尊与往昔累积的不满，意欲与伊尔莎平和地交谈。

④ "让她感到自责"指的是里克以"富余的火车票"指责伊尔莎当年未守约与他一起离开巴黎。"反戈一击"指的是伊尔莎认为当年的里克会理解她的苦衷，如今的里克却只会怨恨她。

10. 对她进行性挑逗①/隐藏她的反应。

11. 指责她是婊子②/用这一消息来粉碎他的希望。

这些动作/反应模式，构成了一系列节奏很强的节拍，而且节拍间有丰富的变化，还有生动的潜文本，是值得我们深入学习的范本。

③在艺术上，综合利用各种视听手段进行造型表现。

由于电影是以画面声效来呈现的，这就要求进行场景写作时不能光想着攒台词，而要尽可能利用各种有效的视听手段来进行造型，从而增强表现力。例如，在电影《理智与情感》中，玛丽安与威洛比陷入热恋后，却意外得知他要抛弃她，和富有的格雷小姐结婚，玛丽安悲痛欲绝。编剧是通过这样的造型艺术来表现玛丽安的悲痛的：

88. **内景　巴顿农舍　埃莉诺和玛丽安的房间　白天**

玛丽安坐在窗边泪眼蒙眬地看着雨景。膝上放着威洛比的袖珍诗集。

玛丽安：离开了你，日子多么像严冬，

　　　　你，飞逝的流年中唯一的欢乐！

　　　　天色多么阴暗！我又受尽了寒冻！

　　　　触目的是隆冬腊月的一片萧索！

…………

在这一场景中，窗外的雨这一特殊的时空环境与氛围，玛丽安泪眼蒙眬地看着窗外的动作，玛丽安膝上放着昔日情人诗集的事件，玛丽安诵读着昔日情人的诗作的特殊台词，编剧利用这些生动的造型手段让读者"看到"了玛丽安失恋之痛。较之仅仅歇斯底里地哭喊失恋的痛苦的设计而言，这样的处理要高明多了，值得我们深入揣摩。

总之，由于场景写作所涉及的问题过于细致、微小，在有限的篇幅中无法面面俱到，因此要想提高剧本场景写作的能力，最直接有效的办

---

① "性挑逗"指的是里克邀请伊尔莎回寓所之举，并非真实的表演行为，主要揭示里克意欲重温旧梦的心理，性挑逗的意味很淡，但原文如此翻译，此处照录原文。

② "婊子"不是具体的台词，是里克指责伊尔莎在道德和情感上的欺骗与背叛，而非肉体上的轻浮放荡。

法就是"扒片",即通过观影的方式对照着描摹影片的相关场景。如此坚持练习,自然能形成较好的造型感,有了较好的造型感之后,设计场景自然也就比较顺手了。

## 四、写作训练

### 1. 故事梗概训练

将你心中的故事写成梗概并念给"戏水伙伴"听,看看对方对你的故事是否感兴趣,如果对方感兴趣,则可进一步进入大纲的写作;如果对方不感兴趣,则应听取对方的意见,看看是故事本身尚未具有好故事的特征,还是故事本来是好故事,但却因你失败的梗概被扼杀了。

### 2. 场景写作的造型训练

(1) 他在做日复一日无聊重复的工作。

(2) 他第一次抢劫。

(3) 他正在经历一次伤心的离别。

请参考《理智与情感》的场景写作,尝试使用不同的视听语言来进行造型表现。

### 3. 剧作构造训练

斯奈德在《救猫咪:电影编剧指南》中列了这样一个节拍表:

(1) 开场画面(第1页)。

(2) 主题呈现(第5页)。

(3) 铺垫(第1~10页)。

(4) 推动(催化剂)(第12页)。

(5) 争执(辩论)(第12~25页)。

(6) 第二幕衔接点(第25页)。

(7) B故事(第30页)。

(8) 游戏(第30~55页)。

(9) 中点（第 55 页）。

(10) 坏蛋逼近（第 55～75 页）。

(11) 一无所有（第 75 页）。

(12) 灵魂的黑夜（第 75～85 页）。

(13) 第三幕衔接点（第 85 页）。

(14) 结局（第 85～110 页）。

(15) 终场画面（第 110 页）。

请结合前文的剧作结构图示，谈谈你对这个节拍表的认识。

欢迎把练习发布在本教材配套的交流圈子（见后折口），和更多人分享你的作品。

### 【延展阅读】

**一、推荐书目**

1. 汉森．编剧：步步为营．郝哲，柳青，译．北京：世界图书出版社，2010.

2. 麦基．故事：材质、结构、风格和银幕剧作的原理．周铁东，译．北京：中国电影出版社，2001.

3. 杨健．创作法：电影剧本的创作理论与方法．北京：作家出版社，2012.

**二、补充阅读**

请扫描下方二维码，进入"《大学创意写作（第二版）》各章补充阅读资料"栏目，进一步了解电影剧本创作的相关知识。

1. 关于戏剧性前提
2. 关于场景分析的技巧

# 第四章 非虚构文学与散文

- ◆ 第一节　非虚构文学
- ◆ 第二节　散文

非虚构文学与散文是一对相近的文体，在内容上都强调真实，一般不允许虚构，可以说散文属于广义的非虚构文学。但是，出现于各类媒介上的"非虚构""非虚构文学""非虚构写作"等概念，则是指具有特定含义的非虚构，也就是狭义的非虚构。所以，非虚构文学和散文虽然有共性，但二者又各有约定俗成意义上的文体特征。比如，从文体追求来看，非虚构文学更强调求真，而散文则更强调审美；同样是真实，非虚构文学倾向于追求事物本身的真实，而散文则追求写作主体感受与感情的真实；同样是叙事，非虚构文学更追求故事的完整性，而散文的故事在抒情过程中则往往呈现碎片化特点。

# 第一节　非虚构文学

## 一、文体界说

何为非虚构文学？叙事文学可以分为两大类：虚构和非虚构。从广义上说，非虚构是相对于虚构而存在的文学族群。它古已有之，像西方的史诗文学，中国的史传文学、语录体散文等。纪实文学、报告文学、回忆录、日记等，都属于非虚构的范畴。狭义的非虚构文学，专指1960—1970年代在美国兴盛的"非虚构小说""新新闻报道"等文学类型。

### 1. 美国的非虚构文学

1966年《冷血》在美国畅销后，作者杜鲁门·卡波特提出"非虚构小说"一词。1959年美国堪萨斯州发生一起震惊全美的凶杀案，卡波特受《纽约客》杂志之托到堪萨斯撰写报道整个案件的纪实文章，他与助手哈珀在当地展开了细心调查，意图从当地人身上找出藏在这起凶杀案背后的故事。他们花了六年的时间调查这起案件：跟踪调查了被害者的亲友、邻居、雇员等人，同时，也花了大量的时间与精力，耐心而投入地与两位蹲在大牢里的凶犯长谈。卡波特以独特的写作视角、全新的文学手法、厚重的社会良知，将一桩真实的灭门血案的调查结果写成《冷血》。卡波特曾交代："本书所有资料，除去我的观察所得，均来自官方记录，以及本人对与案件直接相关人士的访谈结果。这些为数众多的采访是在相当长的一段时间内完成的。"①《冷血》并不是一部报告文学或者其他类型的新闻作品，而是一个新出现的文学样式。作者用两条线索——犯罪方，受害者和警方——来交代了案件的整个过程，每一个细

---

① 卡波特. 冷血. 夏杪, 译. 海口：南海出版公司, 2013.

节都来源于作者的调查笔记。这部作品绝大部分笔墨在刻画两名凶手的性格，分析他们的心理，寻找他们犯罪的原因。这部作品具备了新闻报道与法律陈词所缺少的复杂性、深入性，卡波特干脆称之为"非虚构小说"。后来，非虚构文学成为一种新的文学类型。

作为一种文学思潮，非虚构文学盛行于1960—1970年代的美国，这个时期许多作家对新闻报道的客观性和真实性产生怀疑，尝试将多种虚构小说的技巧引入新闻文体写作。这种写作大多采用第一人称叙事，进入被报道者的内心，力图剥去那些所谓客观、真实的虚伪之面，诺曼·梅勒、汤姆·沃尔夫、杜鲁门·卡波特等人是这种写作的代表作家。近年来，西方又出现了"非虚构片""传记电影"，如获得奥斯卡金像奖最佳改编剧本奖的《社交网络》，便是根据Facebook创始人扎克伯格的真实经历改编的"非虚构片"。

诺曼·梅勒首版于1968年的《夜幕下的大军》和首版于1979年的《刽子手之歌》因为采用了这种杂糅的文体，取得了很大的成功，并最终两次获得了普利策奖。评论家莫里斯·迪克斯坦在评价诺曼·梅勒的小说时说，他的这种写作模糊了历史和小说的界限，而梅勒也乐意承认自己是一个"历史学家小说家"："用历史方法不可能发现五角大楼前种种事件的奥秘——唯有小说家的本能才行。"因此他认为，在这个时候小说必须取代历史。亚历克斯·哈利的《根》的副标题是"一个美国家族的历史"，作品是根据他自己家族真实的历史事件而撰写的跨文体小说。巴巴拉·W. 塔奇曼的《八月炮火》以文学的手法书写历史，创作出了美国文学界"最好的历史作品"，普利策奖评选委员会打破"禁止颁发历史类奖项给主题与美国无关的著作"这条限令，挖空心思找到名目，颁给塔奇曼"非虚构类奖"。理查德·普莱斯顿的《高危地带》是地地道道的报告文学，事件、人物都是真实的，书一出版就迅速跃居《纽约时报》非虚构类畅销书榜第一名，但它却被许多读者当作惊险小说来阅读。

### 2. 中国的非虚构文学

当下中国勃兴的非虚构文学比较接近美国的"非虚构小说"和"新

新闻报道"。自《人民文学》于 2010 年开设"非虚构"专栏以来，不少作家和学者投身非虚构文学写作，创作了一大批优秀作品。如梁鸿的《中国在梁庄》、贾平凹的《定西笔记》、萧相风的《词典：南方工业生活》、慕容雪村的《中国，少了一味药》、李娟的"羊道"系列［包括"羊道"三部曲《春牧场》《前山夏牧场》《深山夏牧场》）和《冬牧场》］、乔叶的《拆楼记》、王手的《温州小店生意经》、阿来的《瞻对：一个两百年的康巴传奇》等。这些作品在读者中产生了巨大的反响，并引起评论界的热烈讨论。

《中国在梁庄》是国内第一部引起轰动的本土非虚构文学作品。2008 年和 2009 年，梁鸿利用寒暑假，在梁庄踏踏实实住了将近五个月。"每天，我和村庄里的老人、中年人、少年一起吃饭说话聊天，对村里的姓氏成分、宗族关系、家族成员、房屋状态、个人去向、婚姻生育做类似于社会学和人类学的调查，我用脚步和目光丈量村庄的土地、树木、水塘与河流，寻找往日的伙伴、长辈与已经逝去的亲人。"[1] 梁鸿走遍了故乡梁庄，通过实地采访、观察、感受、回顾，同时查找相关资料，给我们展示了她眼中和心中的中国乡村。《中国在梁庄》的内容，包含人物讲述实录，心理分析和作者的议论，乡村的历史，乡村的环境、教育、留守老人和儿童的现状，青年理想的实现与破灭，守在土地上的人的命运，乡村对政治的冷漠与乡村治理，乡村的道德之忧，以及乡村的出路，等等。无论是作者深入生活的程度，还是作品表现出的乡村问题的复杂性，或是所运用的叙事手法和描写手法，都是报告文学、普通纪实文学难以企及的。

非虚构文学的勃兴，与社会生活的急剧变化对文学创作提出的新要求是密不可分的。在今天，如何处理创作与剧变的现实之间的关系，成为每个真正的作家不得不面对的问题。需要较长时间沉淀的小说创作，在及时参与社会现实方面，其行动力确实不如非虚构写作。因而，忠实地记录现实的变化，建构一种扎根于田野调查和真切的个体生命体验之

---

[1] 梁鸿. 中国在梁庄. 南京：江苏人民出版社，2011：2.

上的非虚构写作，在客观上成为众多作家的使命。①

## 二、文体特征

非虚构写作作为一种文学现象也好，作为一种文学形式也好，都是"通过一种'表述言词'，在人与世界之间建立一种'关系'"②，这是我们称其文本为"非虚构文学"的原因。针对已有的非虚构文学文本，我们提炼出以下几个方面的文体特征。

### 1. 民间的立场与个人的身份

从写作动机来说，非虚构文学的创作动因经常是写作者内心的某种冲动，尤其是对某些事情的迫切关注，所以非虚构文学文本的主题往往并非预设的或者替某种立场代言。比如，贾平凹的定西之行是临时决定的，梁鸿的梁庄考察生发于个人对家乡的牵挂，郑小琼写作《女工记》则源于个体的打工经历，等等。传统非虚构文学，比如中国古代的史传文学、历史演义，以及新闻、报告文学等，在题材上对公共事件的记录、整理以及征用，都属于宏大叙事、公共叙事；而非虚构文学创作者以民间的立场和个人的身份接触并处理这些传统材料，从民间与个人视角去表达对这些材料的感知、观点和态度，以及材料对个人的意义与价值，视角与写作行为相对独立。

### 2. 故事先行

虚构文学要讲故事，小说和戏剧以讲故事为己任，以虚构或现实的事件为原型，设置情节，讲述故事。非虚构文学也讲故事，只不过它以现实发生的事件为对象，或者说将传统新闻事件故事化。从某种意义上说，虚构和非虚构是题材上的区分，而"故事"或"故事性"则是叙事性阅读文本的共同特征。

---

① 王磊光. 论非虚构写作的精神向度. 上海文学，2016（2）.
② 张文东."非虚构"写作：新的文学可能性？：从《人民文学》的非虚构说起. 文艺争鸣，2011（2）.

### 3. 作者的"行动"与"在场",强调"有我"

作为一种写实的文体,"非虚构以平实质朴的方式让我们分享在场的经验"①。甚至,有的非虚构文学写作者为了进入调查对象内部,考察其自身的逻辑,连个人的"先验观念"都想克服、抛开——尽管这只是一种努力②,比如梁鸿对故乡"梁庄"的体验,慕容雪村在传销团伙中的"卧底",李娟对牧地"赶场"的跟踪。

### 4. 作者忠诚于"真实",文本追求现场感,作品具有深度真实

非虚构文学写作追求的是一种"个人化的真实"③,即通过个人的深入考察,表现个人看到和体验到的真实。它不回避个人的感受,承认写作的主观化视角,与传统新闻报道力求客观、回避个人感情相比,非虚构文学写作坚守"眼见"的真实、"现场"的真实和个人化的真实。

### 5. 文学技巧的征用

非虚构文学写作综合运用了小说、散文、诗歌、电影、新闻的创作手法,像独白、对话、戏剧性、典型化、细节描写、心理分析、联想、想象、蒙太奇、分类、伏笔等,无一不可被它采纳。非虚构文学写作亦讲究文学性的策略,即也有诗性的一面,这一特性使它得以存在于文学范畴之内。

## 三、写作要点

### 1. 写作模式

非虚构文学作家通过"行动"进入广阔的社会生活现场,不断拓展

---

① 申霞艳. 非虚构的兴起与报告文学的没落. 上海文学, 2012 (12).
② 例如,梁鸿讲到自己前往梁庄调研之时,就想抛弃"苦难的乡村?已经沦陷的乡村?需要拯救的乡村?在现代性的夹缝中丧失自我特性与生存空间的乡村?"等种种先验观念,以一个怀疑者、一个"重新进入故乡密码的情感者的态度进入乡村"。梁鸿. 前言:从梁庄出发//中国在梁庄. 南京:江苏人民出版社,2011:3.
③ 王磊光. 论非虚构写作的精神向度. 上海文学, 2016 (2).

自我的世界,从已知到未知,建立了一种开放性的路径,从而进入复杂沉重的社会现实中。我们从中可以发现,作为一种文类的非虚构文学,在写作上表现出一种"闯入者"的模式,这是非虚构文学写作的基本范式,这种"闯入者"的模式又有以下两种具体的表现形式[①]。

一是"讲述—倾听—记录"的形式。当事人讲述自己的经历、身边的故事和个人看法,而作者倾听,同时录音或者做笔记,然后整理成文。梁鸿的《中国在梁庄》、孙惠芬的《生死十日谈》等,主要采用的是这种形式。《中国在梁庄》中固然有作者本人对历史的探寻、对风景的描写、对背景的介绍、对个人感受与思考的记录,但是,其主体部分——也是最引人注目、最打动人心的部分——是让底层人物发声,而作者所做的主要工作就是倾听,忠实地记录他们的声音。

二是"体验—记录"的形式。作家深入某个特定地区或者特殊人群当中,但因不适宜用访谈形式做调查研究,只得通过实地观察和感受占有素材,然后将之记录下来,整理成篇。慕容雪村到传销集团中卧底,跟传销人员一起听上级"讲课"、一起无所事事地逛街、一起忍饥挨饿,观察传销参与者是如何被洗脑、如何被骗和骗人,思考政府在处理传销问题上的无力和无奈。每隔几天,他就会想方设法地记录所见所感,最后成就了《中国,少了一味药》。李娟写《羊道·冬牧场》,是在2010年至2011年的冬天,她"跟着迁徙的羊群进入乌伦古河南面广阔的荒野深处,观察并记录牧民最悄寂深暗的冬季生活"[②]。她在阿勒泰地区沙漠深处的冬牧场生活了三个多月,见证了牧民们逐水草而居的游牧生活中最艰难的一个季节,同时看到了随着牧民定居工程的推进,传统的游牧生活方式正在慢慢消失。李娟用独特的审美眼光,准确地描写了边地的环境、人民、动植物等,字里行间充满了令人惊异的感觉。

## 2. 写作技法

沃尔夫总结了美国非虚构文学的六种常用写作技法:①戏剧性的场

---

① 王磊光. 论"非虚构"写作的发生机制. 长江文艺评论, 2019 (4).
② 李娟. 羊道·冬牧场. 人民文学, 2011 (11).

景；②充分记录对话；③具有深度的细节；④从不同角度（着眼点）来观察；⑤内心独白；⑥合成人物的性格。[1] 中国的非虚构文学写作对此有着扬弃，比如第5种"内心独白"和第6种"合成人物的性格"（即小说创作中经常用到的"杂取种种人，合成一个"的手法），目前在中国非虚构文学写作中还很少采用。但是，前四种技法在中国非虚构文学写作中却运用得十分充分，同时，中国非虚构文学写作还特别喜爱词典式分类叙述法。下面就中国非虚构文学的写作方法分别展开论述。

（1）戏剧性的场景。

非虚构文学写作，不能只通过对事件的概括和总结来记述故事，而应该用一个个场景来展现情节的发展。还原场景，是非虚构叙事的基本要求，也是它具有可读性的诀窍之一。

李娟的"羊道"系列虽是对日常生活的记述，但并没有陷入"流水账"，反而十分吸引人，一个重要原因在于她的文字的着力点始终放在场景描写上。她用准确、生动、明快又不乏幽默的描写，呈现给读者一个又一个鲜明的场景。例如，在《羊道·夏牧场》中，"我们"刚搬到冬库尔之时，邻居让两个孩子（一个三四岁、一个五六岁）给"我们"送来酸奶和食物，因为"哈萨克牧人不但会为路过家门口的驼队提供酸奶，还有为刚搬到附近的邻居准备第一顿食物的礼俗"：

> 这时大的那个先走到地方，找了一块空地小心翼翼地放下暖瓶，为防止没放稳，还用手晃了晃，挪了挪位置。然后去接小妹妹手里的餐布包。她一转身，脚后跟一踢［……］噼啪！哗啦啦［……］只见浅褐色的香喷喷、烫乎乎的奶茶在草地上溅开，银光闪闪的瓶胆碎片哗啦哗啦流了出来——刹那间什么也不剩下了！亏她刚才还小心了又小心！
>
> 我们第一反应是太可乐了，便大笑起来。转念一想，有什么可笑的啊，又冷又饿又正下着雨，茶也没得喝了，多么糟糕的事情啊！于是纷纷垮下脸叹气不已。

---

[1] 霍诺韦尔. 非虚构小说的写作. 仲大军，周友皋，译. 沈阳：春风文艺出版社，1988：37.

但是叹了一会儿气，又觉得实在是好笑，忍不住又笑了。①

在后文中，我们知道：半个小时后，两个孩子的怀孕的母亲，又亲自拎着暖瓶送来奶茶。作者通过对这两个场景的描写，生动而又自然地表现了哈萨克族淳朴的民风，读者读到此，不仅会为这两个孩子所感动，而且会忍不住对哈萨克族民风发出赞叹。

在"生活远比小说精彩"的今天，捕捉生活本身的戏剧性场景，对其做适当剪裁和编排，往往能产生意想不到的效果。

（2）充分记录对话。

新闻写作极少运用对话，绝大多数时候是"直来直去"，故事性较强的报道也只是偶尔运用少量对话。小说中有大量对话，但小说的对话，往往具有内在的紧张感，并注重打破生活的平常逻辑，追求陌生化，所以小说中的对话并不等同于日常生活状态中的对话，其目的是塑造人物和推动故事情节的发展。但是，非虚构文学写作中的对话，往往为了还原生活的本来状态，让人物充分发声，让故事本身要表达的东西在对话中得到自然呈现。这方面的代表作品有《拆楼记》《生死十日谈》等。

比较而言，中国的非虚构文学写作者，更习惯于扮演记者的角色，通过"记者"的简单提问，让人物充分发声。"口述实录"是常用的一种方式。

（3）具有深度的细节。

虽然这算不上什么新技巧，但是非虚构文学"已经使这种描写达到了不同寻常程度的心理深度"②。正是这一技巧，使作者的笔触和读者的心灵能够抵达新闻报道和小说往往不能触及的地方。

比如，在《羊道·冬牧场》的"最重要的羊粪"一节，作者不厌其烦地描写羊粪对人和羊群的作用、人们清理羊圈的辛苦、反复扩充羊圈的烦琐，等等。写到牧人在沙漠所住的地窝子时，李娟是这样描述的：

"生活在羊粪堆里"——听起来很难接受，事实上羊粪实在是个

---

① 李娟. 羊道·夏牧场. 人民文学，2011（2）.
② 霍诺韦尔. 非虚构小说的写作. 仲大军，周友皋，译. 沈阳：春风文艺出版社，1988：41.

好东西。它不但是我们在沙漠中唯一的建筑材料，更是难以替代的建筑材料——在寒冷漫长的冬天里，再没有什么能像动物粪便那样，神奇地，源源不断地散发热量。——最深刻的体会是在那些赶羊入圈的夜里，北风呼啸，冻得眼睛都快睁不开了，脸像被揍过一拳似的疼。但一靠近羊圈厚厚的羊粪墙，寒意立刻止步，和平的暖意围裹上来。①

在这里，作者给我们呈现的是一种天然的生活方式，也让我们直接感受到游牧民族生活的艰辛与性格的坚韧。

（4）从不同角度来观察。

作者"通过特殊人物的眼睛向读者呈现所有的场面，使读者感觉到像是进入了人物心理的内部"，"这种描写是通过其他人物的一些观点即通过各种不同角度的观察来使读者了解主人公的心理活动和人物特征的"。② 卡波特也认为，作为"新艺术形式"③ 的非虚构文学，其极为重要的一个成分就是尽可能地容纳更多人物，让不同人物从不同立场、不同角度来表达观点。

中国的非虚构文学写作，十分强调从不同角度来观察和表现。这符合生活的逻辑，不同人面对同一对象，有着不同的视角、感受和想法。这一点在《中国在梁庄》的写作中表现得十分充分。例如，《中国在梁庄》的"现任村支书"一节，通过现任村支书的诉苦和自我美化的倾向，乡党委书记对村支书的态度，父亲、哥哥对村支书的不同看法，较为完整地展示了一个乡村干部的形象，这个形象在当下中国具有代表性。《中国在梁庄》中，还有父亲、老村支书和县委书记对乡村政治的看法，与现任村支书的讲述一起构成了"多声部"，全面揭示了乡村政治的内在逻辑和种种难以破解的困局。

（5）词典式分类叙述法。

这方面的代表作品有萧相风的《词典：南方工业生活》、王小妮的

---

① 李娟. 羊道·冬牧场. 人民文学，2011（11）.
② 霍诺韦尔. 非虚构小说的写作. 仲大军，周友皋，译. 沈阳：春风文艺出版社，1988：42.
③ 同②31-32.

《上课记》、王族的《沙漠中的骆驼》等。萧相风在"珠三角"打工，从事过搬运工、机修等多种工作，他以"词典"的形式写下自己十多年来的南方工业生活见闻。萧相风的南方工业生活词典中有"爱情""出租屋""打工""打卡""电子厂""工伤保险""加班""流水拉"等词条，每一个词条下面都是他自己的故事、见闻或感想，他通过故事和生活细节来阐释词条。这种写作方式很容易让我们联想到韩少功的《马桥词典》。《沙漠中的骆驼》是作者对生存于新疆的长眉驼的考察记录，也采用了类似词条的形式，如"骆驼中的美人""谁留下了长眉驼""母亲之躯""向大地觅食""长眉驼之死""最好的记性"等，介绍了长眉驼的历史、特性以及与之相关的种种故事。

非虚构文学写作不是反文学的，而是试图拓展文学的边界。它使用"非虚构"而非"真实"这个概念，试图在文学与真实之间找到平衡点。作为文学，它不完全以纪实为己任，也不完全以文学性为追求。非虚构文学写作有其真实性的一翼，它以真实的故事和情感打动人；非虚构文学写作还有其文学性的一翼，在写作中，它采用了文学创作的一些手法，但这些手法最终是为真实的写作服务的。

## 四、写作训练

### 1. 社会变迁书写

选择一个特定的地点，通过查找资料、采访周边居民，记录这个地方的历史变迁。

注意：

（1）在描述这个地方的历史变化时，要写出与之相关的故事。

（2）要将这个地方的小历史放在时代的大历史中审视，揭示其与时代的关联。

### 2. 回忆录

写出你内心深处的故事，或者为你身边的人写传记，如你的父母或亲戚朋友。从平民化的角度切入，要相信每一个平凡的生命都能发掘出震撼和惊奇，请仔细聆听来自你自己或他人灵魂深处的呢喃，并用文字呈现生命的原声。可以事先参考饶平如的《平如美棠：我俩的故事》和姜淑梅的《乱时候，穷时候》等非虚构作品，以及李华的《写出心灵深处的故事：非虚构创作指南》。作品完成后，可以将它带到课堂上朗读，也可以改进之后再在课堂上展示，还可以发到网络社群或平台上。

### 3. 自然笔记

在某个特定的区域户外漫步，记录你所遇到的自然物，把注意力放在记录事物的细节上，例如一片叶子的叶脉，或者一只海螺的锥形、螺纹和螺旋形——你的记录越具体，训练就越有效。

要求：这篇户外漫步记录至少要包含对六种不同自然物的记录，并尝试把这些记录纳入你的一篇个性化的生态散文或随笔当中。

欢迎把练习发布在本教材配套的交流圈子（见后折口），和更多人分享你的作品。

## 【延展阅读】

### 一、推荐书目

1. 克雷默. 哈佛非虚构写作课：怎样讲好一个故事. 王宇光，等译. 北京：中国文史出版社，2015.
2. 津瑟. 写作法宝：非虚构写作指南. 朱源，译. 北京：中国人民大学出版社，2013.
3. 李华. 写出心灵深处的故事：非虚构创作指南. 北京：中国人民大学出版社，2014.
4. 张慧瑜. 非虚构写作. 北京：高等教育出版社，2023.

### 二、补充阅读

请扫描下方二维码，进入"《大学创意写作（第二版）》各章补充阅读资料"栏目，阅读《"非虚构"写作工坊建设初探：本科创意写作教学中的非虚构写作》。

## 第二节 散文

### 一、文体界说

中国六朝以来，为区别于韵文和骈文，人们把不押韵、不重排偶的散体文章统称为"散文"。散文在古人的眼里是个广义的概念。"五四"以后，现代散文被视为与诗歌、小说、戏剧并列的重要文学体裁。

中国现当代散文较多继承了古代散文长于叙事、善于抒情、巧于议论的创作传统，又受到时代风云和观念革新的影响，文体特征和内部分类出现新的变化。以纪实为主，兼有议论，而且篇幅较长的散文又名"报告文学"，以批评性议论为主的散文又叫"杂文"，这两种文体在很多时候被单列，不称"散文"。一般意义上的"散文"则包括带有较强文学性的传记、书信、序、跋等散行文章。因此，现当代散文依然是一个包容性很强的文体种类，存在广义、狭义之分。狭义的散文指取材广泛、结构灵活、篇幅不长、自由抒发真情实感又具有较强语言美感的散行文章，也有人称之为"艺术散文"或"美文"。散文文体边界意识的模糊或许并不是一件坏事，它可以为散文的发展提供足够的空间和弹力。

虽然很多现实主义题材小说具有很强的写实性，严谨的历史小说要求"叙事必有来历"，甚至还有"纪实小说"一说，但整体上，小说以虚构为主并在技法上以虚构见长，而散文以写实为主。然而，散文并非绝对排除虚构，为了能在较短的篇幅里集中展现艺术的美，散文在细节的描写上和结构的安排上可以有一定的自由度。例如，冯骥才的《珍珠鸟》表现了人和鸟类之间的亲密关系，张扬了热爱自然的思想感情。文中有家中的珍珠鸟喜欢用嘴去啄主人的笔尖和爱喝主人杯中的水这样的细节。然而，实际上作者家里的珍珠鸟并没有这样的习惯，这些是别人家的小鸟的习惯。这样的细节描写没有违背鸟类的生活习性，而且使小鸟的形象更生动可爱，并没有违背写实性的原则。但如果描写小鸟会捉苍蝇，那就违背了这一原则。

在小说中，作者的形象大多是隐而不露的，作者的情感和观念可以通过人物的形象、人物的命运和故事的结局等间接表达。散文的抒情言志一般比较直接，作者的形象可以较为完整地呈现在读者面前，他的喜怒哀乐在纸上挥洒，读者会有直面真人的感觉。读者即使看到一篇古人的散文，也可能感慨：有缘千年来相会，心有灵犀一点通。小说还可能出现作品的思想倾向和作者的思想倾向并不一致的现象，比如曹雪芹的创作中就有这样的情况。身为封建贵族作家，当他真实地描写生活的时候，他不得不怀着哀叹的感情描写封建主义的穷途末路，而《红楼梦》客观上具有了反封建的思想。但是，散文作品和作者的思想倾向通常是一致的。

散文同样追求"诗意"，尤其那些简约隽永的美文，往往能够传递出诗的美感，在散文与诗歌的过渡地带，甚至出现一种"散文诗"文体，但散文与诗歌依旧是两种不同的文体。诗歌标志性的文体特征是"分行"，分行又建立在"抛字""冒犯语法与句法"等陌生化手法基础之上。如果诗歌内容偏哲思，那么分行就强迫读者的阅读慢下来，甚至在关键处做停留；如果情感激越深沉，或者追求"歌"的效果，那么分行就使节奏鲜明、音韵和谐、平仄交错，读来朗朗上口。而散文是散行排列的，尽管有时候散文也追求某种音乐性，但是整体上叙事平实，节奏舒缓，娓娓道来。

散文还追求"戏剧性"，尤其叙事性很强的散文，会建构完整而具有戏剧性的情节，但戏剧与散文有根本的区别。戏剧是综合性的舞台艺术，剧本是戏剧的文学基础，主要通过对白推动故事进展，塑造人物形象，而散文是语言的艺术，媒介是文字而不是舞台。戏剧最初是大家一起欣赏，而且大家一起欣赏更有气氛，散文却是个体化的欣赏过程。在多数情况下，剧本不是作为欣赏的对象而存在的，而是作为舞台或者图像、行动的生产性、指示性脚本存在。

按照作品基本的表现方式，人们常将狭义的散文分为记叙性散文、抒情性散文和议论性散文。其实三者的划分只是相对而言的，许多作品把叙事、抒情和议论有机地结合在一起，只不过侧重点不同而已。人们在创作散文和欣赏散文的时候，没有必要去纠结这是一篇什么类型的文章，在研究或讲解散文写作特点时才有这种大致区分的需要。

记叙性散文要么以事件为中心，或讲述一个有头有尾的故事，如许地山的《落花生》、何为的《第二次考试》、林语堂的《冬至之晨杀人记》，或以事件的几个片段的剪辑表达生活的戏剧性，如鲁迅的《从百草园到三味书屋》、杨绛的《干校六记》、琦君的《髻》；要么以人物为中心，抓住人物的性格特征做粗线条勾勒，偏重表现人物的基本气质、性格和精神面貌，如鲁迅的《藤野先生》、巴金的《怀念萧珊》；还可以自然景物或人文环境为中心，描写个人的生活感受，如何其芳的《雨前》、徐志摩的《我所知道的康桥》等。

抒情性散文注重抒发作者的感情，抒情方式或直抒胸臆，或触景生情，即使描写的是自然风物，也赋予其深刻的社会内容和思想感情，比如徐迟的《黄山记》、周涛的《巩乃斯的马》等。优秀的抒情散文感情真挚、语言生动，把思想寓于形象之中，具有强烈的艺术感染力。

议论性散文通过议论和说理发表作者对生活的见解。它也可抒发感情、记叙事件，但以论述道理、表达见解为中心，比如周作人的《生活之艺术》、林语堂的《人生的乐趣》、邓拓的《事事关心》等。

## 二、文体特征

散文具有鲜明的文体特征。它是一种必须表达作者思想感情的文体，可以使用叙事和议论等多种手法，但这些手法都是为抒情表意服务的。散文的生命是真实，要做到事件真、人物真、感情真。散文的题材是包罗万象的，大至宇宙世界，小至草木虫鱼，都能成为散文表现的内容。散文的结构是自由的，可以写得很严谨，也可以写得很松散，只要能够很好地表达情感就行。过去用"形散而神不散"来概括散文的特点，不够全面和准确。散文的结构不一定非得是"散"的、不讲究的，散文的内容或主题也不一定要集中，拉拉杂杂也能写出好的散文。鲁迅的《春末闲谈》就是东拉西扯的，但是其思想却相当深刻。在一些东拉西扯的散文中，作者跟读者分享知识和情趣，很多人喜欢这样的散文。当然，东拉西扯并不是想到什么写什么，而是有着主旨上的内在联系，只是从表面上看较为随意而已。

王彬在《散文课》中，将散文的核心特征概括为以下几点：

（1）第一人称。

（2）叙事围绕个人展开。

（3）情节淡化。

（4）风格轻松自然。

（5）叙事随意，似乎不那么重视技巧。

王彬认为散文是一种以作者为中心的语言性的创作活动，简言之，散文就是一种自我的叙事活动。① 这种描述整体是正确的，但要注意的是，"情节淡化"不等于没有情节（事实上，这里的"情节"是指完整的、具有变化与戏剧性的事件），"叙事随意，似乎不那么重视技巧"也不意味着散文叙事真的随意，没有或者说不需要技巧。恰恰相反，优秀的散文叙事一定不会随意，甚至会使用大量的"散文笔法"，综合各种跨文体技巧，最高明的散文极有可能看不出使用了技巧，仿佛"文章本天成，妙手偶得之"。

限于篇幅，本章所讲的散文主要指最典型的散文文本，也就是既不偏重纪实或叙述，又不偏重议论，而是以抒情为主、非常注重文学性、较为短小的散文作品，即"美文"。概括来说，这样的散文具备如下的文体特征。

### 1. 语言流畅有乐感

散文既不靠故事和情节取胜，也不靠鲜明的节奏跟和谐的音韵取胜，那么，散文靠什么吸引读者呢？首先就是流畅的语言。散文的每一句话都没有阅读障碍，而且展示出汉语的语言魅力，读者才有耐心往下看。

---

① 王彬. 散文课. 北京：研究出版社，2022：21.

此外，追求音乐性并不只是诗歌的专利，有的时候散文也可以像诗歌那样炼词炼句，从而具有诗化的美感。

鲁迅先生深谙汉语的音韵特点，他在揭露和控诉军阀暴行的散文《记念刘和珍君》中写下这样的句子：

> 真的猛士，敢于直面惨淡的人生，敢于正视淋漓的鲜血。

短短一句之中，就有一个叠韵词和一个双声词相继出现，再加上整齐的句式，自有一种诗的音韵效果。

诗人罗洛在上海刚刚解放几天的时候，写下散文《我们所需要的，是工作》，表达自己急切地渴望为新生的政权贡献力量的激动心情，他这样写道：

> 我需要工作，是的，工作。我不怕痛苦的工作，怕的是没有工作的痛苦，而现在就是这样。

这样的文句有着很强的节奏感，读来就好像在朗读诗歌。

初学者写散文，写好后一定要多看几遍，自己朗读给自己听，看看有没有什么不顺畅的地方，要是有，就要修改，改到一点阅读障碍也没有才可住手。

### 2. 抒情真挚且动人

散文是以情感取胜的文体，要写真情实感，不要写虚情假意。俗话说，群众的眼睛是雪亮的，有品位的读者自然会唾弃那种虚伪和煽情的文章。散文的情感还应该是高尚和向善的，低俗的情感令人生厌。

巴金的《怀念萧珊》是一篇深情的散文。作者描写了妻子萧珊在"文化大革命"中因遭受不公正的对待而不幸死亡，字里行间涌动着悲愤、无奈，以及对妻子深切的怀念。作者在文中动情地写道：

> 我站在死者遗体旁边，望着那张惨白色的脸，那两片咽下千言万语的嘴唇，我咬紧牙齿，在心里唤着死者的名字。我想，我比她大十三岁，为什么不让我先死？我想，这是多不公平！她究竟犯了

什么罪?……

……………

人们的白眼，人们的冷嘲热骂蚕食着她的身心。我看出来她的健康逐渐遭到损害。表面上的平静是虚假的。内心的痛苦像一锅煮沸的水，她怎么能遮盖住!……我多么愿意让她的泪痕消失，笑容在她那憔悴的脸上重现，即使减少我几年的生命来换取我们家庭生活中一个宁静的夜晚，我也心甘情愿!

……………

我甚至愿意为我那十四卷"邪书"受到千刀万剐，只求她能安静地活下去。

……………

每次戴上黑纱、插上纸花的同时，我也想起我自己最亲爱的朋友，一个普通的文艺爱好者，一个成绩不大的翻译工作者，一个心地善良的人。她是我生命的一部分，她的骨灰里有我的泪和血。

一个以写作为生又因写作而享有盛名的作家，却不能保护自己善良的妻子，居然愿意自己被"千刀万剐"来换取妻子的生命，这是多么残酷而又悲愤的心理活动。这样动情的文字像一记记重锤击打在人们的心上，引起人们对"文化大革命"的反思。在给逝者盖棺定论的时候，作者不像国人习惯的那样，给死者加上许多溢美之词，而是客观真实地概括萧珊的一生。作者之所以深情地悼念逝者，不是因为逝者是多么有成就的人，而是因为她是一个善良的、有爱心的人。唯其如此，这份感情才显得那么真实、那么值得珍视。

著名作家史铁生脍炙人口的散文《我与地坛》中，描写母子关系的至情至性的文字让人感动得落泪。作者残疾后的最初几年，脾气坏到极点，常常会发了疯一样离开家。每次作者要动身时，母亲总是无言地做着准备，帮助他上了轮椅，看着他摇着轮椅拐出小院，直到他从视线里消失，才无奈地进屋。母亲活着的时候，作者只知道感叹自己的不幸，却从来没有想到母亲是如何坐卧不宁地度过痛苦而惊恐的一天又一天的。

后来，年仅四十九岁的母亲猝然撒手人寰，作者终于参透了其中的道理。作者写道：

> 我坐在小公园安静的树林里，闭上眼睛，想，上帝为什么早早地召母亲回去呢？很久很久，迷迷糊糊的我听见了回答："她心里太苦了，上帝看她受不住了，就召她回去。"我似乎得了一点安慰，睁开眼睛，看见风正从树林里穿过。

深爱着自己的至亲离去了，世界上只剩下孤零零的残疾的自己了，这是多么痛心的一件事啊！该怎样表达这种刻骨铭心的伤痛呢？即使是呼天抢地的抒情，恐怕也不过分。然而作者却采用平静的语气和象征的写法，使母子之情更加深挚。

### 3. 修辞丰富而典雅

散文富有文采，重视修辞。修辞分为消极修辞和积极修辞两种。消极修辞，是指追求语言的明白晓畅，避免语言的不当使用。积极修辞，是指主动运用一些具有固定格式和特定功能的修辞格，使语言更生动形象、更有表现力。两种修辞手法并没有高级低级之别，作者要根据文章内容选择合适的手法。很多时候，需要在文章中交替使用两种修辞手法。

现代散文家何其芳写过一篇著名的散文《雨前》，通过对雨前景象的精细描写，表达了20世纪30年代许多小知识分子对社会现状的失望和对未来的憧憬。作者是这样写的：

> 白色的鸭也似有一点烦躁了，有不洁的颜色的都市的河沟里传出它们焦急的叫声。有的还未厌倦那船一样的徐徐的划行。有的却倒插它们的长颈在水里，红色的蹼趾伸在尾后，不停地扑击着水以支持身体的平衡。不知是在寻找沟底的细微的食物，还是贪那深深的水里的寒冷。
>
> 有几个已上岸了。在柳树下来回地作绅士的散步，舒息划行的疲劳。然后参差地站着，用嘴细细地抚理它们遍体白色的羽毛，间或又摇动身子或扑展着阔翅，使那缀在羽毛间的水珠坠落。一个已

修饰完毕的,弯曲它的颈到背上,长长的红嘴藏没在翅膀里,静静合上它白色的茸毛间的小黑睛,仿佛准备睡眠。可怜的小动物,你就是这样做你的梦吗?

在这段类似工笔画的描写中,最精彩的莫过于拟人和比喻这两种修辞格的使用,特别是"在柳树下来回地作绅士的散步",这个比喻实在是很形象、很传神。整篇文字很有韵味。作者真的对鸭子那么感兴趣吗?作者是不是在以鸭喻人呢?读者可以自由解读。

当代散文家孙犁的散文《黄鹂:病期琐事》,写得很是朴素,显示出一种清新的美。作者写他在医院治疗期间,发现附近的树林里有两只黄鹂鸟:

每天,天一发亮,我听到它们的叫声,就轻轻拉开窗帘,从楼上可以看见它们互相追逐,互相逗闹,有时候看得淋漓尽致,对我来说,这真是饱享眼福了。

观赏黄鹂,竟成了我的一种日课。一听到它们叫唤,心里就很高兴,视线也就转到杨树上,我很担心它们一旦要离此他去。这里是很安静的,甚至有些近于荒凉,它们也许会安心居住下去的。我在树林里徘徊着,仰望着,有时坐在小石凳上谛听着,但总找不到它们的窠巢所在,它们是怎样安排自己的住室和产房的呢?

············

第二年春季,我到了太湖,在江南,我才理解了"杂花生树,群莺乱飞"这两句文章的好处。

是的,这里的湖光山色,密柳长堤;这里的茂林修竹,桑田苇泊;这里的乍雨乍晴的天气,使我看到了黄鹂的全部美丽,这是一种极致。

同样是描写禽类动物,孙犁却没有使用什么修辞格,只是偶尔用到一些句式整齐的词组而已,通篇都是朴素的描写和叙述,但是很耐读。

文史学家金性尧是一位资深的古典文学编辑和散文作家,几十年的编辑和创作实践,使他对修辞手法的使用达到炉火纯青的程度。在"文化大革命"期间,他和许多知识分子一样受到迫害,而且连累到几个子女。他的长女是大学教师,被驱赶到农村去"接受再教育",因不堪忍受无理的批判而自杀身亡。金性尧为此写下悼念文章《她才二十八岁》。为了表明女儿从小就爱国,他写道:

> 亿万人民渴望的新中国成立了,她梳着小辫子,悬着腰鼓,在祖国的广阔大道上扭着秧歌。到了二十八岁,她已经担任了外语系的助教,这个小人物便陨灭了。当时新婚才六个月,还带走了一个未临尘世的胎儿。这时候,红旗也在祖国的大地招展。

这段话里除了"陨灭"这个比拟,没有用到其他修辞格。作者只是用平静的语言陈述,但"红旗也在祖国的大地招展"和"这个小人物便陨灭了"两者形成反衬,揭示了这个"小人物"的死亡是不正常的,因此体现出"文化大革命"的荒谬。

> 她留下的就是那么几颗脚印,那脚印却是干净而坚实。

上面这句话用到了双关,字面的意思是说女儿在农村劳动时也很爱干净,脚印上不会留下泥土,字里的意思却是表明女儿一生清白,从没有留下任何污点,而且性格刚强,绝不向错误路线低头。

### 4. 立意高尚又蕴藉

散文作为美文,除了具备欣赏和使人愉悦的功能,还可以承担一定的认识和教化任务。但是,艺术作品应该在美的表现过程中潜移默化地熏陶读者,而不是在作品中赤裸裸地进行说教。优秀的散文可以把高尚美好的立意以蕴藉而自然的方式艺术地呈现出来。

现代作家郁达夫的《钓台的春昼》是一篇脍炙人口的游记。作者在开篇交代出游的原因时便已暗含了抨击时弊的内容。他写道:

> 因为近在咫尺,以为什么时候要去就可以去,我们对于本乡本土的名区胜景,反而往往没有机会去玩,或不容易下一个决心去玩的。正唯其是如此,我对于富春江上的严陵,二十年来,心里虽每在记着,但脚却从没有向这一方面走过。一九三一,岁在辛未,暮

> 春三月，春服未成，而中央党帝，似乎又想玩一个秦始皇所玩过的把戏了。我接到了警告，就仓皇离去了寓居。

出游这件事往往就是这样，远的地方因为不易去，所以郑重其事地早早就去，近的地方因为方便往往拖着不去。这是人之常情，读者看到此处或许会心一笑。但作者立刻笔锋一转，换成文言句式，"中央党帝"想玩秦始皇的把戏，明眼人便知作者其实是去避难了。白话和文言夹杂，在有些人手里是无奈的应付，但在另一些人手里却成为艺术的手法，幽默地批判了国民党的独裁专横。

从第二段起便是真正的钓台春昼了：

> 说起桐君山，原是桐庐县的一个接近城市的灵山胜地，山虽不高，但因有仙，自然是灵了……地处在桐溪东岸，正当桐溪和富春江合流之所，依依一水，西岸便瞰视着桐庐县市的人家烟树。南面对江，便是十里长洲；唐诗人方干的故居，就在这十里桐洲九里花的花田深处。

作者写了桐君山，写了桐庐，后面又写了桐君观里的晚祷钟声，观里观外的风景一一落到笔下。接着再写第二天的清晨，晓风残月，杨柳岸边，候船待发，上严陵去也，好一个浪漫的旅程呀！在写到船行至一水边酒楼时，作者借题发挥，说碰见了几位数年不见已经做了"党官"的朋友，于是背诵了一首两三年前曾在同一情形下写成的歪诗：

> 不是尊前爱惜身，伴狂难免假成真。
> 曾因酒醉鞭名马，生怕情多累美人。
> 劫数东南天作孽，鸡鸣风雨海扬尘。
> 悲歌痛哭终何补，义士纷纷说帝秦。

"鸡鸣风雨海扬尘"寓指世道不正，"伴狂难免假成真"表明读书人的气节，虽然知道"悲歌痛哭终何补"，但仍然"义士纷纷说帝秦"。诗的内容正契合当时的情形。

结尾处，作者写下了钓台回到严先生的祠堂，在离屋檐不远的一角高处，看到一位新近去世的同乡夏灵峰的诗句。作者再一次借题发挥：

> 夏灵峰先生虽则只知崇古，不善处今，但是五十年来，像他那样的顽固自尊的亡清遗老，也的确是没有第二个人。比较起现在的那些官迷财迷的南满尚书和东洋宫婢来，他的经术言行，姑且不必去论它，就是以骨头来称称，我想也要比什么罗三郎郑太郎辈，重到好几百倍。

时值"九一八"事变和伪满洲国建立之后，作者以鄙夷的口吻讥刺了伪满洲国的汉奸官僚、无耻文人罗振玉、郑孝胥之流。

写钓台春昼的美文大概不是一件很难的事，大凡名山胜景总会带来许多灿烂文章。然而，在寄情山水之时又表达了对时代的忧思，用写意笔法描绘山水之余又用梦幻手法以诗入文，却是难得的上品境界了。

贾平凹的散文《丑石》写得非常含蓄。文章的前半部分渲染了丑石的丑："黑黝黝地卧在那里，牛似的模样"，"极不规则，没棱角儿，也没平面儿"，还"锈上了绿苔、黑斑"；它既不能用来垒墙，又不能用来浣纱捶布，就连院边的槐荫也不去庇覆它。

文章写到一半时，作者笔锋一转，说有一天，村里来了一个天文学家，突然发现了这块石头，认定这是一块陨石，它"在天上发过热，闪过光"。不久，陨石就被运走了。事后奶奶说："真看不出！它那么不一般，却怎么连墙也垒不成，台阶也垒不成呢？"天文学家解释说："正因为它不是一般的顽石，当然不能去做墙、做台阶，不能去雕刻、捶布。它不是做这些小玩意儿的，所以常常就遭到一般世俗的讥讽。"

仔细想一想，读者会明白其中的道理：如果没有一位科学家来到村里，那么，丑石可能永远只是丑石而不会成为陨石。所以，金子并不一定会发光，金子在认识金子的人眼中才会发出耀眼的光芒。

## 三、写作要点

### 1. 抒发真情，表现真我

从某种意义上说，散文作者本人既是表现者，又是被表现者；既是创作主体，又是审美对象。因此散文不仅要写出真实的生活事件、生活人物，还要强调内心的真实性，发现真实的自我，写出真实的自我。朱自清在谈到现代散文创作时说，散文应该"意在表现自己"，郁达夫认为"现代散文之最大特征，是每一个作家的每一篇散文里所表现的个性"，而周作人认为散文"集合叙事说理抒情的分子，都浸在自己的性情里"。巴金说，"我的任何散文里都有我自己"，"我是怎样一个人，就怎样写"，"心口相应，信口直说"，"反正我只是这样一个我"。写出真实感情，写出真实的自我，是散文的首要要求。

### 2. 立意要高，见识要深

散文取材于现实生活，写作对象多是日常生活中缺乏戏剧性和传奇性的人、事、景、物，在表现上主要使用非虚构、记叙、白描手法，因此散文应该体现作者的思想和对生活的发现。散文不是对生活世界的简单、机械描绘，而是对深层次情感的发现，对民族特定心理状态的发现。所以散文立意要高，见识要深，在有限的篇幅里，作者要尽可能带领读者去见识更广阔的生活世界，发掘更遥远的事件联系，赋予眼前事物更丰富的价值，弥补散文在戏剧性、传奇性等方面的不足，给予读者智慧与情感上的满足。它考验的是作者对正常生活的认知能力、重新建构能力和表达能力，因此散文写作应化平凡为神奇，于无声处听惊雷，而非追逐甚至"创作"奇闻逸事。

### 3. 取材可散，结构要紧

取材广泛不仅是散文的特点，而且在某种意义上也是它的要求。取材的广泛自由使散文往往"形散"，但"形散"只是表面的，从结构上说，散文要收放自如，在繁多且分散的素材中发现一致性与连接点，做到"一线串珠""形散而神不散"，因此，散文贵散（题材），散文忌散（主题、结构）。在某种意义上，"形散而神不散"是散文的程式化要求，它以结构上的"炫技"显露作者的功底。

### 4. 创造意境，提炼语言

作者在写作中将自己的思想感情融入所描绘的生活图景中，达到融情于景、寄情于事、寓情于物、托物言志、以虚写实的效果，创造了散文意境。"意"是主导，"境"是基础；"意"是目标，"境"是手段。多数散文篇幅较小，因此在较小的篇幅里融进较多的信息与情感，通过意境的营造达到以少胜多的目的，既是散文写作的要求，也是散文写作的追求。

好的散文语言往往凝练优美，又自由灵活，接近口语。优美的散文，更是富于哲理、诗情、画意。杰出的散文家语言风格各有特色：鲁迅的散文语言精练深邃，茅盾的散文语言细腻深刻，郭沫若的散文语言气势磅礴，巴金的散文语言朴素优美，朱自清的散文语言清新隽永，冰心的散文语言婉约明丽，孙犁的散文语言明快，刘白羽的散文语言奔放，杨朔的散文语言精巧，何为的散文语言雅致……一些散文大家的语言风格，又常常因内容而异，以鲁迅为例，《记念刘和珍君》的语言锋利如匕首，《好的故事》的语言绚丽如云锦，《风筝》的语言沉郁如深潭。

### 5. 表现手法，兼容并包

一方面，散文可以利用作者与叙事者同一的优势，大胆在叙事中引入描写、抒情、议论，增强文章的表现力；另一方面，散文也可以大胆借用小说、戏剧、诗歌等文体的表现手法，实现文体兼容。比如，借用小说、戏剧的戏剧性提炼和冲突设置经验，增强叙事的生动性；借用诗歌在意境设置、意象发现和语言提炼上的经验，增强叙事抒情的深度与文采。比如马尔克斯的《与海明威相见》，将与海明威的一次邂逅的记叙、对海明威的景仰以及对海明威作品的整体评价结合在一起，像作家论，也像叙事抒情散文；蒲宁的《在八月》采用小说塑造人物的手法，将人物描写放在俄罗斯特有的八月风景中。

## 四、写作训练

散文写作的训练可以分两步。第一步是鉴赏评析，通过阅读文本理解作品的主题，看懂作品的结构特点，欣赏作品的语言魅力。第二步是动手写作，首先打腹稿，确定自己想要表达什么，必须有感而发，千万不要为了写作而"硬写"；考虑好初稿的各个方面后再动笔；写完后要认真检查，自己的思想感情是否呈现出来了，语言是否流畅，结构是否合理，是否有啰唆的地方。总之，自己满意了，觉得无懈可击了，才可定稿。

### 1. 鉴赏评析

（1）《卢沟晓月》的阅读与理解。

"七七事变"之后不久，王统照写了散文《卢沟晓月》。"苍凉自是长安日，呜咽原非陇头水"，文章以古诗开头，借古论今，既抒发了思古之幽情，又便于引出对卢沟桥的介绍。作者是想"用联想与想象的力量凑合起，提示这地方的环境、风物，以及历代的变化，你自然感到像这样'古典'的应用确能增加卢沟桥的伟大与美丽"。谈桥就要谈水，因此作者虽不想考证，但依然用舒缓的笔调写了一点关于永定河的考证。接着便是对建桥历史的简短介绍，自然地引出了"卢沟晓月"：

> 经过名人题咏的，京兆区内有八种胜景：例如西山霁雪、居庸叠翠、玉泉垂虹等，都是很幽美的山川风物。卢沟不过有一道大桥，却居然也与西山居庸关一样刊入八景之一，便是极富诗意的"卢沟晓月"。

在这样的谈天说地之中，读者获得了宋元历史、京兆地理与自然景观的知识普及。但这并不是文章的主旨，作者用一句"不过，单以'晓月'形容卢沟桥之美，据传说是另有原因"作为过渡，道出了此处景观与想象和诗意的密切关系。

> 其实，卢沟桥也不过高起一些，难道同一时间在西山山顶，或北平城内的白塔（北海山上）上，看那晦晓的月亮，会比卢沟桥上不如？……你想，"一日之计在于晨"，何况是行人的早发。朝气清

濛，烘托出那钩人思感的月亮——上浮青天，下嵌白石的巨桥。京城的雉堞若隐若现，西山的云翳似近似远，大野无边，黄流激奔［……］这样的光，这样的色彩，这样的地点与建筑，不管是料峭的春晨，凄冷的秋晓，景物虽然随时有变，但若无雨雪的降临，每月末五更头的月亮、白石桥、大野、黄流，总可凑成一幅佳画，渲染飘浮于行旅者的心灵深处，发生出多少样反射的美感。

由此，作者总结道：

你说：偏以"晓月"陪衬这"碧草卢沟"……不是最相称的"妙境"吗？

文章的煞尾，作者采用问句：

无论你是否身经其地，现在，你对于这名标历史的胜迹，大约不止于"发思古之幽情"……

桥下的黄流，日夜呜咽，泛把着青空的灏气，伴守着沉默的郊原［……］

他们都等待着有明光大来与洪涛冲荡的一日——那一日的清晓。

文章写于"七七事变"之后不久，写得很含蓄，"等待着有明光大来与洪涛冲荡的一日"的却不是卢沟桥，而是"他们"。这样一来，文字虽朦胧，思想却很明确——中华民族不可欺，暂时的呜咽和沉默都是一种蓄积，民族解放的光明时刻终将到来。因此，游记虽以苍凉的写景开头，最终却激发了悲壮的精神。"卢沟晓月"已然不是一个单纯的景观了，它成了民族文化精神的某种象征。

（2）评析何其芳《梦后》（节选）的语言特点。

知是夜，又景物清晰如昼，由于园子里一角白色的花所照耀吗，还是——我留心的倒是面前的女伴凝睇不语，在她远嫁的前夕。是远远的如古代异域的远嫁啊！长长的赤栏桥高跨白水；去处有丛林茂草，蜜蜂闪耀的翅，圆坟丰碑，历历酋长之墓；水从青青的浅草根暗流着寒冷［……］

谁又在三月的夜晚，曾梦过穿灰翅色衣衫的女子来入梦，知是燕子所化？

## 2. 动手写作

以"往事如歌"为题写一篇散文。注意回到记忆和内心中，梳理自己的情感，观察环境的变化，人们生活方式的变化和思想观念的变化。考虑从什么角度入手去写，应该突出、详细地描绘什么样的细节，采用何种方式抒情，等等。

欢迎把练习发布在本教材配套的交流圈子（见后折口），和更多人分享你的作品。

### 【延展阅读】

#### 一、推荐书目

1. 祝德纯. 散文创作与鉴赏. 北京：中国社会科学出版社，2002.
2. 曾绍义. 中国散文评论. 成都：四川大学出版社，2005.
3. 王彬. 散文课. 北京：研究出版社，2022.

#### 二、补充阅读

请扫描下方二维码，进入"《大学创意写作（第二版）》各章补充阅读资料"栏目，进一步加深对散文文体的理解。

1. 理论家、作家对散文的理解
2. 文体判断
3. 作品赏析
4. 思路拓展

# 第五章　自由诗与歌词

- ◆ 第一节　自由诗
- ◆ 第二节　歌词

自由诗与歌词在文体特征上有许多共同之处：二者均突破了传统格律诗的严格限制，形式与内容较为自由；二者都有诗歌这个母体的基本艺术特质与表现技法，如分行排列、以抒情为主要特征、善于运用形象思维等。从创作上说，自由诗与歌词的写作相辅相成：自由诗的诗意提炼与意象设置技巧可使歌词更具审美意蕴，歌词在结构、韵律诸方面的自觉可为自由诗的形式感、节奏感追求提供借鉴。但是，自由诗与歌词又有很大的区别，分属于两种不同的艺术范畴，在文体特征和写作技巧上均有自己的独特要求。对二者进行对照、比较学习，有助于我们深入理解两种文体各自的属性，提高写作技巧。

# 第一节 自由诗

## 一、文体界说

广义的自由诗是指一种在语言形式上不受格律限制、着意追求内在意蕴的诗体。这里所说的"自由诗"指兴起于"五四"新文学运动时期的"诗体解放",它是与反传统、追求思想自由的特定时代精神相呼应的一种有意味的"自由"诗歌形式。其字数、行数、节数、句式诸方面均无固定格式;可押大致相近的韵,也可不押韵;可以用标点,也可以不用标点;语言可以典雅,也可以通俗;包括原创之作,也包括用自由体形式翻译的国外诗歌。虽然在"新诗"阵营中亦有"现代格律诗",但自由诗却是我国现代诗歌创作的主流,也是诗歌爱好者乐于接受的一种诗体。

自由诗源自胡适等人的"白话诗"尝试,在20世纪20年代前期初步成熟,郭沫若等人是其代表。该时期的自由诗,诗行一般具有相对完整的意思,押大致相近的韵,普遍使用标点。20年代中期,李金发、梁宗岱等人倡导象征主义、"现代派"诗歌,在诗歌创作中引入西方现代自由诗形式和现代主义诗歌精神。这些诗歌诗行的意思不一定完整,常有割裂语义的跨行,一般不押韵,追求内在的情绪节奏,多不用标点。我们现在一般把前一种自由诗称作"传统体自由诗",把后一种自由诗称作"现代体自由诗"。

现代格律诗是"五四"以后出现的一种不同于自由诗,但又有别于传统诗体、没有固定格律的现代新诗形式,其规范仍在探索之中。刘半农、闻一多、何其芳、林庚等现代诗人提出建立现代新诗格律的主张,并身体力行加以实践。他们认为,诗应该在视觉方面表现出节的匀称、句的均齐,在听觉方面要有音尺、平仄、韵脚,其整体魅力应包括音乐美（音节）、绘画美（辞藻）以及建筑美（节的匀称和句的均齐）。闻一多的《死水》、徐志摩的《再别康桥》等诗作体现了新诗格律化理念，即诗歌精神上是现代的、自由的，形式上却体现了某种程度的格律化与节制美。这种探索在某种程度上对早期新诗的过分理性化、口语化以及形式上的自由散漫做了反拨，同时其格律的弹性使其仍旧保持了新诗创作的活力、自由度，整体上现代格律诗属于自由诗范畴。

与自由诗在形式上比较接近的诗体是歌谣和散文诗。

歌谣是人民群众集体创作的一种口头文学形式，是民歌、民谣、童谣等多种形式的总称。其形式生动活泼，内容贴近时代，具有浓郁的生活气息，情感强烈，爱憎分明，经常使用比兴和夸张来创造诗歌意象。中国古代的"齐歌""吴歌""竹枝词"，南方地区的"山歌""歌仔"，以及西北地区的"花儿"等，均属于歌谣的范畴。[①] 与歌谣相比，自由诗基本是个人创作、文人创作，更注重个人性与人文内涵。

散文诗是兼有散文和诗的特点的一种文学体裁，一般篇幅短小，文字凝练精美，注重语言的节奏感和音乐美，融合了诗的表现性和散文的描写性。在本质上它属于诗，有诗的情绪和幻想，在内容上它保留了诗意的散文性细节，形式上它有散文的外观，不像诗歌那样分行和押韵，但不乏内在的音韵美和节奏感。尽管许多自由诗也追求语言的散文化、叙事性，篇幅较长，但是散文诗与自由诗仍有区别，一般来说，散文诗在文字上可以进一步压缩，内容上可以进一步意象化，结构上可以更跳跃，但优秀的自由诗改写的空间十分有限。即使其中存在很大比重的叙事成分，甚至重复部分，但这都是在为最后的集中抒情（点题）做有意味的准备。

## 二、文体特征

### 1. 表情达意上的凝练性

相对于小说的"典型性"、戏剧的"三一律"、散文的"形散而神不

---

[①] 朱自清. 中国歌谣. 上海：复旦大学出版社，2005：17.

散"的文体特征，诗歌以最精练的语言去表现尽可能多的情感与生活信息。作为诗歌形式的一种，自由诗同样追求通过富含意蕴的意象、具有典型意义的生活片段、具有表现力的瞬间，将生活和情感高度浓缩，反映具有普遍意义的社会现实，表现广博深沉的思想感情。臧克家的诗《三代》只有三句话："孩子/在土里洗澡/爸爸/在土里流汗/爷爷/在土里葬埋"。短短21个字就刻画出三代人的形象与境遇，进而折射出中国世世代代生活在土地上的农民的生活和命运。余光中的《乡愁》用四组意象、不到百字就高度概括了人生不同阶段中不同的思亲怀乡之情。陆忆敏的《美国妇女杂志》以"谁曾经是我/谁是我的一天，一个秋天的日子/谁是我的一个春天和几个春天/谁？曾经是我"的密集追问，高度概括出中国乃至世界妇女在漫长的父权时代无我的生存处境，并以"你认认那群人/谁曾经是我/我站在你跟前/已洗手不干"的决绝姿态表达出现代妇女自我意识的觉醒。

　　自由诗的凝练性与诗歌的文体成规有关。"诗言志""诗缘情"，表达诗人志向与感情是诗歌的重要功能，然而诗歌无论是直抒胸臆，还是间接抒情，都无须经过详细、周密的叙事铺陈，应直达哲思、情感与意绪。这是诗歌的传统，也是其特点。但与此同时，从接受角度来说，只有诗人抒发的感情直接呼应或者触发了人类普遍的、深层的感情，"共鸣"与"认同"才可能发生。不是所有的抒情都有"诗"的价值，优秀诗歌中的感情与感悟多数是跨时空、跨种族的。卞之琳的《断章》："你站在桥上看风景/看风景的人在楼上看你/明月装饰了你的窗子/你装饰了别人的梦"。"看""装饰"两个核心动作，串联起站在桥上的你、楼上看风景的人、桥、楼、明月、窗子、别人、梦这八个重叠的意象和相对的位置，表现出生活中"万物中心主义"的相对关系与人的普遍处境。其触动心灵、发人思索之处在于，这些意象与动作触及了一种普遍性的、人人皆有也皆能感知的东西。其中的"你""别人"或者"桥上""楼上"都是具体的，或许与我们没有任何关系，几者在日常生活中的联系是随机任意的，但诗歌意象并置的手法却揭示了世间万物特别的关联，与我们的日常生活形成内在的同构关系。当然，如果把它当作一首表现爱情的抒情诗，它同样可以打动我们，因为它的确营造了一种幽美、抒情的意境，以及隐藏其间的一种淡淡的爱情失落。

### 2. 情思与结构上的跳跃性

巨大的信息和情感容量与短小的篇幅之间的矛盾，要求诗歌尽可能通过修辞上的省略、并置、象征以及结构上的抛字、转行等方式，简化语言的同时增大意蕴空间。因此自由诗常常采用意象切割、蒙太奇特写的方式，留下有意味的空白与不确定性。同时，诗歌的抒情本质和创作上的情感驱动，要求诗歌遵循情感与情绪的逻辑，"扭断语法的脖子"，自由跳跃，超常规组合，建构与情思相应的文体形式。在传统格律诗中，有许多经典的结构与情思跳跃的案例，如黄庭坚的"出门一笑大江横"、柳宗元的"欸乃一声山水绿"、司空曙的"雨中黄叶树，灯下白头人"等。

张枣的诗句"只要想起一生中后悔的事/梅花便落了下来"（《镜中》）将内心情感与自然景象两个意象、追忆往事与梅花坠落两种行为并置，获得一种特别的意味。沈苇在《一个地区》中写道："中亚的太阳。玫瑰。火/眺望北冰洋，那片白色的蓝/那人傍依着梦：一个深不可测的地区/鸟，一只、两只、三只，飞过午后的睡眠"。在中亚炙热的午后，太阳照耀着昏昏欲睡之人。从"太阳"到"玫瑰"，到"火"，再到"北冰洋""蓝"，其实包含着这样的跳跃：在那个人眼里，太阳像玫瑰一样红，又像火一样热。他由"热"想到"冷"，由中亚的"玫瑰红"想到了北冰洋的"白色的蓝"，这时他终于坠入了"深不可测"的梦乡。这既是观察的连续，又是感觉的转移，结构上的跳跃与意识流保持了某种同构关系，使诗歌简约灵动。

### 3. 内在的韵律与节奏感

自由诗是一种形式感很强的诗体，一些自由诗借鉴了中国传统或国外的格律诗，采用"参差的行列""递进的行列""回环的行列"，或者"三顿七言句式""三顿八言句式""四顿九言句式""四顿十言句式"，追求呈现一种外在的形式感。徐志摩的许多诗歌就将现代格律与自由诗结合起来，比如他的代表作《再别康桥》，在音节上，全诗以"来""彩""娘""漾""摇""草""虹""梦""溯""歌""箫""桥""来""彩"押韵与换韵，音节和谐，错落有致，节奏感强。首节和末节语意相似，节奏相同，形成回环呼应的结构。在外在形式上，全诗共七节，每节四句，每节单行和双行错开一格排列。无论从排列上看，还是从字数上看，这首诗都在整齐中有错落，给人以建筑的美感。

但与此同时，自由诗又根据诗歌情绪抒发的平衡和意义完整的需要，调节诗句的长短、音节的强弱、音调的重复，形成有节奏的变化，追求一种内在的韵律与节奏感。一般而言，情绪强，诗行就短；情绪弱，诗行就长。这体现了情绪强弱与诗行长短的配合关系。① 也就是说，自由诗可以通过诗行、音节、音调等不规则的外在要素的调整，建构一种规则的、均衡的内部结构。例如，洛夫的《床前明月光》首节这样建构内部结构："不是霜啊/而乡愁竟在我们的血肉中旋成年轮/在千百次的/月落处"。第一行"不是霜啊"只有四个字，但慨叹深沉，情绪强烈；第二行有十五个字，比第一行长得多，但主要用比喻来说明一个事实、一个过程，具有较强的叙事性，理智大于情感。这样，前两行在情与理上互补，保持了内部平衡。"在千百次的""月落处"本为一句，但情绪强烈，就分作两行，"千百次"暗示时间的长久，第四行点明情之落点，字最少，但情最深，在情绪强度上与前三句保持了平衡，形成了外部错落、内部严整的结构。

自由诗的韵律与节奏之所以是自由的，是因为每一首诗的韵律与节奏与它所表达的对象、所表现的意绪相关，并无规定的形式。羽微微的《人来人往》描写了大街上的日常景象："贩菜的妇人啃着木薯数塑料袋里的零钱/卖苹果的老农睡在箩筐旁用袖子遮住阳光/沉默的汉子在街边用粗大的手指/编制草蚱蜢，挂在木架上/赤裸行走的疯子和乞丐/在铁质垃圾桶前弯下了腰"。这是一种焦点透视的眼光，诗人逐一打量街上的

---

① 陈本益. 中外诗歌与诗学论集. 重庆：西南师范大学出版社，2002：98-109.

人，他们在诗人眼里清晰、缓慢地展现，一一定格，表现出大街相对"静"与"慢"的一面。这种"静"与"慢"与午后的慵懒有关，也与诗人的认真观察有关。但是刹那间，诗人的眼光开始弥散恍惚，再也看不到具体的人与物了，只看到："人来人往。人来人往。/人来人往。人来人往"。这短促的句式正如大街上急促的人流，写出了诗人刹那间的感受。海子的《歌：阳光打在地上》，用"阳光打在地上。阳光依然打在地上"这一急促与重复的句式，表现出世俗生活的强大惯性以及自己的某种无奈。本段所分析的两首诗有异曲同工之妙。

## 三、写作要点

### 1. 从当下的生活中把捉诗意

自由诗与"口水诗"、分行白话的区别在于它有诗意。"诗意"指的是诗人通过对日常生活与现象世界的敏锐观察和精粹提炼，传达给读者的独特意义与新鲜感受。诗意来自对生活与事物新的意义和价值的认知，来自超越日常、尘俗的感受，来自永远第一次发现或者重新发现这个世界。

把捉诗意并非一味追求新奇，日常生活、熟悉的事物也能产生诗意，重要的是对生活与事物的感知。玛格丽特·怀兹·布朗在《重要书》中写道："天/重要的是/它永远在那边/真的"。一个陌生化的角度和儿童思维，让我们重新"发现"了天，熟视无睹的"天"突然焕发出光彩（想想看，假如一回头，"天"不见了，又会如何）。华莱士·史蒂文斯的《坛子的轶事》这样写一只坛子："我把一只圆形的坛子/放在田纳西的山顶"。这样的坛子平淡无奇，它在生活中很常见；这样的动作也不算怪诞荒唐，因为坛子不放在这里就要放在那里。但是诗人接下来的感知改变了它的性质。"凌乱的荒野/围向山峰"，刹那间荒野活了过来，开始行动："荒野向坛子涌起/匍匐在四周，不再荒凉/圆圆的坛子置在地上/高高地立于空中"。此时的坛子"它君临四界"。为什么会这样？因为坛子赋予荒野秩序和意义，以它为中心重建了一种现代社会的明净与和谐。因此，这只坛子不同凡响，"这只灰色无釉的坛子/它不曾产生鸟雀或树丛/与田纳西别的事物都不一样"。为什么不一样？因为诗人发现了坛子与田纳西荒野的秘密联系并将之揭示，赋予了日常事物焕然一新的美感。当然，重要的不是坛子，而是发现坛子的眼光。通过这样陌生化的描写，全世界记住了田纳西这个大名鼎鼎的"坛子"。

唐诗、宋词、元曲是有诗意的，但那是农耕时代的感触，如果现在我们继续去表达那些不属于我们的经验，抒发农耕时代的感悟，比如，看到的是外滩，写出来的却是南山，那我们的诗肯定是陈词滥调。现代生活有现代的体验、经验和观念，诗歌要真实地书写和表现它们。这恰是现代自由诗兴起的背景。纪弦以诗的形式表达了这样的观念："要是李白生在今日/他也一定很同意于我所主张的/'让煤烟把月亮熏黑/这才是美'的美学"（《我来自桥那边》）。

### 2. 提炼核心动作与意象

自由诗语言形式的散漫自由需要诗歌内在核心动作与意象收束，形成抒情、说理或叙事的线索，或"诗眼"的左膀右臂。

核心动作既指诗歌抒情表意过程中一以贯之的推进主线，又指表现对象本身状态的提炼。雷平阳的《亲人》从"只爱我寄宿的云南"开始，到"只爱云南的昭通市"，再到"只爱昭通市的土城乡"，最后归结到"只爱我的亲人"，"这逐渐缩小的过程"就是诗人抒发情感的基本动作和线索。陈先发的《前世》重新阐释了梁祝的爱情："要逃，就干脆逃到蝴蝶的体内去……他哗地一下就脱掉了蘸墨的青袍/脱掉了一层皮/脱掉了内心朝飞暮倦的长亭短亭/脱掉了云和水/这情节确实令人震悚：他如此轻易地/又脱掉了自己的骨头！……只有一句尚未忘记/她忍住百感交集的泪水/把左翅朝下压了压，往前一伸/说：梁兄，请了/请了——"。诗歌紧扣梁祝化蝶的核心动作"脱"，逐层写出二人生死相随、化蝶过程所包含的痛苦、决绝、深情与美。

正如镜头是影视艺术语言一样，诗歌以意象为基本单位构筑诗歌的意境。意象是诗人无形而抽象的经验、情感、意绪、观念的外化和具象化。它发自内心，是客观世界的人、事、景、物、理，经情感孕育而重新创造出来的，既具有生活原貌的可理解性和可感知性，也带有诗人强烈的主观色彩与个人性，客观性、主观性、独特性、概括性是其基本特点。发现并提炼诗歌意象，是诗歌抛字、断行、精简内容的前提，也是诗歌空白、不确定性产生的条件。意象可以从客观世界发现，诗人饱含情感对生活做实景描摹，将个人的情感寄托在客观物象上，我们称之为"描述性意象"；意象也可以通过将主观抽象的情感具象化而产生，这样的意象不是感官式的，而是心理式的，是记忆中的表象在情感的作用下发生变形，我们称之为"拟喻性意象"。一首诗可以一个意象为主来结构，也可以多个意象并置来结构。一个意象的诗歌情感更集中，多个意象并置的诗歌可以产生更多的审美方向。

一首诗可以有多个意象，但需要以某个意象为核心，形成核心意象。核心意象统领全诗意蕴：它既是一首诗向内收缩的主题核心，串联一系列情、思、意或更多的意象，走向主控思想；又是向外联想扩散的源泉，它不会将主控思想确定为某个可以用文字把握的概念，留下无穷的想象空间，任由读者自己去填充。

郑愁予的《错误》核心意象是"莲花（般开落的容颜）"，核心动作是"（打马）走过"。"我"打马过江南，有位姑娘误以为良人归来，美丽的容颜如莲花般绽放，紧掩的"窗扉"开了，"春帷"揭了，"柳絮"飞舞。然而，来非所盼，这只是一个"美丽的错误"。"窗扉"关闭了，"春帷"拉上了，"柳絮"不飞了，在日复一日的等待中，姑娘美丽的容颜如莲花般，凋落了。"我打江南走过/那等在季节里的容颜如莲花的开落"。"我"见证了这个过程，遗憾又爱莫能助："我达达的马蹄是美丽的错误/我不是归人，是个过客"。诗歌抒发了一种怅惘落寞、美丽、古典的情怀。

### 3. 根据减法原则抛字与选词

"诗歌是一个文字压缩的艺术，一首好诗的标准，也许就是如何做到以最少说最多。"[①] 好的诗歌只需要提供必需的信息和细节，即可以抒情

---

[①] 徐芳. 日历诗. 上海：上海文艺出版社，2014：216.

表意。在更多时候，意象以及意象的组合自然产生意义，形成意蕴，实现主题。诗歌在文字上要做减法，将一切不可观看、不可感知、无法产生意义且无关结构的字词抛掉。在惜字如金的前提下，要精选词语，尤其是动词。合适的动词或者形容词动用，会激活诗歌意象与意境，使之熠熠生辉。

顾城的《远和近》很短："你/一会看我/一会看云/我觉得/你看我时很远/你看云时很近"。这首诗完全遵循情绪与感觉的逻辑，在物理距离上的"近"与心理距离上的"远"来回跳跃，既表现出现代社会复杂、缺乏信任的人际关系，又形象描绘了诗人微妙与近乎悲凉的感觉。在遣词造句上，最后两句充分体现了自由诗的减法原则。这两句不是说"你"看"我"的时候离"我"的空间距离很远，看云的时候离"我"的空间距离很近；而是说"你"在看云的时候敞开了心扉，打开了自我，暂时处于一种不设防的状态，让"我"感觉到真实的"你"可亲可近；"你"看"我"的时候则回到了社会人状态，本能地对"我"保持紧张甚至敌意，让"我"感觉到"你"不可亲近，离"我"很远。那么，这两句的完整意思是说：你看我时（我）（感觉）（你）（在感情上离）（我）很远/你看云时（我）（感觉）（你）（在感情上离）（我）很近。但因为此时此地只有两个人，而且全诗写的都是"我"的感觉，因此括号里的文字都可以去掉。而去掉之后，诗更简洁，增大了内部的表达空间。

### 4. 根据情绪平衡和意义完整原则断行

断行是诗歌推进的节奏，它既是信息与情感的终结或转折，又是新的信息与情感的开始，断行是诗歌主题增值的标志。断行既要满足情绪和意义的表达需求，又要保证结构的科学合理。①

在偏于抒情的自由诗中，情绪平衡原则占主导；在偏于叙事或说理的自由诗中，意义完整原则较突出。叶芝的《当你老了》表达了建立在智慧基础之上的深沉、平静的感情，融抒情于叙事、说理之中，因此它

---

① 陈本益. 中外诗歌与诗学论集. 重庆：西南师范大学出版社，2002：98-109.

的断行综合了情绪平衡与意义完整原则。这首诗共分三节，每节四行，其中一些诗行包括两到三个分句，比如"当你老了，头白了，睡意昏沉""垂下头来，在红光闪耀的炉子旁"。每行诗表达一个完整的意思，交代完整的情境、动作或情思，为进一步叙事、说理、抒情打下基础，步步推进，最后完整表达出"爱你那朝圣者的灵魂""爱你衰老了的脸上痛苦的皱纹"这样深挚的感情。从抒情角度而言，思想的深度与情感的浓度保持了恰当的比例，情感的节制大于情感的爆发，因此全诗保持了节的匀称、句的均齐，在意义完整的基础上实现了情绪平衡。

有些自由诗的诗行情绪不大平衡，意义也不大完整，诗行本身独立性不强，其主要作用在于引出下文或联系上文，或者提出条件，或者表示假设、转折等。如："白丁香，我独爱你明净的/莹白，有如闪光的思维"（陈敬荣《致白丁香》），"既然/前，不见岸/后，也远离了岸/既然/脚下踏着波澜"（徐敬亚《既然》），两者诗中的上提或转行，主要起特殊强调的作用。

某些时候，诗行也会采用特别的形态来暗示某种特殊的意思。比如舒婷的《神女峰》首节："在向你挥舞的各色花帕中/是谁的手突然收回/紧紧捂住了自己的眼睛/当人们四散离去，谁/还站在船尾/衣裙漫飞，如翻涌不息的云"，接下来是：

　　江涛
　　　　高一声
　　　　　　低一声

错落的诗行似乎在暗示江涛的视觉和听觉形象，同时也暗示了诗人心潮的起伏。

## 四、写作训练

1. 分析公木《父与子》凸出两句"你们去""我们"的断行意味

　　不，爸爸
　　你们忍受，

>     我们却要动手。
> 你们去
>     向他乞怜，
>     向他磕头；
> 我们，
>     我们却要动手！

## 2. 分析雷平阳《荒城》的节奏

> 雄鹰来自雪山，住在云朵的官殿
> 它是知府。一匹马，到过拉萨
> 运送布料、茶叶和盐巴，它告老还乡
> 做了县令。榕树之王，枝叶匝地
> 满身都是根须，被选举为保长
> ——野草的人民，在废弃的街上和府衙
> 自由地生长，像一群还俗的和尚

## 3. 准备或者现场写一首诗，与同学交换，按照步骤讨论

（1）意象。

①意象都清晰、有趣吗？

②哪些意象需要添加或者移除？

（2）语言压缩。

多余的语言会削弱诗歌的力量。诗中有哪些多余的词语需要删除？

（3）词语选择。

①每一行的词语都合适吗？

②所有名词和动词都是具体、描述性的吗？

③检查每一个词语，决定是否保留、改变或者删除。

（4）结构。

高声朗读，听听分行和分节是否自然，再试试其他选择。

（5）韵律。

①再一次高声朗读手上的诗，听起来如何？

②重新安排听起来不和谐的节。

（6）意义。

①诗歌表达的中心思想是什么？

②中心思想如此陈述或者暗示，读者能理解吗？

欢迎把练习发布在本教材配套的交流圈子（见后折口），和更多人分享你的作品。

## 【延展阅读】

### 一、推荐书目

1. 陈本益．中外诗歌与诗学论集．重庆：西南师范大学出版社，2002.

2. 张桃州．现代汉语的诗性空间：新诗话语研究．北京：北京大学出版社，2005.

### 二、补充阅读

请扫描下方二维码，进入"《大学创意写作（第二版）》各章补充阅读资料"栏目，进一步加深对自由诗的理解。

# 第二节　歌词

## 一、文体界说

歌词指一首歌曲的文辞部分，亦指按照声乐要求创作、被谱曲歌唱的文学文本。它一般配合曲子旋律出现，用于歌唱。歌词集中表达了一首歌的感情和主旨，在很大程度上决定了一首歌的风格与审美。

按内容划分，歌词可以分为叙事歌词、抒情歌词、写景歌词、说理歌词等几种类型。按用途划分，歌词可以分为电影歌词、电视剧歌词、唱片歌词、广告歌词、教材歌词、舞台剧歌词等。按演唱形式划分，歌词可以分为独唱歌词、对唱歌词、重唱歌词、表演唱歌词、歌舞曲歌词、齐唱与合唱歌词。按演唱者划分，歌词可以分为男声演唱歌词、女声演唱歌词、童声演唱歌词与男女混声演唱歌词。[1] 但划分是相对的，一方面，歌词绝少出现单纯叙事、抒情、写景或说理的情况。一般而言，抒情是歌词的本质属性，叙事、写景、说理为抒情服务，而抒情又建立在叙事基础之上。比如：《小芳》的抒情建立在叙事基础之上；《可可托海的牧羊人》有一个凄婉的爱情故事原型；《探清水河》无明显抒情，但其叙事曲调如泣如诉，同样饱含感情。另一方面，不同演唱形式、演唱者、风格体式、艺术特点及用途的歌词，在内容上有许多共通之处。

歌曲最基本的结构是乐句，乐句由旋律曲调组成，几个乐句构成乐段。歌词最基本的结构是词句，词句由词组组成，若干词句构成词段。歌词属于歌曲整体的一部分，其结构受制于乐曲结构。在歌曲的发展过程中，歌词形成了以一段体、二段体、三段体和多段体为主的基本结构。段体指的是音乐段落，不是歌词段落，段体不等于段落。一段体歌词有

---

[1] 吴颂今. 歌词写作十八讲. 北京：人民音乐出版社，2012：55-70.

时由一个词段构成,比如《义勇军进行曲》,但这不等于它只有一个段落,有时它有多个段落,比如《歌唱二小放牛郎》有七个段落。二段体不等于只有两个歌词段落,三段体、多段体歌词同理。

### 1. 一段体

一段体是指只有一个音乐段落的结构,它是歌曲最小的结构形式,常用于写作短小精悍的群众歌曲、队列歌曲、广告歌曲、儿童歌曲。最短的音乐段落只有两个乐句组成,如《牧歌》:

蓝蓝的天空上飘着那白云,
白云的下面盖着雪白的羊群。

《祝你生日快乐》只有一个词句"祝你生日快乐",重复四次构成两个乐句、一个乐段:

祝你生日快乐,祝你生日快乐,
祝你生日快乐,祝你生日快乐。

一段体是最简短的音乐曲式,一般由四个乐句完成起承转合,《学习雷锋好榜样》便是典型的一段体歌曲。歌曲虽有四段不重复的歌词,但是却共享首段"学习雷锋好榜样/忠于革命忠于党/爱憎分明不忘本/立场坚定斗志强"的曲调旋律,四个词段其实归属一个乐段。我们将这种一段曲调,即一个乐段配上多段歌词的曲式称为"分节歌"。一段体的分节歌在民歌中极为常见,一般四句左右为一个词段(信天游一般两句为一个词段),每个词段虽有小变化,但不影响旋律,并且不断重复,如《九九艳阳天》《兰花花》《三十里铺》《孟姜女》《浏阳河》《小白菜》《茉莉花》《牧羊曲》等,群众歌曲《打靶归来》《三大纪律八项注意》也是常见的一段体。

### 2. 二段体

二段体由两个明显不同的乐段构成,它是歌曲中最常见的结构形式,又称"单二部曲式"。二段体歌词一般由主歌(A)和副歌(B)两部分组成，纯粹由两个或两个以上主歌组成的歌曲较少，两个乐段的歌词并无特别的翻转、对照、比较或情绪递进的关系。

主歌由两个或两个以上不重复、旋律相同的词段组成，主要用于叙事、写景、说理，为副歌的抒情做铺垫，它是歌词的主体和基本段落。主歌的歌词可分为多段，即 A1、A2、A3……每段歌词有一定的独立性，但在逻辑上都是主题的不同侧面，或因果，或延续，或对照，都具有内在的联系。

副歌是歌词中一句或一段重复的歌词，通常出现在几段主歌之间。副歌在内容上是对主歌的总结、概括，是主歌情感的升华，通常处于情感的高潮部分，在旋律、节奏上与主歌形成反差，为歌曲曲调提供变化。主歌与副歌的衔接组合，通常是依次交替呈现，即 A1+B+A2+B……最后在副歌结束。如《我的祖国》即典型的主歌与副歌衔接式歌词，在三个主歌"一条大河波浪宽／风吹稻花香两岸／我家就在岸上住／听惯了艄公的号子／看惯了船上的白帆""姑娘好像花儿一样／小伙儿心胸多宽广／为了开辟新天地／唤醒了沉睡的高山／让那河流改变了模样""好山好水好地方／条条大路都宽畅／朋友来了有好酒／若是那豺狼来了／迎接它的有猎枪"之后分别出现三个副歌："这是美丽的祖国／是我生长的地方／在这片辽阔的土地上／到处都有明媚的风光""这是英雄的祖国／是我生长的地方／在这片古老的土地上／到处都有青春的力量""这是强大的祖国／是我生长的地方／在这片温暖的土地上／到处都有和平的阳光"，衔接方式是 A1（主歌）+B1（副歌）+A2（主歌）+B2（副歌）+A3（主歌）+B3（副歌）。

但主歌与副歌的结合亦可略做变化，不一定非要交替出现不可，有时可以两个主歌之后紧接一个副歌，或者两个主歌之后连续两个副歌，形成 A1+A2+B 或 A1+A2+B1+B2 的结构。如《很爱很爱你》中，先是"想为你做件事／让你更快乐的事／好在你的心中／埋下我的名字／求时间趁着你／不注意的时候／悄悄地把这种子／酿成果实""我想她的确是／更适合你的女子／我太不够温柔／优雅成熟懂事／如果我退回到／好朋友的位置／你也就不再需要／为难成这样子"两个主歌的组合，然后是副歌"很爱很爱你／所以愿意舍得让你／往更多幸福的地方飞去／很爱很爱你／只有让你/拥有爱情我才安心"的衔接。这几句副歌是对前面主歌的升华，将情感推向高潮，这首歌的歌词组合是 A1＋A2＋B 模式。《春天里》是 A1＋B＋A2＋B＋A3＋B＋A4＋B 的组合，《天路》是 A1＋A2＋B1＋A3＋B2＋B2 的组合。《花妖》的副歌是"君住在钱塘东/妾在临安北/君去时褐衣红/小奴家腰上黄/寻差了罗盘经/错投在泉亭/奴辗转到杭城/君又生余杭"，组合形式是 A1＋A2＋A3＋B＋A2＋B。

有时候两段体歌词在主歌、副歌之间增设过渡句或桥段，打破 A、B 结构的规整性。

过渡句是副歌的导句，相当于器乐曲中的插部。如《十二座光阴的小城》中在主歌"踏响你的庭院/是我的马蹄声/雁来雁去总是过眼云烟"（A1）和"飘动我的思念/是你的白纱巾/花开花落总是与你畅听"（A2）之后，插入过渡句"可是我要赶三百六十里的路/一生一世不停歇/可是我要蹚过那二十四条河/去点亮黎明前的那盏灯"。在过渡句之后，出现副歌"十二座光阴的小城/都在回荡我的马蹄声/十二座光阴的小城/住过你那美丽的倩影"。

通俗歌曲中有"记忆点"的说法，它是词作者为歌曲精心设计的"流行句"，一般常被置于副歌的高潮中反复出现，以加强记忆。

### 3. 三段体

由三个乐段构成的歌词体式称为"三段体"，它是由二段体发展变化而来。此种结构有两种不同的表现形式：第一种，第一和第三两个乐段是相同或基本相同的，中间乐段落则与两端形成鲜明对比，此种段式可标记为 ABA1，如《在中国大地上》《锦绣中华》等；第二种，第一和第三两个乐段不是相同或基本相同的段落，第三段是在第一、二段基础上的更高层次的逻辑发展，中间段落仍与两端形成鲜明对比，此种段式可标记为 ABC，如《北京颂歌》《红旗飘飘》等。

### 4. 多段体

多段体是由三个以上乐段组成的歌曲结构，其表现情况多样。如：

《毕业歌》有四个不同情绪的段落（ABCD），情感强度一个高过一个，皆为"天下兴亡，匹夫有责"的情感反应；《挑担茶叶上北京》有四个亲切朴实的段落，都洋溢着种茶人对毛主席的敬爱之情，为作曲家提供了采用AA1A2A3结构的变奏曲式的情感依据。

当然，还有一些其他形态的歌词段式，因不同内容表现的需要，其作品体裁、规模不一。范例有宋小明的《你是这样的人》、郑南的《我爱五指山，我爱万泉河》、乔羽的《祖国颂》、光未然的《黄河大合唱》、萧华的《长征组歌》等。

## 二、文体特征

诗歌可以朗诵，而歌词则要配合旋律，完成声乐作品，才能达到歌词创作的目的。歌词是跨界的艺术，兼具诗性的美感和入乐的可能。

### 1. 文本内容的诗歌属性

从发生学上说，歌词与诗同源，属于广义的诗歌，在中国古代一般把入乐的诗称为"歌"，不入乐的称为"诗"。在诗歌发展史上，许多优秀的诗歌原本是歌词，如《诗经》收录的就是入乐歌唱的诗，而"风""雅""颂"等都是音乐的种类。多数宋词与元曲在当时用于歌唱，明代杨慎的词《临江仙·滚滚长江东逝水》在当代成为电视剧《三国演义》的主题歌词。现当代一些优秀的自由诗，比如徐志摩的《再别康桥》、海子的《面朝大海，春暖花开》、郑愁予的《错误》、余光中的《乡愁》等作品，都被谱曲广泛传唱。

歌词的发展伴随着诗歌的发展。然而，二者的关系并非平行的，相反，诗歌与歌词在各自的发展中，"再交集"现象反复发生。一方面，歌词经文人写作的不断介入，从通俗、自由变得越来越精致繁复，宜于吟诵而不便于歌唱，成为纯粹意义上的"诗"；另一方面，某个时期高度成熟、雅致的诗歌内部，陌生化机制启动，生出便于歌唱的歌词，正如"词"之于"诗"、"曲"之于"词"、"流行歌曲"之于"自由诗"等。在某种意义上，歌词即是通俗的诗歌，其文本属性为"诗"，当代被广泛传唱的歌词可以被视作更通俗、大众化的自由诗。①

从形式上看，当代歌词短小精悍、大致整齐、基本押韵，这显然继承了传统诗歌的格式规范；从技巧上说，歌词表情达意凝练，结构跳跃，使用意象，营造意境，这无疑继承了诗歌追求"诗意"的基因。很多时候，一首好的歌词就是一首好的自由诗，甚至能够进入学者的研究领域，如崔健的《一无所有》进入陈思和主编的《中国当代文学史教程》和谢冕先生主编的《中国百年文学经典文库·诗歌卷》，吕进将乔羽的《我的祖国》《让我们荡起双桨》《人说山西好风光》《难忘今宵》《思念》等收入《新中国 50 年诗选》，陈洪将罗大佑的《现象七十二变》编入普通高等教育"十五"国家级规划教材《大学语文》的"诗歌篇"。而诸如方文山的《青花瓷》、黄霑的《沧海一声笑》、庄奴的《又见炊烟》、李宗盛的《山丘》等歌词，其主题、情感、意象、语言等方面都表现出独特化、个体化的艺术创作。它们实际上已经"诗化"，是"诗化的歌词"，成了诗。

### 2. 文本形式的音乐属性

歌词主要用于歌唱和聆听，其文本存在形式属于音乐艺术的一部分。从创作角度说，歌词创作的目的就是便于谱曲入乐、被传唱，优秀的歌词作家在创作时自觉以乐曲的结构和要求来规范自己的作品。相反，那些不能入乐、不便谱曲的歌词，不能算作真正的歌词。

歌词的音乐性体现在它的句式、结构、韵律、节奏等方面。

在句式上，歌词各段相对应的字数、音节基本一样，即使字数略有出入，音节也大致相同，这样既便于配合音乐的曲式，便于谱曲，又便于歌唱。在结构上，它要求段落分明，便于情感转换、递进，以及听众对内容的理解。在韵律上，歌词前后大体押韵，一般不会换韵，韵脚是形成歌词音乐性的重要因素之一，合辙押韵的歌词有着音节美，这种音

---

① 童龙超. 歌诗在诗歌与歌词之间：论新诗与歌诗. 宁夏大学学报（人文社会科学版），2012（1）.

节之美即便在没有曲调的情况下，也可以表现出来。

比如：王立平的《驼铃》主体由两段歌词组成。第一段"送战友，踏征程/默默无语两眼泪/耳边响起驼铃声/路漫漫，雾蒙蒙，革命生涯常分手/一样分别两样情/战友啊战友/亲爱的弟兄/当心夜半北风寒/一路多保重"，第二段"送战友，踏征程/任重道远多艰辛/洒下一路驼铃声/山叠嶂，水纵横/顶风逆水雄心在/不负人民养育情/战友啊战友/亲爱的弟兄/待到春风传佳讯/我们再相逢"。两段歌词在对应位置上，字数、音节大致相同。如两段首句"送战友，踏征程"字数、音节完全相同，"默默无语两眼泪"与"任重道远多艰辛"字数相同。"耳边响起驼铃声"与"洒下一路驼铃声"不仅字数相同，而且内容也有关联。第一段与第二段结构大致相同，内容关联，并呈现递进关系。第一段是送别亲爱的战友时的叮咛，表现深厚的革命友谊；第二段则转深沉为豪迈，以革命事业、人民利益为重，期待美好明天，与战友相互勉励。

歌词的长短、顿连、句读构成歌词的节奏，歌词句式的顿挫配合音韵的长短、轻重，本身就是节奏鲜明的音乐。节奏感在 Rap 歌词中表现得更明显，比如谢帝的《老子明天不上班》首段"老子明天不上班爽翻巴适的板/老子明天不上班想咋懒我就咋懒/老子明天不上班不用见客户装孙子/明天不上班可以活出一点真实/老子明天不上班闹钟响也不用管"，开头三个词句"老子明天不上班""爽翻""巴适的板"音节抑扬顿挫，两轻一重，句式长短不一，富有节奏感。开头的散句形式又与后面大量的整句形成对比，与此同时，它作为流行句在段落之间反复出现，成为段落转换的标志，保持了整个歌词的节奏整一。

### 3. 文本生成的非独立性

歌词依靠演唱塑造形象，在时间的展开中展开，是声音的、动态的、稍纵即逝的艺术，因此歌词的创作，要始终面向音乐、面向歌唱、面向听众，在结构、节奏与韵律上要受到多方的制约，要便于谱曲、便于演唱、便于理解、便于记忆。歌词创作一般要从表现技法、作曲家谱曲、歌手演唱和听众聆听四个角度进行综合考虑。比如，歌词的词句长短要适应歌曲的乐句长短、词段长短要适应歌曲的乐段长短等。在遣词造句上，除非有特别的艺术追求，否则要尽量选择便于歌唱和便于聆听、记忆的词句。歌词的语言，一般要准确、鲜明、生动、质朴、口语化。在内容上，歌词尽量以抒情为主，以叙事、描写或说理为辅，要避免自由诗中经常出现的歧义、模糊、含混现象，还要避免抒发过于精微的内心体验、碎片化的感触或需要逻辑推理的哲思。

自由诗创作具有个人性与独立性，而歌词创作要兼顾创作主体、传播载体和受众等方面的需要，它是歌词作者、作曲家、歌唱家和听众多方面的对话，体现了音乐性与文学性的统一、文学和音乐两种艺术形式的交叉。

## 三、写作要点

### 1. 内容短小精悍

一首歌的演唱时间一般只有短短几分钟，因此歌词要短小精悍、高度凝练；从接受角度而言，歌词过长也难于理解和记忆。因此歌词创作要精简人物、事件线索，减少意象、形象。一段式、两段式歌词居多，超过五个段落的歌词较少见。

### 2. 主题明确集中

自由诗或者其他诗歌在主题与意蕴上追求空白、不确定性、含混、歧义等审美品格，而歌词要求主题明确，便于理解，以便确定歌曲情感基调，配合相应旋律。一般可从歌名迅速了解歌曲主题，如《常回家看看》《思念》《爱拼才会赢》等。有的歌词通过重复来揭示主题，如《大海》的"如果……"句式反复出现，揭示了对逝去的爱情的追忆与眷恋。

### 3. 结构整饬

歌词要有起码的词句和词段，以配合歌曲的乐句与乐段。

词句的基本句式为"2＋2＋3"的七字句和"2＋3"五字句，或者是七字句和五字句混合，或是在七字句和五字句的基础上衬字、垫字。另有在基本句式的基础上，插入成串的、由不同字数构成的词语或分句的样式，被称为"垛句"。一般而言，小型歌词较多使用单一句式，大型歌词则多种句式混杂使用，以适应表达需要。

词段的基本段式为一段式、二段式、三段式和多段式。段式内在结构的不同、句数的不一，带来不同的节奏感。《义勇军进行曲》为一节的一段式歌词，《绣红旗》《人说山西好风光》等为分节的一段式；《今天是你的生日》属单纯性的二段式歌词，《我们走在大路上》是一首主、副歌式的二段式歌词；三段式歌词有《在中国大地上》《北京颂歌》等；多段式歌词有《毕业歌》《珠穆朗玛》《挑担茶叶上北京》等。

### 4. 以押韵营造旋律

歌词要求大致押韵，使之更具音乐性。押韵可以一韵到底，比如《茉莉花》；也可中途转韵，常常会用"通韵"的手法，即利用韵母中主要元音相近、相似的字，如"音"和"英"、"安"和"昂"、"优"和"乌"、"衣"和"诶"等韵，这样转韵会更自然。押韵的方式多样，可以每句尾字，也可每段相同位置的句子其中的某个字对应押韵。

### 5. 语言朴素、口语化

诗歌用于"看"，属于视觉艺术。视觉艺术可玩味、体悟，可观摩、反复阅读，不限时间。歌词用于"听"，属于听觉艺术。听觉艺术属于时间艺术，要求听众在旋律一次性运动中把握歌词大意。因此歌词一定要通俗易懂，尽量口语化，尽可能不用形容词，方可被瞬间理解。虽然某些歌词有意营造古典意境，但也只是在口语、白话句式上点缀古典意象，不影响理解。

### 6. 设置流行句、记忆点

歌词中流行句或记忆点的设置方法有：以歌名为核心的流行句，如《一生何求》《一无所有》《我是一匹来自北方的狼》等；在主歌或副歌中设置流行句或记忆点,如《常回家看看》围绕"常回家看看"设置的句式,《爱拼才会赢》中的"三分天注定,七分靠打拼"。

## 四、写作训练

1. 分析《思念》的歌词结构

思念

乔羽

你从哪里来,我的朋友
好像一只蝴蝶飞进我的窗口
不知能作几日停留
我们已经分别太久太久

············

难道你又要匆匆离去
又把聚会当作一次分手

2. 比较诗歌《雨巷》和歌词《丁香姑娘》,概述自由诗与歌词的差异

雨巷
戴望舒

撑着油纸伞,独自
彷徨在悠长,悠长
又寂寥的雨巷,
我希望逢着
一个丁香一样地
结着愁怨的姑娘。

她是有
丁香一样的颜色,
丁香一样的芬芳,

丁香一样的忧愁，

在雨中哀怨，

哀怨又彷徨；

她彷徨在这寂寥的雨巷，

撑着油纸伞

像我一样，

像我一样地

默默彳亍着，

冷漠，凄清，又惆怅。

她静默地走近

走近，又投出

太息一般的眼光，

她飘过

像梦一般地，

像梦一般地凄婉迷茫。

像梦中飘过

一枝丁香地，

我身旁飘过这女郎；

她静默地远了，远了，

到了颓圮的篱墙，

走尽这雨巷。

在雨的哀曲里，

消了她的颜色，

散了她的芬芳，

消散了，甚至她的

太息般的眼光，

丁香般的惆怅。

撑着油纸伞，独自
彷徨在悠长，悠长
又寂寥的雨巷，
我希望飘过
一个丁香一样地
结着愁怨的姑娘。

### 丁香姑娘
#### 汤松波

丁香一样的姑娘，走进江南的雨巷，
美丽的油纸伞，撑着春天的梦想。

…………

你是我黑夜的太阳，照亮我寂寞的雨巷。

3. 请结合自己的成长经历与家乡的风土人情，为家乡写一首文旅宣传歌词

时下，许多歌词由于涉及非常明确的地方，甚至有些歌词就为某地而做，成了地方文旅开发的代言，影响较大的有《早安隆回》《成都》《乌蒙山》等。当然，这种写作，"无心插柳柳成荫"的现象比较多。请你为你的家乡写一首歌词。

欢迎把练习发布在本教材配套的交流圈子（见后折口），和更多人分享你的作品。

## 【延展阅读】

**推荐书目**

1. 吴颂今．歌词写作十八讲．北京：人民音乐出版社，2012.
2. 毛翰．歌词创作的原理和方法．北京：线装书局，2008.

# 第六章　电子游戏剧本与剧本杀剧本

- ◆ 第一节　电子游戏剧本
- ◆ 第二节　剧本杀剧本

## 第六章　电子游戏剧本与剧本杀剧本

电子游戏与剧本杀在诸多方面有共通之处，作为"第九艺术"，同属剧情游戏大类，都有着明确的玩法/设定，并保证所有故事发生在游戏的机制之下。因其商业化特质，二者都秉承"玩家至上"的信条，并在一定程度上将故事讲述的特权扩放到玩家（读者）手中。若从剧情创作者的视角去看，我们或许可以将二者视作文学在技术时代的一种全新形式，它们仍然承担着讲述故事的使命，但在遵循传统文学的叙事技巧之外，充分利用技术进步带来的多媒介呈现手段，在"我讲你听""我演你看"的讲述形式上更进一步，让阅读者/接受者充分参与到故事内部。

新形式带来新的创作规则，电子游戏与剧本杀的剧本，与相对独立的传统文学剧本不同，是一种集合式的文本创作。它既要完成故事的设计与叙述，也要负责让故事在游戏的机制和音画媒介下得以落地与呈现。前者包含故事策划案、世界观设定、故事设计、角色设计和文本创作与管理，后者则包含人物剧本、组织者手册和配套副文本。这两套集合文本既要服务于流程烦琐、周期漫长的工程化产业，又要接受市场的反复检验与反馈。因此创作者不仅要具备更清晰的读者/玩家意识、更现代的讲故事手法、更高超的叙事技巧、更贴合市场的商业思维，还要具备跳出传统文学框架的产品设计思维与逻辑能力。乍听之下难度颇高，但不得不承认，未来的文创工作者必须与时俱进，拥抱新技术，并逐步从纯粹的文本写作向跨媒介的叙事设计迈进。

将电子游戏剧本和剧本杀剧本放在一起来讨论，一是因为二者创作共性颇多：都是后现代跨媒介交互性文本，故事都服务于游戏机制，剧本均涵盖"故事"本身的剧情文档，同时还包含"演绎故事"的其他文档。二是因为二者发展至今都已相对成熟，既有能被写作者归纳总结的方法论，又有被市场认可的商业价值。但由于两种产品的研发流程、呈现形式和受众并不完全一致，其在制作思路和创作侧重上也有所不同，各有自己的细化要求。将二者对照讨论，我们既能同时学习现今文创产业中两种成功产品的创作要点和叙事方式，又有助于深入理解如何在新时代新技术下讲述新故事。

# 第一节　电子游戏剧本

## 一、文体界说

电子游戏，广义上是指在街机、游戏机、电脑、手机、网页等一切电子设备或平台上所进行的游戏。它根源于传统游戏，以一套预设的规则为基础，以玩家参与为主要行为，又依托电子技术，以音画媒介来呈现，并通过算法及程序为玩家提供实时反馈。它既能为玩家带来传统游戏所提供的娱乐性和挑战性，又拥有更强大的艺术表现力和沉浸体验。

大多数电子游戏有剧情，它能为玩家在游戏世界中明确自身定位，构建游戏动机，设立游戏目标，并指导玩家进行游戏行为。虽然在电子游戏发展初期，在一些最简单的操作性游戏诸如扫雷、象棋中，游戏剧情较为抽象，并不直接以文字或音画形式在游戏中呈现，但伴随着电子游戏日趋高预算、大制作的势头，游戏剧情在游戏产品中的呈现越来越多，规范游戏剧情写作的必要性不言而喻。

严格来说，一位合格的电子游戏剧情创作者既要是故事策划师，又要是编剧，某种意义上还要承担起概念设计师和剧情包装师的职责，所以我们应将电子游戏剧情写作定义为一场设计行为。因为在这个过程中，写作者既要创作一个完整的故事，又要撰写与故事落地相关的所有演绎类文档，还要配合其他工种/项目组，在游戏制作的每个阶段提供剧情向的辅助文档。

我们姑且将上述所有电子游戏剧情的设计文本统称为电子游戏剧本，但与相对独立的影视文学剧本不同，它是一种集合式的文档，至少需要包含以下几部分。

1. 世界观向文档

这类文档主要由立项初期的故事策划案与研发铺量期的世界观设定

文档组成。它们承载着为游戏主题定调、为游戏世界奠基的功能。根据不同的品类，其内容会有部分定制，但以下多为必需内容：

◆ 故事策划案：游戏代号、游戏品类、游戏题材与受众、核心概念、激励事件。

◆ 世界观设定：核心设定、世界地理（区域划分、地理地貌、建筑风格、生态环境等）、世界文明（社会历史、宗教信仰等）、组织势力、时间线。

### 2. 剧情向文档

这类文档包含"故事"本身，也包含"演绎故事"的路径与方法。简言之，它是电子游戏中关于故事与故事表现设计的文本内容集合。大致包含以下文档：

◆ 故事构思阶段的所有纲要性文档：剧情大纲、章节细纲。

◆ 故事落地阶段的所有展示性文档：新手引导、剧情台本（主线、支线、活动等）。

◆ 辅助故事得以呈现的所有演绎性文档：插画需求、动画脚本、音频需求等。

### 3. 角色向文档

与传统文学不同，之所以将角色向文档从剧情中抽离出来自成一类，是因为在电子游戏中，角色可以脱离任何一套系统下的剧情独立存在并拥有其商业价值，各中原因我们将在下文详述，此处先不展开。对于剧情设计师而言，制作一个角色大致需要包含以下内容：角色基础信息、角色标签设定、角色背景设定（故事＋台词）、角色游戏化属性设计、角色音/美需求制作。

### 4. 文创包装向文档

文创包装向文档是指在游戏研发各个阶段，对接各个部门/工种，与游戏世界观、剧情、文化调性相耦合的一切文档，它包含以下几方面：

◆ 系统/玩法概念设定与文本创作（系统/玩法概念设计与系统/玩法包装）。

◆ 游戏内应用型文本创作（属性、技能、规则等文本包装）。

◆ 商业化与宣发文本创作（商业化活动包装与宣发文案撰写）。

以上四大类文档基本囊括了电子游戏剧本创作的大部分工作，不难看出，与传统文学创作不同，电子游戏剧本因与研发工程强捆绑，与市场强关联，其创作时除了要在故事设计和叙事上下功夫，还要具备更明确的读者/玩家意识以及协同创作的意识与配合度。

## 二、文体特征

### 1. 与机制相辅相成的故事设计

电子游戏剧本中的故事设计不可独立于机制存在，机制与故事应是相辅相成的，故事是游戏机制中的一部分，游戏机制本身又是演绎故事的一种方式。与传统文学创作不同，电子游戏剧本的创作不但要讲述一个与游戏机制完美嵌合的故事，还要借故事体现、解释并运行游戏机制。

以 1996 年美国艺电公司（EA）发行的即时战略游戏（RTS）《命令与征服：红色警戒》[①]为例。游戏故事讲述了爱因斯坦在 1950 年发明了时光机器，为了避免二战的发生，他穿越回 1924 年将希特勒杀死，由于这一行为改变了整个世界，科技水平的发展和政局变化使得当时西欧诸国与苏联陷入了对抗。在这样的故事背景下，玩家开始了军备建设与模拟战役，故事的设计完美贴合了即时战略游戏的机制，而游戏机制本身又为这特别的故事设计增加了一些奇幻色彩，玩家可以选择不同的阵营进行扮演，模拟本该被爱因斯坦结束的虚拟二战。试想一下，如果没有这样的故事设计，这款以即时战略为主题的游戏可能不会非常受欢迎；而没有这样复杂而精致的机制，这也只是一个异想天开的二流故事。可

---

[①] 《命令与征服：红色警戒》（*Command & Conquer：Red Alert*），是由美国艺电公司（Electronic Arts，NASDAQ：ERTS）和美国西木工作室（Westwood Studios）开发、由美国艺电公司于 1996 年发行的即时战略单机游戏。

以说，在《命令与征服：红色警戒》这款游戏中，故事贴合了机制，机制又成就了故事。

无独有偶，在芬兰游戏公司 Rovio 研发与发行的游戏《愤怒的小鸟》中，简简单单的故事与游戏的核心玩法完美融合。小猪将小鸟的蛋偷走了，为了报复小猪的这一行为，小鸟决定以自己的身体为武器去重击小猪的堡垒。玩家操控小鸟，通过控制角度与发射力度，将小鸟弹射以击落小猪。这款于 2009 年发行的休闲益智类游戏一经发售就大受好评，不仅如此，这看似简单的游戏故事还在后续的 IP 孵化环节中生成全球首屈一指的衍生类作品，大电影、连续剧、周边产业都有所涉猎。弹射类玩法的休闲游戏多如过江之鲫，但没有任何一款产品胜过同时期的《愤怒的小鸟》，这款游戏的成功来自故事与机制的完美结合，这点毋庸置疑。

## 2. 多元的叙事结构

上文已明确，电子游戏的故事设计与游戏机制即玩法相辅相成，为了让游戏玩法与叙事结合得更紧密，让故事的表现更出彩，电子游戏叙事结构的复杂性自然提升，多元叙事结构的出现是一种必然。

通常，在一个电子游戏的故事中，创作者会根据剧情出现的位置，运用不同的叙事手法，这考虑到了玩法与剧情的双向需求。

以魔幻角色扮演游戏《灵魂献祭》[①]为例，游戏中重要的道具魔法书利布洛姆既是主线剧情的推进方式，也是游戏的主要道具，我们可以通过魔法书查阅魔物信息，了解剧情的推进进度，学习技能等。游戏剧情进度依靠玩家的交互操作而往下推进，玩家的选择也决定了剧情的走向，其多元叙事结构的特征可见一斑。单从主线故事而言，其叙事设计就包含了以下几种叙事结构：

链接结构：玩家通过会说话的魔法书打开了关于梅林和伙伴之间的故事，魔法书利布洛姆即游戏的主线故事。

---

[①] 《灵魂献祭》（*Soul Sacrifice*），是由日本惊叹公司（MarvelousAQL）研发、由索尼电脑娱乐公司（Sony Computer Entertainment）于 2013 年在 PlayStation Vita 发售的一款电子游戏。

环形结构：在梅林与利布洛姆的故事中，"无名的魔法师"打败了梅林，之后"无名的魔法师"成为新的"梅林"。魔法书的结尾，魔法书利布洛姆解释了这本书的主角就是利布洛姆，而结尾是他希望从献祭者中寻找拯救世界的关键角色，而从游戏最外层看，玩家就是被利布洛姆选中的人。

主题并置结构：游戏中每个剧情角色和关卡魔物的记忆剧情，都围绕着一个主题等价交换而进行。如果希望获得一种特殊的力量，就需要献祭自己的身体的某个部位。那些选择拥有力量的人，有的选择献祭脊柱当作武器巨剑，有的献祭了手指发动锁链技能，有的牺牲自己的一只眼睛发动魔眼技能去进行攻击，所有的能力都有其代价。而梅林为了获得正常人的身体，选择了献祭主角。

### 3. 纷繁的文档格式与迥异的文风

区别于相对独立的传统文学写作，电子游戏剧本因其集合式的特质，在文本呈现中通常以多模版、多文风的形式出现，纷繁的文档格式和迥异的文风是其显著特征。这是由于每一个文档所面对的受众不同，其创作目标便不尽相同，呈现出的文本自然大相径庭。

根据受众的不同，我们可以大致将电子游戏剧本中的子文档分为面向内部研运人员、主要目标为让故事落地的指导性文档，以及面向外部玩家、主要目标为让故事呈现的展示性文档。

指导性文档往往格式复杂，条目众多。比如：

面向所有研发者的世界观设定文档，其创作目标为使所有研发成员对游戏世界达成通识化的认知。它需要兼具全面性和细致性，要以各种维度将世界进行切片。它的创作最终呈现为一个分模块的百科式文本，具体呈现在文档中，便是一组包含地理、文明、势力/组织、力量等不同切页的表组。

不同模块的美术需求需要罗列不同条目，但大体都要包含视觉描述、视觉参考，以及辅助画师理解所画对象的背景设计、剧情简述、文案描述等。

提供给配音演员的角色语音需求内含音色类型（年龄、特征）、演绎风格、台词功能及辅助理解的角色档案。

这类文档的创作目标主要是让研发各环节人员充分理解游戏故事，并指导他们在故事落地环节提供专业支持，其文风多直白平实，用词精准简练。

展示性文档格式往往简单，只要写明游戏中需要展示的诸如档案、对白、传记、系统名称、活动标语等文本即可，但游戏中不同模块的文本需求往往各不相同，因此其文风往往迥异：剧情对白要求故事性和口语化；角色传记对文学性有较高的要求；与系统和玩法高度耦合的功能性文本如规则、说明等要求表述清楚、无歧义；商业化活动文本要像广告文案一般高度凝练，正中消费"红心"。

### 三、写作要点

#### 1. 创作并非一蹴而就：剧本写作与研发流程高度耦合

电子游戏剧本创作者需要时刻牢记：电子游戏剧本的创作目标是使其落地实现成为一个完整的作品，因此它不能脱离游戏研发流程而孤立创作。在整个创作过程中，创作者一方面要确保自己的游戏故事在游戏内得到最完整的展现，另一方面又不得不兼顾游戏的整体研发进度，在相应的研发期内创作该阶段的需求性文本。为了更好地创作电子游戏剧本，我们必须简单了解电子游戏研发的流程和流程中所涉及的剧情创作工作。

（1）立项期。

立项期是指项目启动之前的准备阶段，在该阶段，我们需要完成的工作内容包括但不限于以下几项：

①确认游戏品类。

②明确游戏的市场定位与主要受众群体。

③游戏核心内容的初期规划（含基础玩法构架、世界观构架、主线故事设计、早期的音美风格测试等）。

该阶段的游戏剧本创作目标：概念设定与认知对齐，确认制作方向。

该阶段的文创工作内容：故事策划案的创作。

（2）铺量期。

铺量期，即项目研发中期，是项目研发最为关键的阶段。因为在这个阶段，我们将会确立游戏制作的既定标准，并开始进行整体游戏玩法设计与制作。这个阶段包含的工作内容与工作量均有所上升，其中比较关键的工作内容有以下几项：

①核心玩法的确认、设计与制作。

②以玩法模块为基础进入资源量产阶段（包括但不限于音乐、美术及文本资源）。

③进行完整版本规划，确认测试节点与里程碑。

④对部分高风险模块进行市场验证，小规模阶段性对外测试版本的研发、测试与复盘。

该阶段的游戏剧本创作目标：内容细化与落地铺量。

该阶段的文创工作内容：世界观设定，故事设计，角色设计，文本创作与管理。

（3）调优期。

项目研发后期是项目最后的调优期，在此期间研发团队会反复进行阶段性复盘与调优，将游戏打磨到较高品质以备上线，因此以下几项工作必不可少：

①游戏内商业化内容的设计与制作。

②配合市场、运营制订相关宣发计划，制作相关的游戏内容。

③测试与迭代优化。

该阶段的游戏剧本创作目标：测试后内容迭代与商业化内容制作。

该阶段的文创工作内容：角色设计（商业化），世界观设定（宣发增补），文本创作与管理。

（4）运营期。

项目完成后期调优，一切准备妥当后便会正式面向玩家推出，一款游戏产品的基础研发流程到此将会告一段落。但对于电子游戏以及有持续运营计划的买断制游戏开发团队而言，产品正式上线之后仍有大量研发工作需要准备，其中主要包括以下几项内容：

①配合市场、运营团队持续制作和推出运营活动内容。

②着手制作后续大型资料片、DLC（downloadable content，扩展包）的相关玩法与内容。

③持续对线上版本进行测试、迭代与优化。

该阶段的游戏剧本创作目标：上线后持续进行内容增加与商业化内容制作。

该阶段的文创工作内容：角色设计（商业化）、世界观设定（宣发增补）、文本创作与管理。

从以上流程我们可以明确，电子游戏剧本并不能在短时间内被一次性制作完成，而是和游戏研发与制作同步的，甚至需要根据项目的节点进行内容增补与迭代。它是由无数个历史迭代版本共同构成的完整覆盖整个游戏研发、发行流程的全案剧本。

**2. 给世界留下更多探索空间：世界观创作中的全局性、通识性与延展性**

世界观（world view）是德语词 weltanschauung 的借译词，它是在知识论与认知哲学中被广泛使用的一个哲学概念，指的是一个"广泛的世界的观念"。这跟我们日常生活中常提起的"三观"，即世界观、人生观、价值观中的世界观定义是部分重合的。

多数通识概念中，世界观被定义为人类对事物认知的一种基础构架，它既是一种我们对世界的认知，又是一种可以通过它本身去理解并与之互动的概念集合。"故事世界观就是关于架空世界时空建制和系统要素运行机制的描述，它为故事配置特定时空，也给虚拟人物制定活动规则"①，这个定义与游戏世界观的基础概念是一致的。在这样的基础上，我们总结出了游戏世界观必须具备的创作要点与特性。

---

① 许道军. 经典电影怎样讲故事. 北京：中国人民大学出版社，2021.

（1）游戏世界观设定必须具备全局性，它是一个完整的关于世界体系的（虚构的）文本类描述合集，可以包含文化、政治、经济、科学、道德、认知等一系列设定内容。比如，大型多人在线角色扮演游戏《最终幻想 14：重生之境》①中故事的主要发生地艾欧泽亚大陆，在游戏中就具备全局性的详尽设定，包括国家整体、城邦政治体系、气候、宗教信仰、种族分布等。

（2）游戏世界观设定必须具备通识性，它承担着让研发人员与玩家普遍达成对该世界体系的认知与理解的任务。

（3）游戏世界观设定必须具备延展性，它让受众对该世界体系有进一步的延伸思考，确保后续设计内容增加时，其逻辑不会出现相悖的情况。这点在"龙背上的骑兵"系列与"尼尔"系列中，得到了完美诠释。两个系列以 2003 年 9 月首发的《龙背上的骑兵》②为起点，《尼尔：复制体》③接续了龙背上的骑兵中 E 结局千年后的剧情，两者在剧情上跨越作品系列形成了一个因果链，这是前作留下的世界观具备延展性最好的证明。

### 3. 让玩家决定一切的开始：主角目标决定游戏行为，激励事件驱动游戏进程

无论何种品类的游戏，都需要一个激励事件去开启游戏故事并驱动游戏进程，需要一个主角目标去决定其游戏行为。如果不设置一个合理的主角目标，游戏行为和游戏内的剧情会有强烈的割裂感，这也是市面上许多"换皮"游戏的通病，即玩家游戏行为沦为单纯的数值行为，缺乏剧情内核与合理的行为逻辑。

游戏故事的激励事件是指进入游戏后剧情的触发事件，或者影响整

---

① 《最终幻想14：重生之境》（*Final Fantasy XIV: A Realm Reborn*），是由日本游戏开发商史克威尔·艾尼克斯公司（Square Enix）开发的大型多人在线角色扮演游戏，发行于 Microsoft Windows、Mac OS、PlayStation 3、PlayStation 4、PlayStation 5、Xbox Series X/S 平台。

② 《龙背上的骑兵》（*Drakengard*），是由史克威尔·艾尼克斯公司于 2003 年 9 月 11 日在 PlayStation 2 平台发售的一款动作类角色扮演游戏，也是"龙背上的骑兵"系列的第一部作品。

③ 《尼尔：复制体》（*NieR Replicant*），别称《尼尔：人工生命》），由日本卡维亚公司（Cavia）研发，由史克威尔·艾尼克斯公司于 2010 年 4 月发行，为"尼尔"系列的第一部作品。

套世界观剧情走向的关键剧情或事件。电子游戏的激励事件一般发生在游戏时间线的伊始。多数游戏这样处理的原因在于，迅速曝光激励事件能在游戏初期就让玩家与游戏本身发生密切关联，产生强烈的代入感，同时也为玩家本身的游戏行为（诸如战斗、经营、解谜等）设定一个合理逻辑，即为玩家设定一个合理的行为驱动因素。

以《生化危机》为例，在其系列作品《生化危机3：复仇女神》[①]中，主角吉尔·瓦伦蒂安在游戏开局便遭遇了代号为"复仇女神"的武器级丧尸"暴君"的追杀。并且剧情很快便将主角推向了更加危险的境地，一枚核弹即将摧毁浣熊市的一切，而吉尔·瓦伦蒂安必须在避开丧尸追击的同时逃离即将被摧毁的城市。《生化危机3：复仇女神》的故事由此展开，玩家需要千方百计地躲过"暴君"的追杀，或是通过重型武器拖住"暴君"的脚步，并最终在核弹爆炸前逃离浣熊市。

◆ 激励事件：丧尸危机爆发，主角遭遇丧尸"暴君"追杀。
◆ 主角目标：在丧尸末世中生存。
◆ 游戏行为：因为想在末世生存，所以需要击杀丧尸保护自己。

逃离危险生存下去这一主角目标贯穿《生化危机3：复仇女神》的始末，由此带来的紧迫感与刺激感，以及围绕逃脱而设计的众多剧情桥段和游戏选择都让玩家大呼过瘾。IGN（imagine games network，多媒体评论网）9.4分的评价也佐证了玩家对这一代作品故事以及系统设计的认可。

以《最后生还者》[②]为例，真菌瘟疫的爆发以及序幕中主角乔尔女儿的死亡成为贯穿整个故事的激励事件。真菌瘟疫的爆发使得人类社会与文明彻底崩毁，而女儿的死则成为乔尔心中永远无法纾解的痛苦。因此，后续故事中乔尔与艾莉之间由陌生到熟悉最终演变为父女之情的情感变化，以及火萤组织千方百计想要得到艾莉体内的抗体以拯救全人类，

---

① 《生化危机3：复仇女神》(*Resident Evil 3: Nemesis*)，是由日本卡普空公司（CAPCOM）研发的一款动作冒险游戏。

② 《最后生还者》(*The Last of Us*，别名《美国末日》)，是由美国顽皮狗工作室（Naughty Dog）制作，由索尼电脑娱乐公司在2013年6月发行于PlayStation 3平台的一款动作冒险生存恐怖游戏。

都是序幕激励事件的延伸，激励事件不断地向玩家灌输人类文明的毁灭和乔尔心中的丧女之痛。这也使得在故事的结尾，乔尔不惜放弃全人类的希望也要拯救艾莉的行为变得令人印象深刻且可以理解。

- ◆ 激励事件：真菌瘟疫爆发，乔尔的女儿死于士兵的误杀。
- ◆ 主角目标：护送与女儿年龄相仿的抗体宿主艾莉去往目的地。
- ◆ 游戏行为：为了保护艾莉，扫除障碍与危险。

### 4. 角色亦是独立作品：脱离故事仍有价值

角色在电子游戏剧本的创作中，不应该只为剧情服务，因为在电子游戏的世界里，角色除却剧情演绎的功能，本身也是一个完整的商业作品。在创作过程中，我们不能单从故事的角度去创造角色，还应该考虑后续的制作售卖环节，以提升其商业化价值。

因此，在角色设计阶段，我们需要结合多维度需求，将角色设定内容拆分为四个模块进行，即角色基础信息设定、角色标签设定、角色背景故事设定、角色游戏化属性设定。下面将分类详述这四个模块该如何创作。

（1）角色基础信息。

角色基础信息是一个角色给研发人员和玩家最基本的第一印象，一般包括名称、年龄、性别、外貌信息等。其中角色名称是一个角色给受众的第一印象，当你设定一个角色时，提供一个带有个人风格且朗朗上口的角色名称是必要的。另外，部分游戏会拥有称号系统，或者今后会贩售皮肤，所以给角色一个合适的名称将会是一个不错的开端。比如《英雄联盟》[1]中，善用法术、身形鬼魅的诡术妖姬乐芙兰，总是带着微笑的卡牌大师崔斯特，以及心思缜密、玩弄人命于股掌之上的戏命师烬，当玩家知道他们的名字时，很难不对他们产生好奇。

基础信息的设定很大程度上必须考虑到游戏本身的整体世界观构架，

---

[1] 《英雄联盟》（League of Legends，简称 LOL），是由美国拳头游戏公司（Riot Games）研发的竞技游戏。

尤其是年龄与性别这两项内容，其设定依赖于游戏整体的风格定位与受众定位。在角色设定初期，我们应该先考虑男女比例、角色年龄层、角色属性多样性、角色与玩法关联属性内容等多种因素。

角色外貌的设定是角色设定环节中的重头戏，在设定初期阶段，我们只需要设定最能凸显角色本身特质的外貌特征，简单明了地归纳角色的外观特色，之后随着角色属性的增加，我们可以迭代角色外貌设定。当然，结合市场或者受众需求来设定角色的外貌也不失为一个好方法。需要记住的是，在基础信息模块内，角色的外貌设定并不需要多么详细，因为在之后的工作中，我们会为每个角色按照游戏内的不同展示方式定制并撰写专业化的美术需求文档。

（2）角色标签。

在游戏研发过程中，由于一个角色的制作涉及多部门多成员的合作，达成对一个角色的共同认知是设计和制作角色的首要步骤，因此，提供高度标签化的角色原型是一种非常好的达成角色统一认知的方法。角色标签是涵盖角色外观、形象、性格的高度概览范式，是角色的个人特色标签及社会性设定标签的集合。在理想状态下，我们希望角色标签可以在最短的时间内简单明了地表达角色特征，只有这样，对于研发和运营期的全体成员来说，角色设定才能真正实现精准且有效。

对角色标签的分类，市面上已有多套系统性的理论，最成熟的当属ACGN（次元文化）产业下的人物标签分类。比如：性别维度的标签秀吉、伪娘、无性别等，或者成长状态/社会身份标签美少年、美少女、御姐、御兄等，或者体型标签掌上娘、巨大娘、肌肉女，抑或性格标签傲娇、傲沉、病娇、三无等。除此之外，近年火爆的MBTI人格测试、"大五人格"等都是制作角色标签时很好的参考。

（3）角色背景故事。

角色背景故事设定是一套涉及多种文案类型的设计文档。美术研发人员会依照角色背景故事进行画面设计，运营人员再根据角色背景结合游戏玩法与资源进行活动设计、运营文案的撰写等。因此，角色背景故事设定是角色设计中非常重要的一个模块。

角色背景故事交代角色的身世背景、人生经历，是在较短篇幅内将人物经历与世界观整体内容相结合的文本概述内容。角色背景故事的撰写以突出个人经历、角色特征、人生信条等内容为主。不但如此，角色背景故事通常还需要将角色本身与整体世界观设定的融合点凸显出来，体现作品的整体风格。

以《英雄联盟》中解脱者塞拉斯的背景故事为例，创作者用较短的篇幅简述了塞拉斯人生轨迹的起点，将他经历了被捕与逃离绞刑架后坚定的人生信条展示在众人面前：

> 在小城边沟镇长大的塞拉斯，如今却成了德玛西亚雄都的黑暗面的代表人物。当他还是个男孩的时候，人人避之唯恐不及的搜魔人发现他拥有感知法师的能力，便将他控制起来，利用这种能力来对付塞拉斯的同类。逃出生天之后的塞拉斯现在是一个坚定的抗命者，他要借助法师的力量摧毁自己曾经待奉过的王国……遭到放逐而前来追随他的法师也与日俱增。

（4）角色游戏化属性。

除了角色本身的基础设定之外，与游戏玩法结合的其他设定也是角色设计中非常重要的内容，我们将其统称为"角色游戏化属性"，即角色拥有的可以直接在游戏内体现的一种角色属性，最常见的有能力属性等。

每类游戏都对角色游戏化属性有其品类下的具体要求，但对创作者而言，无论何种游戏，角色技能设定都是必要内容，因其既与故事层面上的角色人设紧密相关，又与属性克制、战斗表现等具体的玩法机制完美嵌合。

技能（skill）这个词本来泛指有别于"天赋"的，必须耗费时间经由学习、训练才能获得的能力。但是在游戏的角色设定范畴内，我们所说的技能是角色自带的与众不同的能力，不管是天生的还是后天习得的，都被涵盖在技能的语义范围之内。以《刀塔2》[①] 中的角色莉娜为例，其

---

① 《刀塔2》（*Dota 2*），是由美国维尔福公司（Valve）研发的多人在线战斗竞技类游戏。

技能设定与整体背景故事就结合紧密、相得益彰。莉娜童年时因为与妹妹争斗造成了巨大破坏而被送至燃烧沙漠，这灼热的纷争之国使其火爆奔放的性格越发外显，那带着火焰的"龙破斩"，以及随着每次施法不断提升的攻击和移动速度，都和这个与火息息相关的少女如此相称，因此莉娜被玩家亲切地称为"火女"。只有角色的技能与人设完善嵌合，才能使角色在故事和游戏两个维度上真正站立起来。对于创作者而言，这是电子游戏角色与传统故事中的角色的重要区别，创作者在设计时必须仔细思考。

## 四、写作训练

### 1. 故事策划

选择一款自己喜欢的游戏，化身创作者，试着去撰写它的故事策划案，其中游戏代号可自行原创，而游戏品类、游戏题材与受众、核心概念、激励事件等可以按照既有游戏内容进行拆解还原。

### 2. 拆解世界观

拆解一款游戏的世界观框架，无须展开描述，结构完整符合范式即可。

### 3. 设计游戏角色

设计一个角色，包含角色基础信息、角色标签、角色背景故事、角色游戏化属性四大模块，要求角色背景故事控制在 500 字之内，以外显文本标准进行设计。

欢迎把练习发布在本教材配套的交流圈子（见后折口），和更多人分享你的作品。

【延展阅读】

一、推荐书目

1. 卡尔，白金汉，伯恩，等. 电脑游戏：文本、叙事与游戏. 北京：北京大学出版社，2015.

2. 布劳特. 游戏故事写作. 许道军，孙小洋，译. 北京：中国人民大学出版社，2023.

3. 佐佐木智广. 游戏剧本怎么写：游戏编剧新手的入门指南. 支鹏浩，译. 北京：人民邮电出版社，2018.

二、补充阅读

请扫描下方二维码，进入"《大学创意写作（第二版）》各章补充阅读资料"栏目，进一步练习电子游戏剧本创作。

# 第二节　剧本杀剧本

## 一、文体界说

剧本杀是一种新近兴起的角色扮演类剧情游戏，很受年轻人青睐。它结合游戏与戏剧，囊括扮演、推理、互动等元素，兼具趣味性、沉浸式体验和社交功能，成为当下颇为流行的一项线上线下娱乐活动。凭借受众的支持，剧本杀凸显出别具一格的商业价值，并在迅速扩张中占据了文创产业的一块版图。

参与剧本杀的玩家每人拥有一个专属于自己角色的人物剧本，但玩家不仅要阅读剧本，还要根据剧本像演员一样表演，并完成剧本分配给他们的任务。所以究其根本，剧本杀是一种以文字剧本为指导，以玩家真人角色扮演为主要形式，以逻辑推理/真相还原为核心思维，兼以阵营对抗、益智、情感联结等拓展行为实现社交与娱乐的新型游戏。

由于上述性质，创作剧本杀剧本应包含以下几方面内容。

### 1. 人物剧本

剧本杀通常由多份人物剧本组成。区别于传统剧本，剧本杀的人物剧本常以第二人称段落式的文本呈现，某种意义上，更接近于叙事视角聚焦于单一人物的微小说。但之所以称其为"剧本"，是因为这些"小说"文字具有剧本的指示功能。玩家在阅读完文本后，将以此为依据扮演故事中的人物。但与专业演员有所不同，玩家阅读的不是对话，也不用按照台词进行表演，而是要将人物性格与经历内化后，即兴表演。

为了方便玩家迅速进入情境并开始游戏，人物剧本必须包含这些要素：起始/聚集事件、核心事件、背景事件和玩家任务。前三项侧重于剧本中的故事叙述，玩家任务作为行动指令和游戏目标指导玩家在后续的讨论和互动环节中的行动。

由于当下的剧本杀多以"阅读剧本—交流互动（圆桌讨论、搜证、推凶、复盘、小游戏等）"作为主要形式，剧本基本以多幕式呈现，每一分幕中的剧本内容常因剧本杀品类的不同而各有偏重，具体将在后文详细展开。

### 2. 组织者手册

组织者手册，顾名思义是一份面向组织者的说明文档。组织者（DM）即剧本杀中的主持人，负责全盘掌控游戏局势，保障游戏顺利进行，并使每一位玩家都能获得优质的游戏体验。作为剧本杀中的带路人，DM 的专业程度往往决定了这场游戏的成败，为了使其真正如"上帝"一般知晓并掌控一切，组织者手册势必要囊括剧本杀的所有信息，包括但不限于故事介绍、游戏流程、故事复盘、推理复盘、小剧场等，堪称剧本杀的百科全书。

### 3. 配套副文本

作为成熟的商品，除了上述两类文本之外，一个成型并能被投入经营的剧本杀还必须配套相应的辅助性文本。从媒介维度划分，配套副文本包含图片、音乐、视频等；从种类划分，配套副文本包括但不限于游戏外封文案（游戏名、标语等）、游戏内封文案（背景介绍、人物介绍）、线索/道具卡、实景道具、音频（背景音乐、旁白、人物音频等）、视频等。这些配套副文本辅助人物剧本和组织者手册，共同构成剧本杀剧本，旨在从视听、演绎等层面全方位打造一个虚拟的世界，让玩家在其中尽情扮演，收获沉浸式的游戏体验。

## 二、文体特征

### 1. 多重的故事设计与繁复的叙事技巧

同样是由玩家扮演角色，区别于角色扮演类游戏，剧本杀的重点始终是描述故事而非塑造角色。正因如此，剧本杀的第一大特征便落在其叙事的复杂性上，具体体现为多重的故事设计与繁复的叙事技巧。

先说故事设计，剧本杀的故事不是单一的，而是由一组互相勾连的事件链组成。哪怕最精简的本子，也必定具备背景事件、起始/聚集事件与核心事件三个基础元素。

作为玩家进入游戏最先阅读的文本，背景事件通常起到让玩家迅速进入游戏状态的作用：明确角色定位、树立人物目标、建立行动逻辑、厘清人际关系、梳理事件脉络等。因此，背景事件包含人物的童年经历、成长经历、人物间的关系等信息。背景事件的设计最为灵活机动，由于剧本品类不同，其所涉及的内容和篇幅也不尽相同。在一些创新的剧本杀中，背景事件未必出现在最前面，甚至作为需要被还原的真相而被故意隐藏。但无论如何，背景事件作为人物站立的基座和故事发生的土壤，在剧本杀的创作中不可缺失。

起始/聚集事件是促使玩家从"阅读"到"互动"的一个过渡事件，顾名思义，它需要让角色主动或被动地聚集在一起。在早期较为传统的剧本杀中，起始/聚集事件基本依循推理小说中经典的"暴风雪山庄"模式，即将一群人关在不能与外界联络的密闭空间内集中推凶。但随着剧本杀品类的拓展，推凶不再是唯一的剧本模式，可无论玩家进行何种游戏行为，所有人都必须被某一事件召集在一个时空之内，而剧本中的某一角色或者DM将承担起召集的责任。

在绝大多数的剧本杀中，核心事件是"凶杀案"，这是因为剧本杀起源于西方的推理游戏。据考证，最早的剧本杀是根据英国发生的一桩谋杀案——"乡间别墅谋杀案"（Road Hill House Murders）改编的，因其剧本中含有实实在在的"谋杀案"，所以这类游戏被称作"谋杀之谜游戏"。作为故事中既定的事实，凶杀案在剧本杀中是当之无愧的核心事件，所有游戏行为都以其为起点而出发，玩家需要做的是寻找凶手残留的信息，进行整合与推理，最后找到凶手。当然，剧本杀发展至今，"凶杀案"已不再是必需元素，但"推理/还原"这一思维却仍然是剧本杀的基石，任何一个剧本杀的核心事件，其故事逻辑都不外乎此。值得注意的是，与传统小说或文学剧本不同，剧本杀中的核心事件并非由创作者全权撰写的，而是由玩家在游戏中的演绎和即兴发挥共创的，创作者需要提供的仅仅是一个核心事件的框架，诸如"找出真凶""复原记忆"，其实现细节则由各位玩家的游戏过程来填充。

以上三种事件在任何一个剧本杀中都必不可少，除此之外，剧本杀还需要在叙事技巧上下苦功夫。由于推理/还原是所有剧本杀的故事逻辑，剧本杀的剧本应如推理小说一般，将叙述作为一种"诡计"，通过信息的隐瞒、颠倒来误导读者。

剧本杀的剧本是以多个人物剧本构成的，得天独厚的限制视角天然为叙事增加了难度，但仅仅如此还不够，创作者仍需要利用语言的多样性、玩家的惯性思维、文本呈现的顺序来将叙事变得更加复杂。《来电》[1]中，创作者利用人的阅读惯性干扰玩家获得真相；《红黑馆事件》[2]中，不仅与行凶相关的内容在剧本中毫无呈现，创作者还通过改名、模糊年龄、更改幕序等叙述性诡计诱导玩家获得错误的信息，向玩家隐瞒真实的人物关系。由于剧本杀玩家的核心诉求便是推理，剧本创作中绝不会拒绝任何能够为推理增加难度的叙事技巧。而为了丰富玩家的游戏体验，满足部分硬核玩家的挑战需求，叙事越来越与超现实设定或机制耦合。

### 2. 新颖的设定与严密的机制

剧本杀本质上是一种游戏。游戏具有在日常生活之外、拥有一定规则、有确定的目标获取、玩家互动等特点。[3] 因此，作为游戏，剧本杀在完成上述故事设计和叙事设计之外，还需进行游戏设计。既然如此，设定和机制就不可或缺。

早期几乎所有剧本杀的游戏行为都是推理（追凶、还原等），但随着剧本杀在国内市场日渐发展，简单的本子逐渐无法满足玩家需求。醉心

---

[1] 《来电》：萝卜著，剧堆出品发行。
[2] 《红黑馆事件》：洋葱著，致标哥哥出品发行。
[3] 关萍萍. 互动媒介论：电子游戏多重互动与叙事模式. 杭州：浙江大学，2010.

于剧本杀的人不同于纯粹的文学作品阅读者或演员,他们的核心诉求便是游戏,规则越复杂、推理越艰难、游戏越天马行空越好。伴随着玩家对"烧脑"和"幻想"日益增长的渴望,在设定和机制上下功夫便成为剧本杀创作者的突破口。

如今市面上优秀的剧本杀,鲜有纯粹的现实推理本,异想天开的设定和复杂的规则/机制愈发成为剧本创作中的亮点。作为所有故事设计的先行条件,玩法在剧本设计的最初阶段就要确定,先有设定,再有故事,先有机制,再有行动。如今,剧本杀市场竞争日趋激烈,谁的设定最新颖、机制最严密,谁就能够杀出重围。《木夕僧之戏》①中的"化灵阵法"、《周公游记》②中的"周公仪"、《年轮》③中的"祸斗"、《虚构推理》④中的"饕餮之宴"、《汇通天下》⑤中的"赚钱"等都是相当优秀的案例,在此不再逐一展开讲解。

### 3. 社交引导与沉浸演绎

剧本杀既是剧本又是游戏,但其之所以既能在传统的戏剧花园中结出新果,又能在庞大的游戏市场中异军突起,均是因为它满足了玩家社交和沉浸式体验的需要。所以对于剧本杀创作者而言,在剧本中尤其需要建立社交的引导并保障玩家的沉浸式体验,只有这样,才能最大限度地体现剧本杀的魅力。

任何一场剧本杀都少不了社交环节,最基本的社交行为体现在衔接幕与幕的"圆桌讨论"上,玩家必须与其他玩家对话交谈才能推进游戏。一场游戏中,通常有多次"圆桌讨论",玩家通过"公聊"了解彼此的故事,完成自己的任务,推出真凶或还原事件真相,最终获得故事的结局,并对整场游戏进行复盘。除此之外,少数人之间随时进行的"私聊"在

---

① 《木夕僧之戏》:家巧儿著,西安蛛丝马迹发行。
② 《周公游记》:小乔著,妄想剧场发行。
③ 《年轮》:王鑫、峣然著,天津剧盟侦探推理社发行。
④ 《虚构推理》:火舞猫、顾仁著,曼彻斯特书局发行。
⑤ 《汇通天下》:玖柒生著,探案笔记出品发行。

剧本杀中大量存在。玩家之间通过充分交流，从而获得情报、完成任务、取得最终的胜利。游戏中，玩家们被角色之间的爱恨情仇紧紧联系在一起，在频繁的互动中拉近了彼此的距离，从而达到社交团建的效果。

随着游戏剧本种类的拓展，一些以社交作为主要任务的本子应运而生，包括但不限于所谓的欢乐本、团建本、喝酒本等。在这些剧本杀游戏中，推理仅占很小一部分内容，推理环节的难度也很低，剧情为社交服务，创作者在设计剧本时首先需要充分考虑玩家的互动行为，如以"喝酒"等形式倒逼玩家进行互动娱乐，从而达到社交的主要目的。

此外，沉浸式体验也是剧本杀必须具备的要素。如果想把作品做得更完美和立体，创作者就需要与实体店家和 DM 联手，为玩家建构一个五感交融的"新世界"，这要求创作者在创作时必须考虑到文字之外的内容。视觉和触觉可以通过玩家变装、实景道具甚至房间装潢得以实现，听觉则需要丰富的背景音乐和人物音频来建构。针对一些追求极致沉浸体验的剧本，店家甚至会运用实体食物来满足玩家味觉和嗅觉的体验。如《金陵有座东君书院》[1] 中，烤鸭是剧本中串联玩家儿时美好回忆的食物，在剧情推进到大家一起吃烤鸭的环节时，用心的店家会提前准备好烤鸭，让玩家通过味觉深度代入剧情之中；在《小吊梨汤》[2] 中，每个玩家拿到的角色都对应小吊梨汤中的食材，玩家经历完小时候的美好和长大后的种种悲欢离合，会在结尾时喝开头大家一起煮的小吊梨汤，来达到情感的升华。诸如此类，都需要创作者在设计时提前构思，旨在创作出充分考虑五感，将实体与剧情完美结合的剧本，以增强玩家的沉浸代入感，优化游戏体验。

## 三、写作要点

### 1. 剧本类型主导一切

与电子游戏剧情相同，剧本杀的类型直接影响其故事设计。根据不

---

[1] 《金陵有座东君书院》：十四先生、申老师、铁头阿土著，LARP 工作室发行。
[2] 《小吊梨汤》：火星蛋壳著，时间裂缝发行。

同的维度，我们可以将剧本杀分为不同的类型。根据是否使用超自然元素，可以分为本格本、变格本与杂糅衍生的新变格本；根据玩家体验，可以分为硬核推理本、情感本与氛围本；根据结局，可以分为开放本与封闭本；根据题材，可以分为古代架空本、武侠本、民国本、都市恋爱本、科幻本、魔幻本等；根据发行和授权范围，可以分为盒装本、城市限定本、独家本。

对于创作者而言，最值得借鉴的分类方式是根据游戏玩法划分，具体为：硬核推理本（原始类型）、故事还原本（推理类的衍生）、情感沉浸本、阵营本、机制本与主打情怀与情绪的氛围本。

剧本杀的类型不同，对应的创作方法也不尽相同，根据不同的玩法、流程、组织形式和玩家需求，其内容创作各有侧重。

硬核推理本的核心便是设计一场完美的凶杀案，创作者在设计时无法避开对核心诡计的设计：神乎其神的密室杀人和天衣无缝的不在场证明是反复被思考和拓展的两个目标。虽然浩瀚无垠的推理小说宇宙足以为创作者提供取之不尽的素材，但创作者仍需努力站在巨人的肩膀上进行突破，而引入神明、妖怪、超自然设定、科幻概念等便成为一条创新的路径，在当下的剧本杀创作中被不断使用。

对于故事还原本而言，剧本设计的重点必然是情节的拆分与遮蔽。也就是说，整个故事并不会直接呈现在玩家面前，而是需要玩家破解叙事、重构事件，在游戏中"获得"故事。"失忆"通常是该类剧本中最常见的设定，而和故事真相关联的各类信息，需要创作者在每一幕的剧本中有节奏地逐一投放。

情感沉浸本的核心是通过沉浸式演绎让玩家体验爱恨情仇等情感，因此人物的塑造便尤为重要。打造一个能使玩家共情的角色是情感沉浸本成功的关键，因此创作者在写作时必须充分考虑当代年轻人的思维方式，贴合他们的生活与喜好，与时俱进，投其所好。另外，为了在短时间内将情感体验推向极致，死亡尤其是意外致死是常用的创作手段之一。在所有类型的剧本杀中，情感沉浸本是对写作能力要求最高的类型，情节的转折、读者情绪的调动、细腻的描摹与真挚的情感缺一不可。

阵营本要求创作者必须设计不同阵营的比拼与竞技，泾渭分明的阵营设置和明确的胜负是其创作的重点。在这一类型中，谍战故事有着得天独厚的优势。

机制本的设计永远以玩法为重，复杂且严密的游戏规则和清晰易结算的判定规则需要创作者耗费大量的心血。好在市面上有大量优秀成熟的桌游，现成的游戏规则为入门创作者提供了丰富的改编素材。而对于进阶创作者而言，对新玩法的创造永不停歇。现今成熟的机制本中，创新玩法多分为"打斗"与"完成任务"两大类，可供创作者研习参考。无论如何，设计机制本时，创作者都应该将"玩家如何开展游戏"和"游戏如何统计结果"写得清楚明白。

氛围本作为一个杂类，其创作方法多种多样：欢乐本中可以加入各种搞笑段子和趣味梗，恐怖本中可以设置阴森诡异的场景布置和吓人的非玩家角色（NPC），哭哭本主打对玩家情绪的压抑和爆发的引导，情怀本则注重文化符号的提炼。

值得注意的是，在实际创作中，以上类型通常不会全然独立存在，兼类现象时常存在，而创作者需要做的，便是明确重点，各采所长。

### 2. 先有世界观再有故事

世界观是剧本杀中所有故事设计的前提与基础，无论本格本还是变格本、现实抑或架空，任何一个本子中的世界都借鉴现实世界，有着专属于自己的世界观。正式创作故事之前，撰写世界观设定不可跳过。

剧本杀与电子游戏的世界观设定有所不同，由于剧本杀往往由写作者"独立设计"，而剧本故事往往有明确的"完结"，剧本杀的世界观不需要兼具通识性和延展性，它更精简，也与故事更近。但无论长短，剧本杀的世界观都必须涵盖世界存在的时空和世界运行的逻辑。

时空具体分为"时间"和"空间"。

创作者在确定"时间"时，需要同时确定较长的"时段"与游戏当下的"时刻"。历史架空剧本的时段可以是历史上的任意一个朝代，如《金陵有座东君书院》将时段设定在了南唐，《鸢飞戾天》①将时段设定在了宋朝。依托真实历史事件的民国本，时段则更为具体，比如《兵临城下》②将时段设定在 1937 年抗日战争时期，《刀鞘》③将时段设定在 1948 年解放战争时期。发生在现代的剧本通常不需要赘述时段，而完全架空的剧本如《龙宴》④和《龙宴 2：旱城》⑤中的"李氏王朝"等则需要一个相对完整的编年史以供故事展开。"时刻"即当下，即聚集事件发生的时间，它不一定是故事的开头，却是剧本的开端。

剧本杀世界观中的"空间"，即故事发生的"舞台"，既可以借鉴历史进行原创，又可以直接选取真实存在的有代表性和特殊意义的地点。而对于变格本而言，地点的设计可以彻底天马行空，构建纯虚拟的空间，创作者甚至可以直接利用空间设计制造核心诡计。

剧本杀世界观中的世界运行的逻辑，在设计中可以是核心概念的设定，也可以是世界规则的制定，它们往往是超现实的变格剧本的设计重点。《周公游记》中的核心概念"周公仪"通过梦境与记忆主宰所有故事的进行。《雾鸦馆》⑥的规则为："在浓雾天气中遇害的人，会化作冤魂（雾魇），在梦境中追杀自己所认为的凶手。"因此玩家在游戏时需要根据剧情仔细辨认其他玩家是"活人"还是"鬼魂"，才能推理出真正的凶手。可以说，核心概念和规则是整个世界运行的动力，世界因它们而存在，又必须在它们的框架下运行。

世界运行的逻辑有时作为明牌，直接决定玩家的游戏行为，甚至成为一种游戏机制；有时则隐藏在文本之下，作为核心诡计的一环，留待玩家挖掘。但无论明暗，它都是剧本杀中所有故事的运行参照。

---

① 《鸢飞戾天》：樊兔著，慢热 TUO 工作室发行。
② 《兵临城下》：猫斯图、逆火著，老玉米联合工作室发行。
③ 《刀鞘》：老玉米著，老玉米联合工作室发行。
④ 《龙宴》：论真著，黑马剧制发行。
⑤ 《龙宴 2：旱城》：论真著，黑马剧制发行。
⑥ 《雾鸦馆》：密室卿、卧珑著，灰烬工作室发行。

### 3. 人人平等且人物生态错综复杂

只要有故事，就会有人物。与所有承载故事的文学艺术载体不同，剧本杀中的人物必须"人人平等"。这种平等并非指人格或地位上的平等，而是指他们的设计比重必须平等，体现在游戏中，最直观的便是人物剧本的篇幅、人物在故事中的重要程度、人物在剧情中的戏份都要大体相等。

"人人平等"的根本原因是剧本杀是一个同时售卖给多人的商品，需要保证每一位消费者都相对公平地获得等额体验。合格的剧本杀必须保证每一位玩家都有充分的参与感，这要求创作者在设计人物时要尽量避免设计"路人"这类边缘角色，最好人人都是主角。

创作者必须平等地为每一个人物做好设定，包括人物的年龄、性别、社会身份、性格特质、家庭背景、社会关系等多个方面，但这还远远不够。

通常一个故事中只有一至二个主角，实现"人人是主角"的捷径之一便是创作者化身"黑泽明"，用罗生门模式来创作剧本。罗生门模式即将一个故事分为多个切面，每个人物主导一个切面，但又通过一个接口贴合在一起。上文已经明确剧本杀的故事有一个天然接口——起始/聚集事件，可仅凭这样一个关联，根本无法支撑游戏中大比重的推理，因此剧本杀中的人物必须遵循"今天我们齐聚在此，但在此之前我们并非平行"的原则。

剧本杀中的人物与人物必须互相关联。就像一个多面棱锥，尖顶汇聚点即起始/聚集事件，每一面即相对独立的人物剧本，但在棱锥内部却有数不清的连接线，构成错综复杂的人物生态与事件网。只有这样，这个故事才不会单薄空心，而有沉甸甸的分量。

要构建错综复杂的人物生态，可以从设计一个互相勾连的人物关系开始，也可以从设计每个人物的背景事件着手。每个人物都有其专属的背景，人物的原生家庭、成长经历、学历、信仰、梦想/愿望、创伤经历等不尽相同。剧本杀的人物创作不需要涵盖各个方面，只要选取一两个方面进行细节设计，并在相关事件中放入至少一个其他人物，便能够迅速建立人物生态。

但这仍然不够，除了建立错综复杂的人物生态，剧本杀的创作者还必须保证生态的活跃，这是戏剧的张力，也是故事的活力。因此，创造不和谐的人物关系同样必要，创作者可以在人物之间制造矛盾与冲突，也可以为人物设置不同的立场、动机、目标、观念等。

### 4. 倒推式的创作

以上三点，都是从故事设计的层面讲的，而剧本杀剧本既然是文艺作品，新奇精彩的故事与精美巧妙的叙事技巧犹如硬币的正反面，缺一不可。精美巧妙的叙事技巧支撑起了剧本杀的可玩性，而叙述性诡计则是剧本杀创作的重中之重，包括但不限于信息的分拆、遮蔽、误导。对于创作者来说，绝大多数的剧本杀剧本写作是一种倒推式的创作。

故事通常从头到尾进行顺序设计，但在创作面向玩家的剧本杀剧本时，却要倒换视角，从结尾写起。每个剧本杀都是一场解谜游戏，谜底是事情的真相，是玩家最后推理出来的结果，谜面则是呈现在玩家眼前的直观现场，包括人物剧本和线索/道具卡等副文本。从谜面走向谜底，需要创作者为玩家建起一座桥，这座桥通常由多且分散的信息点组成。

对于玩家而言，搜集信息、整合信息，才能通向结局；对于创作者而言，分拆信息、投放信息，则是创作的开端，这个创作并不是指最高维度的故事创作，而是更落地的剧本写作。

一般来说，在动笔写作剧本之前，创作者已经完成了故事、世界观和人物的设计，那接下来，不妨将以上三块内容中所有与游戏结局/真相相关的信息点逐一罗列。例如，在以凶杀案为核心事件的推理本中，"找出凶手"是游戏的结局，那么与"谁是凶手"这一真相关联的信息就有：作案时间、作案工具、作案动机、作案方法等大信息，大信息又可以进一步被拆解成更为具体的小信息。事实越复杂，可拆解的信息点就越多，信息的层次就越多，因而玩家推理的空间就越大，游戏体验也就越好。

完成信息拆解后，创作者可以将它们按照序号排列，有意识地分散到人物剧本和线索/道具卡中，并均匀地分配在每一幕之中。不仅如此，为了加大难度，创作者还可以在其中混入大量的虚假信息以干扰玩家推理。

故事设计的结尾，便是剧本写作的开端，而实现这种倒推，离不开对信息的拆解、混淆与投放。创作者要平衡游戏带给玩家的挑战性和挫败感，使游戏既要烧脑，又要露出马脚。这是一门真正的艺术，需要创作者反复摸索和调试，而市面上优秀的作品是最好的研习教材。

## 四、写作训练

### 1. 提炼行凶信息

请选择一本包含凶杀案的推理小说，将凶手行凶的一切信息都提炼出来，包括但不限于作案时间、作案工具、作案动机、作案方法。

### 2. 提炼结局信息

请选择一个你喜欢的剧本杀，将与结局相关的信息罗列出来并标明其出现的位置。

### 3. 剧本创作

请选择一个剧本杀品类进行创作尝试，从世界观开始，为之设计时间、空间与世界运行的逻辑。

### 4. 人物设计

尝试为你的剧本设计五个人物，他们至少分属两个阵营，请为其构建一个人物关系网。之后，找出每个人物的目标，并让他们行动起来。最后，设计一个聚集事件来中断所有人的行动，并使大家聚集。

欢迎把练习发布在本教材配套的交流圈子（见后折口），和更多人分享你的作品。

## 【延展阅读】

一、推荐书目

1. 王曦，杜红军. 剧本杀写作入门. 北京：中国人民大学出版社，2022.

2. 田大安. 剧本杀：角色、故事、交互性及沉浸体验. 杭州：浙江大学出版社，2023.

3. 许道军，刘庄婉婷，罗兰荟子. 剧本杀：玩法与写法. 北京：中国人民大学出版社，2024.

# 第七章 微短剧剧本与短视频脚本

- ◆ 第一节　微短剧剧本
- ◆ 第二节　短视频脚本

随着移动互联网的飞速发展和智能终端的不断普及，微短剧（也称短剧）与短视频作为新兴的内容形式，满足了人们碎片化、丰富性、互动性和创意性的阅读与观看需求，越来越成为大众文化娱乐生活的重要组成部分。

从剧作角度看，微短剧与短视频（特指具有明确主题和故事性的）在文体特征上有诸多相同之处：二者均突破了以往影视剧（包括电影、电视剧、网剧、网络大电影等）的时长限制，能够在较短的时间内传达故事情节或创意点；更加注重剧情的精练、人物的鲜明和节奏的控制；更加强调创意性、视觉化表达以及情感共鸣；具有互动性和社交性，以及跨平台传播的灵活性。

从创作上说，微短剧剧本与短视频脚本的创作相辅相成、互为借鉴：前者完整的故事情节、角色设定和场景描述，可以为后者提供灵感和内容参考；后者的丰富性、灵活性和创意性，能够为前者提供更多新的类型题材、视觉风格、创意点、故事情节以及节奏感。

但是，总体而言，二者还是有着一定的区别，分属于两种不同的剧作范畴，在文体特征和写作上均有自身独特的要求。学习和对比二者，既能够深入理解它们各自的本质属性，提升创作技能；又能更好地实现二者的相互转化，拓展创作空间。

# 第一节　微短剧剧本

## 一、文体界说

微短剧剧本是移动互联网时代的一种新型内容形式，界定其概念需要充分了解并结合微短剧的概念及内涵。2020年12月，国家广播电视总局发布的《关于网络影视剧中微短剧内容审核有关问题的通知》明确指出，"微短剧"是网络影视剧中，单集时长不足10分钟的剧集作品。其内涵为：具有影视剧节目形态特点和剧情、表演等元素，有相对明确的主题，用较专业的手法摄制的系列网络原创视听节目。

结合国内相关学者对微短剧的研究，我们尝试将微短剧定义为：机构或个人小规模制作，单集时长一般控制在10分钟以内，有剧本并符合一般剧集拍摄制作逻辑的一种网络影视新类目；它主要有单元剧和连续剧两种形式；一般基于PC端和移动端传播，分横屏和竖屏两种观看形式。基于此，我们可以将微短剧剧本定义为：为微短剧而创作，时长一般在10分钟之内，具有独立的故事情节和主题，并符合移动互联网观众的观看习惯和需求的剧集作品形式。

## 二、文体特征

由于微短剧剧本是一种新的剧集作品形式，我们分析其文体特征，需要与以往的荧屏电视剧和网络电视剧做对比。对比可知，微短剧剧本具有以下文体特征。

### 1. 形态短小，内容精悍

荧屏电视剧即人们常说的电视剧，又称剧集、电视戏剧节目或电视系列剧，是一种适应荧屏、专由电视播映或兼顾网络视频平台播映的戏剧样态。电视剧篇幅和时长较长，通常有几十集甚至上百集，每集约 40 分钟左右。因此，电视剧剧本通常具有主题宏大、剧情复杂、结构完整、人物众多、主线和副线繁多等特点，例如《三国演义》《人民的名义》《狂飙》等。网络电视剧，又称网剧、网络剧，是专门为网络观众制作的，通过互联网播放的网络连续剧，其篇幅和时长相对较短，一般为几集到二十几集，每集约 20 分钟至 1 小时不等，也有超过 1 小时的。相对于电视剧剧本，网剧剧本的风格更加鲜明，故事脉络清晰，内容相对集中，人物较少，注重强情节和快节奏，给人一种欲罢不能的追剧体验，例如《我是余欢水》《龙岭迷窟》《漫长的季节》等。

微短剧是影视消费"短平快"的产物，相较于电视剧和网剧，其形态更加短小，内容更加精悍，情节高度精练，每分钟可能有多个看点；少则数集，多则上百集，一般在 30 集以内，每集大约 1～10 分钟。例如，微短剧《逃出大英博物馆》仅 3 集，总时长不到 20 分钟，却能通过男女主人公的异国相遇，展现一个"文物冒险回国"的感人故事，体现了家国情怀。

### 2. 叙事结构紧凑

在叙事结构上，电视剧剧本通常采用多线叙事的方式，围绕一个或多个核心主题展开。通过构建复杂的人物关系和情节冲突，电视剧剧本能够在较长的时间内深入挖掘和探讨主题，为观众带来深刻而丰富的观剧体验。例如，电视剧《三国演义》叙事涉及多个势力的冲突和角逐，巧妙地融合了历史、战争、人性等多个主题，通过丰富的情节和人物塑造，展现了三国时期波澜壮阔的历史画卷。网剧剧本则通常采用单线叙事的方式，注重主题的集中、情节的紧凑和连贯。例如，《我是余欢水》集中刻画了一个平凡的中年男人的日常生活，探讨了一个宏大、深刻的命题——你是否敢于突破自己，对抗命运？该剧节奏感很强，叙事一环扣一环，小冲突不断，大高潮精彩，是小人物逆袭题材剧类型化的成功尝试。

由于篇幅和时长的限制，微短剧剧本在叙事上必须高效而精准，不但要注重单线叙事、主题集中和包袱密集，而且要确保每集都有明确的主题和情节高潮，贴近当下碎片化观剧的需求。以国内首部尝试跨屏分发的微短剧《做梦吧！晶晶》为例，该剧平均 5 分钟一集，每集女主人公都会遇到一个"男友"，后半段反转强烈，笑点密集，如"大叔男友"的反偶像剧套路——穿全套红秋衣秋裤、戴假发掩饰秃顶，"锦鲤男友"居然是乌鸦嘴，"吃货男友"出品尽是黑暗料理……该剧在较短的时间内设置剧情和塑造人物形象，减弱剧集间的连续性，做到了每一集都有反转。

### 3. 人物个性极度鲜明

人物是剧本的灵魂。人物个性的塑造决定了剧本的生动性和吸引力。

电视剧和网剧通常有更长的播放时间和更为复杂的剧情，因此，编剧在塑造人物时，往往有充足的空间去交代人物的过去、内心世界和成长经历，更从容地展现人物的发展和情感变化。这使其人物往往个性鲜明，而且具有层次感与复杂性，如电视剧《水浒传》中的宋江和林冲，他们既有行侠仗义、疾恶如仇的鲜明个性，又有迂腐懦弱、内心矛盾的复杂性。相比于电视剧，网剧由于结构简单、节奏快，需要格外突出人物性格的标志性特点。如《漫长的季节》虽然刻画了王响和龚彪善良、勇敢、隐忍、偏执的多面性，但是主要通过他们幽默、豪爽、爱面子的大男子主义个性来吸引观众。而微短剧由于时长和篇幅的限制，在人物塑造时，难以展开复杂的心理描摹、刻画多重的人物性格，因此微短剧的人物个性往往极度鲜明，呈现出漫画式、脸谱化和夸张化的倾向。如常见的土味霸总、复仇人妻、恶毒婆婆、废物女婿、富家少爷、"绿茶"闺蜜等人设标签。

### 4. 台词高度戏剧化

台词是剧本生命力的源泉。精心打磨的台词能够赋予人物鲜明的个性，展现其复杂的情感世界，并推动剧情发展。

电视剧通过台词来展示人物之间的情感、人物的心理活动，吸引观众的注意力并推动剧情发展。网剧台词相对简洁明了，能够在短时间内展现人物的性格特点，推动情感和剧情发展，以激发观众的追剧兴趣并引发共鸣。微短剧通常以一个核心情节为主线，围绕着一个中心冲突展开，情节发展紧凑，不拖沓，因此形成了高度戏剧化的台词特征。具体表现如下：

一是快人快语，迅疾且密集的独白可以极有效率地交代背景和情节。例如微短剧《万万没想到》，每一集的开场白是主角王大锤闪电般的自我人设交代和疾风般的故事背景介绍：

  我叫王大锤，是只可爱的小妖怪，平时爱扶老妖精过马路什么的。今天要采草药给妈妈治病。听说唐僧一行人终于取经成功，我真的好开心。再也不用担心被孙悟空殴打了……等一下！那不是孙悟空和唐僧吗？！

二是唇枪舌剑，对手戏里极刻意的言语交锋可以推进或回溯剧情。例如《律政奶爸》中，律师郝言和幼儿园老师安美的情感故事几乎全部靠三两个人的对话组织起来。如第一集一开场：

**律师事务所大楼前　日　外**
  幼儿园老师安美为一打离婚官司的女人打抱不平，律师郝言径直走进闹事的人群。女人小声地向安美介绍郝言的身份。
  安美：郝律师？呸！王八蛋律师还差不多。
  郝言：聚众哄闹型寻衅滋事，判处五年以下有期徒刑，拘役或者管制……我的当事人有抚养孩子的意愿和经济能力，可以提供孩子的生活、教育等开支，抚养权归属无可争议。
  安美：她十年没工作还不是为了照顾家里？
  郝言：提出调解是为了您好，真的开庭，我有九成以上的把握胜诉。还有，请你们尽快离开。否则我有权提出名誉权损失。
  安美：你这么冷血，永远都不会成为一个好律师的！

三是夸张渲染，流行语的大量嵌入、语气助词的随机堆砌、对白腔调的抑扬顿挫，让人物语言颇有日常气息与民间味道。此类微短剧台词比比皆是，比如下面这些台词，是不是很熟悉，很有画面感：

"扎心了，老铁！"（流行语，表示同情或安慰）

"哎呀妈呀，你这是要逆天啊！"（流行语，表示惊讶）

..........

"咋整的啊？这么倒霉！"（语气助词，抱怨）

"咦惹，有点东西啊！"（语气助词，表示好奇）

..........

角色 A："这事儿吧，你说是他的问题吧也不是，说不是吧也有关系，就挺让人纠结的。"（抑扬顿挫，声音由低到高，节奏由慢到快，表现出角色的矛盾和焦虑）

角色 B："咱就是说，这事儿是不能全怪他，但也不能就这么算了。"（抑扬顿挫，声音由高到低，再由低到高，表现出角色的不满和坚定）

..........

## 三、写作要点

### 1. 选择明确的主题

"主题是电视剧的灵魂，是组织和反映生活的总纲。它将剧作中的人物、情节、细节、结构乃至各种表现手段都统率起来，从而保证剧作在艺术上的完整、和谐、统一。"[1] 主题对于网络微短剧的意义亦是如此。只有主题定位精准，才能够最大限度地吸引目标用户的关注，进而触及其他潜在用户，成为出圈爆款。我们可以从以下几点入手，定位主题。

（1）捕捉社会情绪，引发情感共鸣。

从社会现象、社会话题中提炼的主题，本身就有传播热点，附带大量的情绪色彩，作品中的某个情节不经意间击中大众的情绪痛点，就可能引发涟漪，加速情绪的扩散，使作品流行起来。例如，"开心麻花"进

---

[1] 宋家玲，袁兴旺. 电视剧编剧艺术. 北京：中国广播电视出版社，2002：168.

军微短剧市场的首部作品《亲爱的没想到吧》，以 3 对情侣的日常为切入点，探讨了男女恋爱中 15 个常见的情感话题，受到了广大网友的追捧，在微短剧市场一炮走红。

（2）结合热点，与时俱进。

所谓热点，就是那些能够吸引广大用户关注的话题。当下网络微短剧的平均制作周期为 60 天左右，短则只需一周，成本往往只有几十万元，较之影视剧，它更容易也更愿意追热点。热点一般分为两种：一种是固定热点，比如节假日热点、重大赛事热点；一种是突发性热点，需要创作者多看多听，关注热搜榜，有敏锐的嗅觉，还要有很强的执行力。

（3）传递社会正能量。

正能量的内容符合社会价值导向，官方媒体和播放平台会相应推荐。如果把大情、大义、大我、大爱潜移默化地融入微短剧剧本中，就更可能产生现象级的作品。如 2023 年爆火的《逃出大英博物馆》，以"中国文物回顾"为主题，不仅体现出浓浓的家国情怀，吸引了许多中国观众，而且拟人化手法的采用散发出深厚的人文关怀，打动了不少外国观众。

## 2. 塑造生动的人设

人设，即人物形象设计，编剧通过创作丰满、立体、生动的人物形象，有效地推动故事的发展，加强情绪的渲染，提升剧本的精彩度和魅力指数。对于追求"短平快"的微短剧来说，人设不需要十分丰满立体或复杂，但一定要生动，富有表现力和感染力，这样才能让观众一眼记住，产生情感共鸣。那么，什么样的人设才是生动的人设，如何去塑造人设呢？

（1）塑造有张力的人设。

张力，即人设的强烈表现力、说服力和感染力。在微短剧中，编剧通常通过人物遭遇变故后，性格发生了 180 度的大转变，来打造一个有张力的人设。比如微短剧《妻子的反攻》，女主角白莹莹面对不忠诚的丈夫、有心计的"绿茶"以及极品的婆婆时，从隐忍包容到心灰意冷，再到逆袭反攻的成长抉择，展现出当代女性独立坚忍的性格特质，折射出中年女性对自我的观照和反思，极具张力。

（2）塑造极致化的人设。

极致化的人设，即角色在强情节中具有浓烈爽感，能戳中观众的情绪痛点。说白了，就是放大单点属性，使角色更有辨识度，更能抓住观众的情绪。在微短剧里，极致化的人设大致有这样几类：一是"疯批"，指内心狂野乖张、行事疯狂的人；二是"吸血鬼"，指很作甚至不惜毁掉子女幸福的自私父母；三是"美强惨"，指颜值高、实力强、命运惨的女主角；四是都市情感剧中常见的"绿茶"＋"渣男"＋"海王"三件套。当然，随着微短剧市场的快速发展，极致化的人设很容易千篇一律，使观众产生审美疲劳。对于创作者而言，在人设套路的基础上不断开发新套路，才是持久的创作之道。

### 3. 设置剧情钩子

"钩子"是剧本中能刺激观众感官、拨动他们神经的"兴奋点"，对讲求爽感的微短剧来说尤为重要。那么，微短剧剧本应该如何设置剧情钩子呢？

（1）用矛盾冲突制造钩子。

用典型的矛盾冲突作为钩子，能够快速吸引观众的注意力。例如，微短剧《梅娘传》开篇就通过"反派踩着女主角的脸擦鞋"的场景、女主角被辱的一系列动作，详细再现了从冲突爆发到冲突结束的全过程，生动体现出反派的飞扬跋扈和女主角忍辱负重、坚忍不屈的性格特征，以点带面地表现出女主角在宫中的艰难处境。

（2）用悬念制造钩子。

通常，悬念要贯穿整部微短剧，一个悬念谜底的揭开，便是另一个悬念的开始，这种悬念迭出的氛围会一直延续到作品的结尾。例如，微短剧《别惹白鸽》一开场，何煦在情感互助小组的第一句话就是"我想杀一个人"，这就制造了一个悬念，观众联系她讲的"渣男"苏瑾出轨的事，会猜测她想杀的人是苏瑾，但在该剧的最后几集，才会明白原来她想杀死的是内心"软弱不堪的自我"。

(3) 用细节制造钩子。

真实生动的细节，能够增强剧本的表现力和张力。如人物的一句话、一个眼神，甚至一个微小的动作，都是其心理和性格的反映。微短剧《心跳恋爱》中，男主角对学妹下雨天借雨伞的要求直接拒绝，还以"两点之间，线段最短"为由，让她自己跑回宿舍。但男主角回头看到女主角站在大树下，就不由自主地走上前，撑开雨伞为她挡雨。这个细节充分体现了男主角对女主角的情意，让观众会意：原来这个直男是真的喜欢女主角。

### 4. 运用反转叙事

反转叙事是一种独具特色的叙事风格，它拒绝按照常理出牌，刻意偏离事件原有的发展轨迹，创造出意想不到的情节转折，让观众产生震撼和惊喜。[1] 这符合"网生代"观众的审美与心理需求。那么，微短剧编剧究竟该如何运用反转叙事呢？

(1) 突破惯性思维。

先为观众设置一个预期或常规的思维模式，然后通过情节的反转来颠覆这个预期。比如，抖音博主"莫邪"发布的以职场中的钩心斗角为主题的微短剧情节如下：新来的实习生田小野与另一名实习生，两人只能留下一个；为了得到唯一的转正名额，对方故意删除了田小野重要的工作文档；眼看着田小野就要出局，公司总裁莫邪突然现身，为加班的田小野送来夜宵零食，完成了剧情的第一次反转——原来田小野和莫邪是闺蜜。

田小野转正后，成为总裁助理，观众盼望她在工作上有好的表现，没想到她的第一件工作——挪车就不顺利：挪车时她剐蹭了一辆B字母开头的豪车。观众普遍认为豪车的品牌是宝马，她却说是 Bugatti（布加迪），由此完成了剧情的第二次反转，并为引导观众评论埋下了伏笔。许多认识布加迪的观众在评论区里科普，布加迪是千万元起步的豪车。

---

[1] 林进桃，沈媛媛. 迷你剧《陈翔六点半》：网络短视频的反转叙事与文化审视. 电影评介，2019 (7).

(2) 热点二次加工。

编剧对社会生活中的热点事件或重要素材进行二次加工和改造，为其注入新的社会意蕴，由此实现反转。比如，《陈翔六点半》中《没有智慧的碰撞，哪有套路的放浪》这一集，讲述了被自行车撞伤却反过来讹诈宝马车主的老妇人无理取闹的故事。该剧的反转叙事是通过老妇人一路挣扎着跪爬的慢镜头实现的，在镜头里，老妇人就像被"分身"一样，之前被自行车撞伤不追究责任，可在宝马车主面前却变成面目可憎的"碰瓷党"。

该剧显然是对社会热点"老人摔倒该不该扶"进行了二次加工和改造，一反被撞老人无辜的常规套路，猛然一个反转，引发了观众对当下社会风气的反思。

(3) 注重情节的戏剧性。

编剧应该注重情节的戏剧性，精心设计转折点和发展线索，增强观众的沉浸感，让反转（尤其是结尾反转）更加引人入胜和令人震撼。比如，微短剧《别惹白鸽》精心设计了三个陌生女人（何煦、白鸽、李力）在情感互助小组的相遇和关系发展，以及对情感互助小组创始人米娜身份的猜测——谁是米娜？最后谜底揭晓，谁能想到，她就是何煦的出轨对象苏瑾的原配妻子呢？她一直都是一个知情者，知道何煦的"第三者"身份，白鸽遭受的感情欺骗，李力被女儿同学骚扰……原来她才是整个棋局背后的那只"手"。她看到林明和苏瑾两个"渣男"都可以互相掩护，认为女人也应该找到自己的同盟疗伤自救，就算彼此身处不同阵营，也应守望相助。

总之，反转是一种活的叙事手法，需要活学活用，因为它本身并无太多规律可循。对于微短剧创作者来说，如何充分挖掘反转手法的潜力，灵活运用反转，还有待于实践摸索与总结。

## 四、写作训练

### 1. 构思微短剧

寻找一个最近的社会热点新闻、事件、情绪或趋势，以此构思一个微短剧主题。其中要包括但不限于你想要表达什么、受众是谁、想要达到什么目的。

### 2. 构思熟悉的角色人设

其中要包括但不限于：

（1）姓名、身高、年龄、外貌。

（2）性格、三观、喜好、能力。

（3）出生环境、家庭背景、成长因素、社会地位。

### 3. 观看三部微短剧，分析编剧设置的钩子和反转点

其中钩子包括但不限于矛盾钩子、悬念钩子、细节钩子。

### 4. 实战创作

以上述的热点主题、角色人设、多种钩子、反转等为基础，创作一部微短剧剧本。

欢迎把练习发布在本教材配套的交流圈子（见后折口），和更多人分享你的作品。

## 五、投稿平台

网络微短剧产业链，总体而言是由制作端、渠道端和衍生市场三大部分构成。产业链上游是制作端，即内容提供方，主要有 PGC（专业机构制作的内容）、MCN（多频道网络的产品形态）；产业链中游是渠道端，即内容分发渠道，主要有短视频平台，同时短视频平台的内容有些会进一步分发至传统视频网站、社交平台、电商平台等；产业链下游为衍生市场，即用户和消费。

微短剧编剧主要是向制作端、部分参与制作的渠道端和一些中介平台投稿。当前的投稿平台大致有以下几种：

一是影视公司和 MCN 机构，如柠萌影视、唐人影视、冬漫社等。

二是剧本网站，如华语剧本网、剧本联盟、原创剧本网等。

三是网文网站，如七猫中文网、点众文学网、九州中文网等。

四是剧本大赛，包括各大网站、各大高校的微短剧剧本大赛。

投稿的方式一般有两种：一是先创作再投稿，二是先领任务再创作。投稿的渠道一般也有两种：一是直接通过搜索引擎登录网站页面，获得约稿信息及联系方式；二是通过相关的 QQ 群、微信群、公众号、小红书、网络社区等渠道，获得约稿信息及联系方式。

总之，微短剧剧本投稿的平台、渠道和方式多且庞杂。而因为微短剧剧本内容的市场化要求较高，且有一定的骗稿风险，所以编剧要尽量在写稿或投稿前，就与编辑取得联系，好好沟通，了解最真实的内容需求。

## 【延展阅读】

### 一、推荐书目

1. 宋家玲，袁兴旺. 电视剧编剧艺术. 北京：中国广播电视出版社，2002.

2. 格斯基. 微电影创作：从构思到制作. 刘思，译. 上海：文汇出版社，2002.

3. 刘仕杰. 内容思维：微短剧创作轻松入门. 武汉：华中科技大学出版社，2023.

### 二、补充阅读

请扫描下方二维码，进入"《大学创意写作（第二版）》各章补充阅读资料"栏目，加深对微短剧剧本写作要点的理解。

# 第二节　短视频脚本

## 一、文体界说

短视频是在互联网新媒体上传播的时长 5 分钟以内、多为单元剧、生产流程简单、制作门槛低、参与性强的视频。短视频脚本指为短视频制作提供的文本指导，它包含了短视频中需要呈现的人物、场景、情节、台词等要素。当前，短视频创作已经走向全民化，其内涵和外延极其丰富，形式和内容也五花八门，这使短视频脚本有了以下多种类型。

（1）短视频文案。

文案是短视频行业中的高频热词，很多人将它与脚本混为一谈。短视频文案通常指的是在视频中用到的文字内容，可以是视频中的标题、字幕、解说词等，常用于口播、采访、录屏、拆箱等类型视频，一般缺乏故事性，大多没有情节结构和人物冲突，因此不在本节的研究范畴之内。

（2）提纲脚本。

提纲脚本，可以理解为"流程脚本"。这种脚本需要对拍摄现场可能发生的事情做精准预案，把必要的拍摄内容写成提纲，拍摄人员按步骤执行即可。它包括场景编号、场景内容、时间、人物、独白等，与短视频文案有重合之处，大多用于 Vlog 的拍摄。由于它缺乏故事性且具有内容的随机性，本节亦不将其纳入研究范畴之内。

（3）文学脚本和分镜头脚本。

为了使内容更具针对性，本章所讲的短视频特指具备故事性、有人物、有情节的短视频，即剧情类短视频或短视频段子。剧情类短视频脚本可以分为文学脚本和分镜头脚本。文学脚本是一种呈现故事情节、人物形象和冲突高潮等元素的脚本形式。分镜头脚本是在文学脚本的基础上进行的更加细致的再创作，一般包括镜号、景别、拍摄场地、组接技巧、画面内容、解说词、音乐、备注等，方便拍摄和剪辑。因为短视频制作成本低、周期短，很多创作者身兼编剧、导演、剪辑师数职，再加上现实中很多创作者将文学脚本和分镜头脚本混合创作，所以短视频脚本并没有统一的范式。本章将涉及文学脚本、分镜头脚本及其混合范式。

## 二、文体特征

在移动互联网催生的"故事内容"生态下，剧情类短视频与微短剧可以说是一母同胞，二者在时长、内容和创作方式等方面有诸多相似之处，但在细节和表现形式上又有一些差异。通过对比分析，我们认为短视频脚本具有以下文体特征。

### 1. 内容非常简练

与微短剧相比，剧情类短视频时长更短，一般在几十秒到几分钟之间，最短的只有十几秒甚至几秒钟。因此脚本的内容必须非常简练，能够在有限的字数和时间内准确表现主题和情节，突出人物特点、剧情重点和高潮部分。而微短剧则有更多的时间和空间展现故事情节和人物性格，增强故事的复杂性和立体性。在镜头和台词方面，短视频更要求每一个镜头、每一句台词都必须有明确的目的和意义，能够推动故事的发展或突出主题，以确保观众的注意力始终集中在核心内容上。可参考 15 秒短视频《富二代学车》的脚本，如表 7-1 所示。

表 7-1　　　　　　　　《富二代学车》脚本

| 镜头 | 时长 | 画面和动作 | 台词 | 音乐和音效 |
| --- | --- | --- | --- | --- |
| 1 | 3s | 白天，车在行驶，教练和富二代在车内。教练直勾勾地看着富二代，说 | 你家是不是很有钱？ | 背景音乐轻松 |
| 2 | 4s | 富二代一脸惊讶地看着自己平价的衣服。然后笑了笑，说 | 没有没有，算得上中等家庭吧。 | 背景音乐继续，有些惊讶的音效 |

续前表

| 镜头 | 时长 | 画面和动作 | 台词 | 音乐和音效 |
|---|---|---|---|---|
| 3 | 3s | 富二代看着教练，按捺不住好奇心。眉头紧锁，说 | 怎么看出来的？ | 背景音乐轻松，有些好奇的音效 |
| 4 | 5s | 教练指着马路，冷嘲热讽且愤怒地说 | 你说呢！这么宽的马路，一会儿东，一会儿西，想往哪开就往哪开？ | 背景音乐变得有些幽默，教练愤怒的音效 |

## 2. 结构紧凑明了

剧情类短视频受制于更低的成本和固定的人设，且其受众对连续剧式的剧情存在抵触心理，更喜欢"短平快"的故事和情节，因此，剧情类短视频基本上是单元剧，每一个视频都有一个独立的主题，结构紧凑明了。

通常，一个完整的短视频脚本包括开头、发展、高潮和结尾四个部分。每个部分都应该有明确的目的和意义：开头部分迅速引入主题，吸引观众的注意力；发展部分通过情节和角色的互动来展现主题；高潮部分则是故事的高潮和转折点，能够让观众产生共鸣和情感上的代入；结尾部分对故事情节进行总结和升华，使观众留下深刻的印象。

而实际上，为了"争分夺秒"，抢夺观众的注意力，短视频平台上的剧情结构常常是更加紧凑明了的"三段式"，即开头—高潮—结尾，或者开头—发展—高潮（高潮即结尾）。比如上文讲到的短视频《富二代学车》，镜头1是开始，镜头2和镜头3是发展，镜头4是高潮，视频在高潮部分戛然而止，却并不影响其完整度，因为观众此刻已经体验到了情绪共鸣，也就是幽默爽感，结尾的剧情无论是富二代好好开车，还是用文案总结升华，都不重要了，甚至会显得画蛇添足。

## 3. 注重创意和娱乐性

创意是短视频脚本的核心要素之一，娱乐性是短视频脚本的重要特征之一，短视频脚本的成功往往依赖创意与娱乐性的完美结合。

短视频平台的播放机制，决定了观众只会花几秒钟的时间来决定是否继续观看，因此剧本内容必须要有足够的创意，打破常规，它的主题构思、情节设计、角色塑造和台词创作要新颖、独特，使观众能够产生耳目一新的感觉。此外，短视频还需要幽默有趣，给观众带来欢乐和放松的体验。

例如，抖音博主"冷少"开创性地将王家卫的风格与周星驰的无厘头元素融合，他的短视频里经常会有这样的台词："不是钱不能使你快乐，是你那点钱不够""你用一把切过姜葱蒜的刀，再去切西瓜，就算这瓜再甜，我也不会吃了，因为现在的瓜已经混上了过去留下的味道"。这种既荒诞又富有哲理性、趣味性的内容很容易让人眼前一亮，再三品味。

### 4. 视觉化表达

视觉化表达是一种以画面为主导的表达方式，能够增强故事情节的表现力，易于观众理解和接受。虽然微短剧也讲求视觉化表达，但是短视频明显要求更高，甚至到了"走火入魔"的程度。

短视频注重通过强烈的视觉冲击，在几秒钟内迅速吸引观众，因此脚本需要用文字精心设计画面，来增强故事的表达力，从而引发观众的情绪共鸣。例如，人物处在怎样的环境，穿着什么样的衣服，有着怎样的表情，做出怎样的动作，这些都要写清楚。而因为短视频时长很短、台词字数较少，导演和编剧往往是同一个人，所以脚本还要体现一定的镜头语言乃至剪辑语言。这使得短视频文学脚本和分镜头脚本的界限不那么泾渭分明，编剧需要成为一个多面手。

另外，为了迅速吸引观众，短视频台词也需要高强度的视觉冲击力。例如，干巴巴的"我爱你"，就可以用"我养你啊！""余生请多指教""我在床上，饭在锅里"等更具画面感的台词来替代，这可以使短视频更有趣味和记忆点。

## 三、写作要点

### 1. 打造独特人设

与微短剧剧情中的人物设定有所不同，剧情类短视频的人设更多指向的是短视频博主账号定位。而定位的过程就是博主给自己建立人设的过程，最终博主账号的定位就是博主展现给观众的形象，包括外在形象和内在性格。短视频人设通过长期重复、重点强调来营造整体形象，让观众一想起某位博主的名字就会在脑海中迅速建构他的形象风格，或者当大家谈论某一类内容时就会立刻想起某位博主。① 所以，从这个角度而言，短视频是先有人设，后有剧情，也因此人设决定了题材和主题。具体打造人设的步骤如下。

（1）确定人设定位。

要明确你想要打造的人设是什么类型的，例如专家、搞笑达人、时尚先锋、侦探达人等。人设定位要与你的个人特点、专业知识和技能相符合，这样才能更真实地展现自己的魅力。比如你平时喜欢看侦探小说或侦探电影，对这方面的内容比较在行，那么你就可以从侦探的角度来确定你的短视频人设定位和题材类型。

（2）设定角色背景。

为你的角色设定一个背景故事，包括年龄、职业、兴趣爱好等方面的信息。这有助于让观众更好地了解你的角色，并产生共鸣。还是以侦探人设为例，最好设定接地气的角色背景，可以是大学生、快递员、农村街溜子等。这些人及其生活场景，可以使主题成为一系列鸡毛蒜皮的小事。这样一来，观众更熟悉，内容更实用，更容易引发共鸣。

（3）打造独特记忆点。

记忆点指的是短视频人物能够让观众记住并留下深刻印象的元素或特点。例如，专属口头禅、创意开场白和结束语、标志性动作、固定习惯、独特观点等。这些特点可以让你的角色在观众脑海中留下深刻的印象。例如，我们熟悉的名侦探柯南，他的口头禅是"真相只有一个"，标志性动作是"伸出右手食指指着屏幕前方"。这句口头禅和这个动作，便在大众心中留下了深刻的印象。

---

① 胡作政，刘仕杰. 流量变现：短视频这样做就对了！. 武汉：华中科技大学出版社，2021.

## 2. 进行跨界组合

跨界组合，指的是通过自身资源的某一特性与其他表面上不相干的资源进行搭配，放大彼此资源的价值。打个比方，你在厨师中唱歌最好，或在歌手中厨艺最高，那么你就是一个跨界融合的高手。在人才济济、竞争激烈的短视频领域，创造全新的题材、类型、风格是一件成本极高、极为困难的事情，于是跨界组合就成了一条内容捷径。一条视频中融合了两个或多个完全不同的类型，就可以达到 1＋1＞2 的效果。

例如抖音博主"王大姐来了"，3 位农村大妈用流行的说唱形式来演绎乡村生活的场景和故事，两者糅合又重组，由此产生年龄、背景和文化的强烈反差，粉丝亲切地称她们为"时尚老 baby"。又如抖音博主"小鱼海棠"，采用"剧情＋摄影＋美妆"的形式，给美妆产品创造一个天然的使用场景——和帅哥拍照，一定要画个美美的妆，不仅使内容更具新奇性和吸引力，而且能创造出更高的经济价值。

总之，对于短视频脚本创作来说，跨界组合提供了更多的内容素材、更大的思维拓展空间，也更容易火、更容易出圈，非常值得尝试。

## 3. 掌握脚本公式

短视频平台是算法平台，创作者必须摸透平台算法规则，才能创作出平台推荐、观众喜爱的作品。这就是说，短视频脚本具有很强的"公式性"。当前，"黄金 3 秒"是短视频平台和创作者普遍遵循的算法原则，即在开头 3 秒内，设置一个让用户产生观看欲望的"点"，它可以是一个冲突点、一个悬疑点、一个共鸣点，我们统称其为"代入感"。如果视频内容能在开头 3 秒内让用户产生代入感，那么这条视频就具备了进一步留存用户的能力。因此，我们下面介绍几种以"黄金 3 秒"为开头的脚本公式。

（1）"375"法则。

"375"法则，即 3 秒吸引＋7 秒反转＋5 秒用户留存。

3 秒吸引，可以参考电影剧本写作中的热开场写法，用听觉、视觉、概念、逻辑等方面的错误或信息误差，向观众传递疑惑、紧张、惊讶等情绪，从而吸引他们继续看下去。例如，在公交车上，一个女人在不停地数落一旁的男人，甚至还动起了手。

7秒反转。在中间7秒，我们要给出一个与前3秒所展示的内容相反或出乎意料的情节，这样可以进一步吸引观众并激发他们的好奇心。例如，正当观众以为公交车上的男女二人是夫妻或恋人时，镜头一转，反转出现：原来男人的另一边站着他的女朋友，而那个女人刚才的行为是在提醒男人注意小偷。

5秒用户留存，我们要在视频的最后5秒钟内，通过精彩的内容或呼吁观众互动，引起观众情感共鸣，以吸引他们关注账号。例如，最后3个人使出浑身解数制服了小偷，字幕出现：别人的男人千万不能碰，除非……

（2）"3583"法则。

"3583"法则，即3秒吸睛＋5秒爆点＋8秒反转＋3秒结尾。3秒吸睛，即通过意想不到的场景、声音和情绪，让用户无意识地停留，降低2秒跳出率。例如，镜头中一个男人突然从天而降，摔在大街上。

5秒爆点，即用具有悬疑、对比、夸张、猎奇、危机、焦虑、争议、矛盾等色彩的一句话来表达视频内容主题，让观众继续观看，提升5秒完播率。例如，镜头切到男人站起来，他穿着超人服装，手里拿着一张彩票，嘴里喊着："我终于中了大奖，但现在我却不知道该怎么办！"

8秒反转，即通过反转带来反差，抛出笑点和吐槽点，后面每8秒设置一次反转，连续的反转，会让观众产生持续期待，舍不得划走视频，提升点赞评论互动率。例如，男人刚刚喊完，突然一群穿着同样的超人服装的人包围了他，原来他中的大奖是参加一个超人比赛，他必须与其他超人角逐才能获得真正的奖金。然后，男人在比赛中遇到了一系列挑战和困难（一次次反转），包括强大的对手、危险的障碍等，但他通过自己的努力和智慧一一克服了它们，最终获得了比赛的胜利和奖金。

3秒结尾，即通过金句来归纳总结，画龙点睛，让用户觉得博主专业，使用户进入账号主页，提升账号关注率。例如，男人在领奖时说了一句:"我不是超人,但我可以超越自己。"

(3)"黄金 3 秒＋N 次反转"法则。

为了使内容更加丰富、故事更加精彩,剧情类短视频时长通常在 30 秒钟以上,有的甚至达到了 3 分钟或 5 分钟。根据短视频类型、题材、主题、情节以及博主人设的不同,我们可以总结出许多公式,却不能机械套用。但是,有两点是必须遵循的。

一是黄金 3 秒。如果视频较长,故事开头在铺垫氛围,没有那么精彩,我们可以采用另一种方式,将故事高潮即最精彩的部分剪出 3 秒左右,放在开头,它类似电影预告片或电视剧的下集预告。这样可以在一开始就吸引观众的注意力,引导他们继续观看。

二是 N 次反转。当下,一次反转已经无法满足短视频观众的胃口,尤其是时长较长的短视频,更需要多次反转,才能留住观众。并且反转要保持一定的节奏,如果反转过于稀疏或节奏过慢,观众就可能失去兴趣;反之,如果反转过于频繁或节奏过快,观众就可能感到困惑或无法理解故事情节。但是,对于剧情类短视频创作来说,总体上反转多、节奏快要比反转少、节奏慢好一些,因为随着短视频内容的发展,观众会越来越习惯于高密度的反转和高强度的节奏,只有掌握了这一创作法则,才能在越来越激烈的短视频竞争中脱颖而出。

### 4. 强反转设计

反转,是一种逆向剧情设计,是情节、人物身份向相反方向转变的叙事结构。在如今的短视频生态中,"无反转,不短视频"已经成为一种共识。那么,在创作剧情类短视频脚本时,应该如何设置反转剧情呢?

(1)身份反转。

通常以出乎意料的方式打破观众对角色身份的固有认知,通过角色地位、职业、性别、权力等要素的颠倒和错位,呈现出独特的幽默感和荒诞感。比如,一名司机穿戴考究,表情冷酷,动作娴熟,装备专业,营造出一个技术高超的驾驶高手形象。接下来司机转头尴尬一笑,对副驾驶位置上的教练说:"不行,教练,我还是紧张……"司机的高手形象瞬间反转，变成了一个初学乍练的新手。

(2)"误导"式反转。

先在情节中故意引导观众产生某种预期，然后突然改变情节的走向，打观众一个措手不及。比如，一个男生暗恋一个女生很久了，一天，男生偷偷传小纸条给女生，小纸条上写着"其实我关注你很久了"。一会儿，女生传回了纸条，男生心急火燎地打开一看，女生写的是"拜托你不要告诉老师，我以后再也不上课吃东西了"。

(3)"欺骗"式反转。

在情节中故意欺骗观众，使他们产生错误的理解和预期，然后在适当的时机揭示真相，使人产生不可思议的爽感。比如，一个盲人小伙要向黑帮老大复仇，好不容易接近了对方，却被发现。黑帮老大故意用其他声音和气味扰乱小伙的判断力，然而小伙却准确地将黑帮老大一击致命。原来，小伙为这一刻装了很多年盲人。

(4)"打脸"式反转。

在故事情节中突然改变角色的思想、态度或行为，与之前的表现形成明显的对比，产生"打脸"的喜剧效果。比如，一个男人对一个女人发誓，说只爱她一个人，要爱她一万年，永生永世跟她在一起。没想到，一个漂亮的姑娘从他身旁走过，他就流了一地口水。

此外，仅有一层或两三层反转是远远不够的，只有反转反转再反转，不断改变观众对故事和角色的理解与预期，才能使他们欲罢不能，持续关注博主。

不过，值得注意的是，当反转日益成为短视频的"标配"，我们更应该从审美疲劳的角度思考，如何打破传统的反转模式，在预判观众观看预期的基础上，创造一种新的表达方式。这很难，但却是创作者必须考虑的方向。

## 四、写作训练

1. 为自己量身打造一个剧情类短视频博主人设

其中包括我是谁，我是做什么的，我有哪些特色。请用一句话来介绍。

2. 尝试为自己拓展 2～3 个短视频跨界组合

其中包括 2 个和 3 个的类型组合。

3. 在短视频平台找出 2～3 个剧情类短视频博主，并分析他们的脚本结构公式

例如，"papi 酱""祝晓晗""我是田姥姥"等。

4. 分析下面剧情类短视频脚本的八个反转点

小王是一家小公司的小职员，今天因为上班迟到，被老板叫到办公室，老板要开除他。

老板：明天不用来上班了，你这工作态度就有问题。

小王：老板，我说我扶老奶奶过马路了，你信吗？

老板：请你圆润地离开，把门带上，谢谢。

老板匆忙起身：妈妈，您怎么来了？

小王心想这把升职稳了。

老奶奶：是他，是他，就是他，这小子扶着我愣是往前走，连红绿灯都不看，害得我差点晚节不保。

老板：小王，你现在立刻马上给我离开。

小王：老板你看看这是什么再决定我的去留吧。

老板打开文件夹，里面是一份公司审计表，记录了这些年老板偷税漏税的勾当。

老板手微微一抖，扶着老奶奶先坐下，然后将小王拉到了一旁。

老板：你想要什么，只要你别把这事捅出去，我什么都答应你。

小王：我什么都不要，我要你把我妹妹还给我。

老板：你妹妹？哪个妹妹？

小王：我办公室里的那个布娃娃，是不是你给扔的？你可知道我是在孤儿院长大的，那个布娃娃是我唯一的亲人，是我唯一的妹妹！

老板：就这，你吓我一跳。那个布娃娃我没扔，给你洗了洗，其实我也挺喜欢布娃娃的，从小我就是抱着布娃娃长大的。

老奶奶：你喜欢布娃娃？别逗了，你的布娃娃哪个不是缺胳膊少腿的，你小时候就喜欢拆娃娃，皮得很呢。

小王：我妹妹呢？

老板：我加钱，多加钱，给你升职，我偷税漏税这事就算过去了行不？

小王：老板，根据群众举报，我特意打入你公司内部收集证据，如今人证物证俱在，随我到派出所走一趟吧。（小王掏出了一支录音笔）

老板：给我整不会了，你是警察！

老奶奶：儿子，我早就告诫过你，不可大意，幸好我在你办公室里打开了信号屏蔽器，不然的话，你就等着坐牢吧。

小王：你……你……（小王定睛一看手中的录音笔因为受到信号干扰，并未录到声音）

老奶奶：想必你那份审计表也是伪造的吧。

小王：天网恢恢，疏而不漏，你们是逃脱不了法律的制裁的。

老板：好险，差点着了这个小子的道。

民警：我们盯了你们很久了，你难道没有发现你们公司的流水账和监控早已处在我们的监视下了吗？

小王：坦白从宽，抗拒从严。

## 5. 实战创作

运用"黄金 3 秒"法则，为你自己的短视频博主人设或跨界组合，写一个具有多重反转的搞笑短视频脚本。

欢迎把练习发布在本教材配套的交流圈子（见后折口），和更多人分享你的作品。

## 五、投稿平台

短视频产业链主要包括内容生产制作和内容分发两大部分。内容生产制作是短视频产业链的核心部分，主要由UGC（用户生产内容）、PGC（专业生产内容）和PUGC（网红/明星生产内容）等构成。UGC主要由普通用户创作，他们利用手机等终端设备拍摄和分享生活中的点点滴滴。PGC则是由专业团队或机构制作的高质量短视频，这些团队或机构拥有丰富的经验和专业知识，能够生产出更具吸引力和专业性的内容。PUGC则结合了UGC和PGC的特点，是由网红或明星创作的高质量短视频，网红或明星的影响力可以吸引更多的用户观看和分享。

内容分发的主要渠道是短视频平台，负责将制作好的短视频推送给用户。目前，主要的分发渠道包括独立的短视频平台和综合的短视频平台。独立的短视频平台如抖音、快手、微信视频号、B站等，通过算法推荐和社交分发等方式，将短视频内容推送给感兴趣的用户。综合的短视频平台则包括资讯平台、社交平台以及传统视频平台等，这些平台通过嵌入短视频功能，为用户提供更丰富的内容体验。

剧情类短视频脚本创作者，既可以自己生产制作短视频，分发到短视频平台，也可以直接投稿。而投稿的渠道主要有两种：一是专门的短视频脚本网站；二是直接去短视频平台私信短视频博主，询问是否需要脚本或脚本创作者。下面简要介绍几个常见的大平台。

（1）抖几句。目前国内领先的短视频脚本原创交易平台，专注于为网红IP、MCN机构及企业短视频营销提供剧本服务。注册作者中不乏专业的短视频或影视剧编剧，平台强调作品的原创性，投稿作品均有完善的版权保护存证机制。

（2）抖音。目前国内最受欢迎的短视频平台之一，其庞大的用户基数和强大的推荐算法为作品提供了巨大的流量，使作品更容易被发现并走红。同时，抖音还提供了诸多创作主题和挑战活动，给予创作者更多的曝光机会。

（3）快手。国内最早的短视频平台之一，拥有庞大的用户群体及很高的用户黏性。同时，它也是剧情类短视频的主要阵地，拥有众多接地气的搞笑博主。

（4）微信视频号。与抖音、快手等平台相比，微信视频号更注重社交互动和内容创新，生活类、商业类、知识类的内容较多。如果剧情类脚本能与生活、商业、知识等内容跨界组合，将会取得不错的效果。

## 【延展阅读】

### 一、推荐书目

1. 佩弦. 运营公式：短视频·社群·文案的底层逻辑. 北京：电子工业出版社，2021.

2. 胡作政，刘仕杰. 流量变现：短视频这样做就对了！. 武汉：华中科技大学出版社，2021.

### 二、补充阅读

请扫描下方二维码，进入"《大学创意写作（第二版）》各章补充阅读资料"栏目，进一步加深对剧情类短视频的认识和理解。

# 第八章 广告文案与软文

- ◆ 第一节　广告文案
- ◆ 第二节　软文

从广义的层面来看，软文是广告文案中较为独特的一类，因而广告文案的写作原则与方法在很大程度上也适用于软文。而之所以将软文特地拈出作为独立的一节，是因为在新媒体的语境下，软文的应用面更广，特色更鲜明，效果更独特，更值得我们用心学习。

## 第一节 广告文案

在这个信息过剩的资讯时代,信息疲劳的广大民众不但对广告的敏感度越来越低,而且经常会表现出对广告的反感与抵触。这就越来越需要运用富有创意的文案来将"坚硬"的广告信息包装起来。文案作为广告营销行为中的核心部分,自然是其中的创意"担当",因而广告文案的写作是非常值得我们重视的。

### 一、文体界说

广告有广义和狭义之分。广义的广告即"广而告之",是指广泛地向社会公众告知某项事情,它的范围非常广泛,包括一切公益性宣传广告和商业性广告。狭义的广告是以营利为目的的、具有鲜明商业营销特征的广告。与之相应,广告文案也有广义与狭义之分。广义的广告文案,是指通过广告语言、形象以及其他媒介要素,对既定的广告主题、广告创意的具体表现。因此,广义的广告文案不仅包括语言文字部分,还包括图案、动画等部分。狭义的广告文案则仅指广告作品中的语言文字部分(即广告词),主要由广告标题、广告正文、广告口号、广告附文(又称广告随文)这四大要素构成,它是广告内容的文字化表现。

根据不同的划分标准,从不同的角度,广告文案可以被分为不同的类型。按媒介形式分,主要有平面广告文案、广播广告文案、电视广告文案、网络广告文案、户外广告文案等。按内容分,主要有消费物品类广告文案、生产资料类广告文案、服务娱乐类广告文案、信息产业类广告文案、企业形象类广告文案、社会公益类广告文案。按诉求分,主要有理性诉求型广告文案、情感诉求型广告文案、情理交融型广告文案等。

需要指出的是,随着媒介技术的发展,我们已经由以往的机械化工业大生产时代,进入了集约化、即时化、碎片化的信息时代,我们生活与交往的方式较之以往已经发生了极大的变化，广告的内涵与行为日益溢出原来的边界，承担广告功能的文案部分也在不断地应时而变。在信息匮乏、商品匮乏、文字权威的过去，广告文案更注重全面的介绍、准确的信息、实用的价值、可靠的来源等。而在今天，时代与社会的总体趋势是信息泛滥、供大于求、日常生活审美化、权威消解，人们更注重个人化，更强调个性化，因此广告尽其所能地改头换面，变身为植入性广告、软文等新样式来影响人们的生活。

## 二、文体特征

作为一种借助媒介技术来为市场营销服务且又具有文学艺术属性的应用性文类，广告文案的文体特征相应地包括以下三个方面。

### 1. 应营销而生的特性

广告文案需要为市场营销服务，这决定了其具有以下四个应营销而生的特殊属性。

（1）目的性。

为营销服务这一点决定了广告文案不可能是自由的创作，它通常是"命题作文"，具有非常明确的目的性。例如，早期淘宝"双十一"的广告貌似是在"光棍节"这一天来安慰单身青年，实际是在提醒孤独的青年男女应该"买买买"了。无论广告的形式与内容如何千变万化，"营销"这个功利的目的都是广告最根本的行为属性，它是广告文案写作中无法挣脱的重要文体属性。

（2）告知性。

作为一种行为，广告在本质上就是面向受众告知信息，而广告信息在很大程度上又是通过广告文案来实现传递的，因此告知性就成为广告文案的另一个重要文体属性。总体来说，广告文案的信息传递既要求完整饱满，又要求精练含蓄。广告文体的告知属性决定了广告文案不能胡乱写，而应在商品售卖或有偿服务的宣传中，将那些能吸引受众且利于推动消费行为实施的有关信息，作为重点内容来进行广泛告知。例如，在"淘宝折学"的一份广告文案中,"妈妈叫我尽量少花钱,我只有'少'这个字没做到"这句广告词,就是借助一个"少"字,强调了淘宝在打折上的折扣力度与商业竞争力,进而告知消费者:想要"逛逛逛"与"买买买"的话,就应该上淘宝。

(3) 真实性。

广告文案的表达,可以借助夸张、比拟、呼告等具有鼓动性的文学手法,征用积极的文艺手段来强调商品的亮点与卖点,但无论怎样的文学修饰与文艺渲染,最终都必须遵守真实性这一内在的原则要求,不可做虚假宣传,否则就是欺骗消费者,就会触碰广告宣传的红线。在广告文案写作中,信息的真实性非常重要,违反的话,有可能会因为"虚假宣传"而付出巨大的代价。夸而有度,赞不凭虚,这是广告文案重要的写作原则。

(4) 说服性。

广告文案只有信息的告知作用的话,那还不行,它还必须具有在消费上的引导力,具有在购买欲望方面的说服力。总之,广告文案需要让受众听(看)到,而且能听(看)得明白,能根据隐含的立场倾向去引导购买行动与消费行为,那才是真正的成功。例如,王老吉的"怕上火,就喝王老吉",农夫山泉的"农夫山泉有点甜",红牛的"困了累了喝红牛",这些广告词都能极大地激发消费者的欲望,并转化为积极购买的行动,都属于具有说服力的成功的广告语。

总之,以上四个文体特性都与广告的市场营销属性密切相关,属于内在层面的根本属性,在广告文案写作时,是需要时刻遵循的。

### 2. 应创作而生的特性

如果说市场营销的属性从内在的维度决定了广告文案具有目的性、告知性、真实性、说服性这四大属性的话,那么为了更好地实现营销目的,广告文案则必须积极借助文艺手段的魅力加持。因此,作为广告文案的一种外显的形式属性,文艺性决定了广告文案在创作层面具有以下文体特征。

(1) 独特的结构形式。

一般来说，一份完整的广告文案主要包括四个部分：广告标题、广告正文、广告口号、广告附文。这四个部分中的每一个部分都承担着不同的职能，共同筑成了广告文案独有的文体结构。例如，南方黑芝麻糊的广告文案如下：

标题：它，还是那个味道！

正文："黑——芝麻糊哎——"

小时候，一听见黑芝麻糊的叫卖声，我就再也坐不住了……
如今，不管过了多久，它还是记忆中的那个味道！
南方黑芝麻糊，滴滴好味道。

口号：一股浓香，一缕温暖。

附文：南方黑芝麻糊，广西南方儿童食品厂荣誉出品。

当然，根据场合、受众、媒介等各方面因素的不同，一些具体的广告文案在文体要素方面时常会出现灵活变化的情况。例如：一些广告文案可能会没有标题，直接简单粗暴地上正文；一些广告文案走的是"短平快"路线，强调的就是"买卖一次过"，故而可能没有广告口号；有些知名的公司意在通过文案传播品牌理念与企业文化，而非具体商品的售卖信息，故而有时会简化甚至省略附文要素。对此，我们可以借助珀莱雅在"三八"妇女节推出的"女性力量"营销文案（见图 8-1）来略窥一二。

图 8-1　珀莱雅营销文案

在这份广告文案中，只有标题要素是"发育"较为完整的，其他三要素或减或省，都不完全与充分。

（2）丰富的表现手段。

广告文案的表现手段是积极多样的，无论是叙事、论述、说明、抒情等表达方式，还是开门见山、篇末点题、欲扬先抑等写作手法，抑或是比喻、拟人、排比等修辞手法，只要能达到广告效果，都可灵活运用，不拘形式。总之，一切手段皆可广告，一切手段皆为了广告。例如，有人针对专访型的软文，总结出了《软文写作中"说"的26种表达方法》；有人针对故事型文案，总结出了《赋予故事生命的5种强有力的写作技巧》；有人从广告语写作的层面总结了《14个方法写好广告语，宝藏干货必看》。这些经验总结式的方法与技巧，无论是在纸媒广告中，还是在网络广告里，都大行其道，由此可见广告文案在表达呈现上的丰富性。

（3）多样的文体与风格类型。

广告文案风格多种多样，它打破了文体界限，凡是能够吸引受众、有助于传达广告信息、可以收到理想效果的风格，它都可以使用，因此形成了灵活多样、丰富多彩的文体与风格类型。总体来说，广告文案常见的文体与风格类型有如下几种：新闻体、格式体（目录、日记、书信、"圣旨"等）、自述体（拟人手法）、故事体（小说、原生广告）、说明体（传达知识、原生广告）、诗歌体（诗词、歌词改写）、对话体（对话、相声、段子）、比较体（正反比较）、排比体等。而且随着文案潮流的变化以及爆款广告文案的走红，民间还会经常总结出一些有意思的体式，例如被誉为广告界"泥石流"的淘宝体广告文案等。

（4）愉悦的审美享受。

在这个资讯时代，广告信息的获得已经不是难事，关键是如何让信息的传播被受众接受并促成受众产生相应的消费行动。为了解决这一难题，广告文案必须能让受众从中得到美的享受，在愉悦中形成对相关商品、品牌、公司以及相关价值理念的认知，生成用户黏性。随着人民群众生活水平和欣赏水平的提高，人们用越来越高的审美眼光去看待广告作品，广告文案的审美效应起到越来越重要的引导作用。在这个日常生活审美化与审美日常生活化双向互动的时代，"美"不但是实现商品价值的手段，甚至成为商品自身的重要属性，是提升商品附加值与实际价格的重要手段。在这样的情况下，广告文案的审美要求就越来越高，愉悦属性也就越来越强了。

3. 应时代而生的新特征

我们必须承认，今天的广告与以往相比，已经发生了重大变化：从更侧重文字化表达，向更侧重视觉化表达转变；从纸媒传播体，向全媒体传播扩张；从平面的呈现，向空间立体的呈现转变；从单一静止的样式，向动作化、运动化的样式转变；从专门的、专业的领域，拓展至生活日常的领域；从强调使用价值，转变为注重生活等级与身份品位等。在这一背景下，广告文案也有了一些新的变化。

（1）更多样化与多元化。

技术的进步带来花样的翻新，借助各种技术手段与各种呈现方式，广告已然成为"百变星君"，在海量的信息中竭尽所能地吸引消费者的注意力，"变"将是广告文案发展的王道。

（2）更文学化与文艺化。

新时代的广告更注重广告本身所具有的独立的审美价值，以艺术审美性来软化广告的功利实用性，必须更加擅长绘声绘色地"讲故事"，这样才能为广告的营销"炮弹"披上甜美的文艺"糖衣"。

（3）更生活化与亲民化。

新时代的广告更注重从生活的视角去诠释产品的特质，因为生活本身是最能激发消费欲望的因素；更注重以亲切慰藉的方式来靠近广告受众，毕竟这个时代的人们比以往更为孤独与脆弱，亲切抚慰就是最大的卖点。

（4）更个性化与价值观化。

这个时代的人们更讲究个性，更强调独立自主和与众不同，因而广告的表达需要更为个性化才能契合受众的接受特点。这个时代的人们看似比过去更功利、更物质，但事实上他们又非常强调情怀，非常注重价值的认同，因而广告文案相应地需要更注重情怀的诠释与价值理念的表达，毕竟处在同道与知己的状态下，说服才是最顺畅与最有效的。

### 三、写作要点

随着植入性广告、软文等新广告形式的出现，由标题、正文、口号、附文这四大要素构成的传统的广告文案已出现变异，但万变不离其宗，广告的营销与告知属性是永远不变的。大道至简，广告文案的写作要点无非"创"与"作"这两个方面。从赖声川的创意学理论来看，"创"与"作"的启示性主要体现在以下两方面。

一方面，"创"就是智慧层面的思考，即在自我认知的基础上"激发欲望"或"提出欲望"。就文案写作而言，"创"就是弄清楚"想要告知和宣传的是什么"。"是什么"的问题，是一个具有本质性的认知问题，是一个从内容层面对文案写作做出根本限定的问题。善于提问，会提问，这很重要。因为只有"问题"问对了，才能找到恰当且有效的解决方法；"问题"问错了，一切方法都是无效的，甚至会起反作用。正因如此，人们才常说会提问比会解答更需要智慧。另一方面，"作"就是将"欲望"恰当地表现和表达出来，它既属于艺术层面的执行问题，也属于形式层面的操作方法论问题，是一个偏实践的命题。

综上所述，广告文案的写作要点大体有两步：第一步，回归对自我的认知，洞悉"欲望"，提出"真正的问题"，这就是"弄明白"；第二步，根据已经"弄明白"的"真正的问题"，灵活运用各种形式、方法、手段去解决问题，达成"欲望"的呈现，这就是"活处理"。基于以上认知，下文将依照"弄明白"与"活处理"的先后顺序，展开相应阐述。

#### 1. 着手之初，意图要弄明白

学者杰夫·里查兹说过："没有策略的创意叫'艺术'，有策略的创意叫'广告'。"广告文案处在营销的两端，分别维系着客户与消费者，无论忽略了哪一方，信息的传递都会不充分，营销就难以顺利进行。广告文案写作的要求，既来自广告主、广告信息本身、广告发布的媒介，又来自广告营销策划与运作的客观规律。借助以下这些有启示性和统摄性的问题来进行自我拷问，我们能够更为快捷地弄明白意图，少走弯路，顺利完成广告文案。

（1）为什么而写——广告主通过广告要达到什么样的目的？广告活动要达到哪些目标？广告作品要产生什么样的效果？

（2）广告文案的主角是什么——是企业、商品，还是服务？它们具有什么优势？它们有哪些特点？

（3）广告文案写给什么人看——广告的诉求对象是哪些人？他们通常从事什么职业？他们的受教育程度如何？他们的收入如何？他们的消费方式具有什么样的特点？他们有什么样的心理需求？

（4）广告文案要写什么——将要完成的广告作品要传达哪些信息？哪些信息是最重要的？哪些信息是次要的？哪些信息是消费者最感兴趣的？哪些信息是广告主最想传达的？

（5）广告文案怎么写——广告的诉求策略是什么？广告文案应该采用什么样的主题？应该采用什么样的风格？应该使用什么样的语言？

（6）广告文案是写来听的，还是写来读的——将要完成的广告作品要经过印刷媒介发布，还是要通过广播或电视媒介发布？

（7）广告文案要写多长——广告活动的媒体计划中规定的广告发布的版面、时间能够允许多大篇幅的广告文案？多长的文案才能收到最好的诉求效果？[①]

如果说这些问题的拟列方式不够直观，增加了阅读与理解的困难的话，那么图8-2这份具体的"广告文案创意策略单"可以帮助我们将这些问题形象化。

---

① 李笑. 广告文案一本通. 北京：经济管理出版社，2014：16.

```
广告文案创意策略单

广告主：_____
产品：_____
产品简介：_____
产品定位：_____
产品使用方式/场合/时机：_____
广告目的：_____
广告目标对象：_____
主要竞争者：_____
品牌形象/个性：_____
必要列入事项：_____
```

图 8-2 广告文案创意策略单

上面这份策略单，从对产品的基本认识，到对品牌的形象分析，形成了一个认知逐渐深化的过程，能帮助我们更好地理解品牌。这份策略单关注了目标对象，引入了与竞争者的对比，能帮助我们更好地找准定位，寻得突破口。这份策略单中，"品牌形象/个性"这部分内容，对广告文案写作中的口号、标题、正文等要素的拟定有直接的指导作用；"必要列入事项"这部分内容，对文案写作中的随文部分则有重要的提醒作用。总之，这份策略单能帮助我们将问题转化为答案，而在答案的整合过程中，面向问题的意义一旦生成，创意点就找到了，我们也就完成了创意萌生的工作，接下来就是创意呈现了。

## 2. 呈现之际，要素要活处理

传统的广告文案一般包括标题、正文、口号、附文四个要素，各要素的功能不一：口号相对稳定，是品牌理念的集中诠释；标题重在吸引受众；正文与附文重在解说与传递信息。在这四个要素中，标题与口号更偏重从"创"（智慧）的维度回答"是什么"的问题，更多指向我们形成创意的想法；正文与附文则是在创意统领下的具体表达，更偏重"作"

(方法）的层面，因而在处理上更为自由。

受众阅读广告的时候，基本是按照标题、正文、口号、附文的顺序来进行的，但对文案创作者来说，按照这个顺序来思考则未必是最佳的。因为广告文案除了要吸引受众之外，还有一项重要的工作，那就是诠释品牌理念，而品牌理念作为对"类"的抽象概括，是相对稳定的，具体的广告文案只是就相对稳定的品牌理念，在特殊情境下展开的一次具体诠释活动。对此，我们可以借用图8-3来描述。

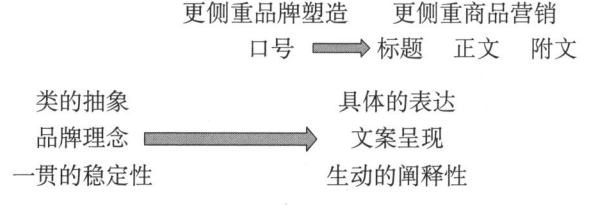

```
        更侧重品牌塑造      更侧重商品营销
         口号  ⟹  标题   正文   附文

   类的抽象              具体的表达
   品牌理念    ⟹        文案呈现
   一贯的稳定性          生动的阐释性
```

**图8-3　品牌理念与广告文案的关系**

总之，在广告文案的四个要素中，与品牌理念最接近的是广告口号。如果我们从广告口号切入去思考的话，就能从品牌理念中汲取更多的养分，这有助于创意呈现；先从广告口号切入，能更好地与创意点结合，从而推动文案其他要素的顺利撰写。因此，我们讨论的先后顺序依次是：口号、标题、正文、附文。

（1）口号——画龙点睛。

口号又叫标语，是品牌在一段时间内反复使用的商业宣传语。因此，有人称之为广告的"商标"。这意味着口号是最具策略性的、最集中展现的品牌理念，也是最可感知的品牌信息，它如同品牌的眼睛，透过它，消费者可以感受品牌的核心价值。我们先看三则关于"马丁先生"(Mr. Martens)个性休闲服装的广告文案。

  文案一　（标题）没有什么比这感觉更好
  　　　　（正文）我单身
  　　　　　　　　我收集沙子
  　　　　　　　　我看弗洛伊德
  　　　　　　　　我穿 Mr. Martens……

　　　　　　（口号）自信，固执，永不妥协

文案二　（标题）不要告诉我做什么才是对的
　　　　（正文）我逛二手店
　　　　　　　我吃棒棒糖
　　　　　　　我看 NBA
　　　　　　　我穿 Mr. Martens……
　　　　（口号）自信，固执，永不妥协

文案三　（标题）只有你自己清楚自己想要什么
　　　　（正文）我走路
　　　　　　　我听 Underground
　　　　　　　我喝白开水
　　　　　　　我穿 Mr. Martens……
　　　　（口号）自信，固执，永不妥协①

　　在这三则广告中，标题、正文各有侧重，但"自信，固执，永不妥协"的口号始终如一，集中诠释了"马丁先生"个性休闲服装彰显个性的品牌理念。

　　当然，我们不得不承认，理解口号的核心统领作用并不难，困难在于口号的拟写办法与招数实在太多，无法穷尽。我们可以总结三条小贴士供学习者在写作时参考：

　　①口号是你的敏锐洞察。

　　既然口号是对品牌的诠释，而且品牌理念与口号在稳定性上有如此密切的联系，那么当我们找不到灵感的时候，就应该回到品牌理念这片沃土，或者参考这一品牌先前的广告口号，以求获得启发。当然，口号对品牌理念的诠释，并不是面面俱到的，也不是一成不变的，它是一种既拈举了品牌独特的一面，又直指当下消费者内心诉求的诠释，这种诠释需要文案写作者敏锐的洞察。这种洞察的获得，与我们的生活态度与

---

① 沈虹. 广告文案创意教程. 北京：北京大学出版社，2008：164.

价值认知有关，与我们的"欲望"有关，归根结底，它与创意学中的"自我"与"问题"这两大要素密切相关，当我们感觉仿佛江郎才尽时，还须退回这两个方面寻觅灵感。

②口号是你的写作策略。

既然口号是品牌核心价值的体现，那么在广告文案中，它自然处于统帅地位，标题、正文等要素都是口号的具体演绎。在这样的情况下，口号就成为撬开文案写作困境的关窍，成为有效的写作策略。

③口号要能记得住。

妙语连珠、朗朗上口、简短有力的表达语很适合当作广告口号。对"钻石恒久远，一颗永流传""人头马一开，好事自然来""361度，多一度热爱""雀巢咖啡，味道好极了""好味大印象，苗条新主张"这类广告口号，人们往往难以忘记，奥妙正在于此。这些经典的广告口号告诉我们：简洁、整齐、上口、易记，是拟写广告口号时要遵循的"军规"。

(2) 标题——过目不忘。

标题即广告文案的题目，主要表明广告文案的主旨，传达那些最重要或最能引起受众兴趣的相关信息。为了适应报纸杂志等印刷媒介的要求，广告标题通常以特别的字体，印刷在最显著的位置。因此，平面广告中那些最大、最醒目的文字，通常就是标题了。就拟写而言，标题通常需要将最具吸引力的信息提炼出来，阐释商品的最佳利益点，从而吸引受众关注并继续阅读广告的正文。因此，标题通常是广告文案中语气特别突出、表现力特别强的那段语句。

如果说口号是对品牌理念的集中诠释，那么标题就是面向受众的醒目表达。前者侧重于品牌，后者侧重于商品和受众，各有分工。口号对品牌的集中诠释必须短到句的程度，而标题为了吸引人，可以是由单一短句构成的单标题，也可以是复合标题。例如，"金嗓子喉宝，入口见效""今天我要喝——娃哈哈果奶""华宝空调带给您温馨的安乐窝"，这些广告标题都是由单一短句构成的标题。下面这个案例是较为详备的复合广告标题：

引题：万科城市花园告诉您——

正题：不要把所有的鸡蛋都放在同一个篮子里

副题：购买富有增值潜力的物业，您明智而深远的选择

为了吸引注意力，万科的广告标题出现了引题、正题、副题，是一个典型的复合广告标题。标题可以这样"复合"，但口号不能这么复杂，这是标题与口号的一大区别。

标题的类别多种，拟写方法多样，写作要点是，标题在传递信息的同时，还要引起受众的注意。当我们写好标题时，可以念给伙伴听听，伙伴的反应就是最直观的衡量标准。还有，如果标题怎么写都写不好，我们要学会退回去——退到口号这一环节去获得灵感，不行的话再退到品牌理念的层面，退到"自我"与"问题"这个创意发生的层面。

（3）正文——乘胜追击。

正文的作用是承广告标题之势，进一步诠释品牌理念，传递商品信息，挖掘消费诉求，进行深入说服，同时还要展现商品风采。这意味着广告正文写作有几个要点需要注意。

首先，正文对标题要有支持作用。例如黛安芬内衣的广告：

标题：女人的心情，黛安芬从不忽视，只因它始终了然于胸

正文：心情，喜怒哀乐，时有起伏，唯有黛安芬，捏拿得住分寸，点点滴滴，了然于胸。

这则广告正文部分的"捏拿得住分寸"等表述，对标题"了然于胸"的表达有很好的支持作用。也就是说，广告标题的表现手法、内容和风格会直接影响到广告的正文。我们甚至可以说，有多少种广告标题的创作手法，就有多少种广告正文的创作手法与之相配合。

其次，正文要能传递商品的重要信息。例如，伊利牛奶的广告文案正文：

一天一杯伊利纯牛奶，你的骨骼一辈子也不会发出这种声音。

每1 000毫升伊利纯牛奶中，含有高达670毫克的乳钙。别小看这

个数字，表现在骨骼上会大大不同！

这份广告文案的正文借用准确而鲜明的数据，将伊利纯牛奶在营养价值方面的具体信息与独到优势有效地传递给消费者，有助于激发消费行为。

再次，正文要注重培养消费欲望。例如，"明目仙水"的广告正文：

> 眼病患者注意啦！
>
> "明目仙水"厂家举办的"迎元旦送光明"特惠活动开始啦！
>
> "明目仙水"在我市上市一年以来，以其神奇的疗效和低廉的价格得到了众多眼病患者的信赖与好评。时值元旦来临之际，为答谢广大眼病患者的支持与厚爱，厂家特举办"迎元旦送光明"特惠活动。
>
> 活动期间："明目仙水"由原价每盒98元直接调至厂家直供价每盒49元，另外凡参加此次活动的患者均可享受买5盒送2盒、买10盒送5盒、买20盒送20盒的特大优惠。
>
> 眼病患者不要再犹豫啦，治好眼睛，看看"春晚"，过个好年。可千万别错过一次大好的康复机会啊。时间有限，机会难得！
>
> 活动时间：从即日起，仅限5天。

这则广告围绕促销活动信息进行营销，意在说服受众产生具体购买的消费行为。

最后，正文要能展现风格。例如，台湾文案天后李欣频曾给诚品书店敦南分店的旧书拍卖会写了这样一则广告文案：

> 标题：过期的旧书，不过期的求知欲
>
> 正文：过期的凤梨罐头，不过期的食欲，
>
> 　　　过期的底片，不过期的创作欲，
>
> 　　　过期的PLAYBOY，不过期的性欲，
>
> 　　　过期的旧书，不过期的求知欲。
>
> 　　　全面5~7折拍卖活动，
>
> 　　　货品多，价格少，供应快。

知识无保存期限，

欢迎旧雨新知前来大量搜购旧书，

一辈子受用无穷。

这则广告文案的正文扣住标题中的"过期"与"不过期"展开，通过深入阐述"旧书不旧"与"旧书受用"来说服消费者去参加旧书拍卖会，而且正文与标题在内容与风格上都保持了一致。

总之，虽然广告文案的正文样式有直述式、证言式、说明式、公告式、描述式、诗歌散文式、曲艺式、故事式等多种，但不管采用哪种样式，我们都必须对正文的功能深入了解，这样才能在拟写正文的时候，根据实际需要有所侧重地运用与调整。

（4）附文——锦上添花。

附文又叫随文，它是对广告文案正文的补充，主要传达购买产品的渠道、接受有偿服务的方法等基本信息，帮助消费行为顺畅开展。附文的内容主要有：品牌名称和标识、企业名称和标识、通信联络要素、购买或获得服务的方法、权威机构认证标识或获奖情况、价格表、银行账号、附言、特别说明等。在处理附文的时候，通常容易犯以下错误。

①忽视附文的作用。虽然附文一般出现在电视广告的结尾或印刷品的边角，貌似只是不起眼的细节，但实际上它并不是可有可无的文字，而是对正文的有效补充，是广告诉求的最后推动，用得好的话，能起到锦上添花的作用。

②不分轻重，罗列过多，未能突出关键信息。如果说广告标题的目的在于"吸引"，广告正文的目的在于"说服"，那么广告附文的目的就在于"交易"。因此，从交易的层面考量这些要素的轻重，我们就能知道在有限的篇幅里该罗列哪些、该剔除哪些了。如果能对这些关键信息用心修饰一下，使消费者更容易记住它们，那就更棒了。例如："华夏妇产科医院电话：5201313。我爱你，要生，要生！"这样的电话信息经过修饰，在随文中凸显出来，便于记忆，效果良好。

③信息不准确或表述不严谨。如果附文写成"教师节当天凭教师资

格证可免费领取烤鸭一只"的话，估计蜂拥而至的老师会让烤鸭店老板头痛不已。如果改为"教师节当天凭教师资格证免费领取烤鸭一只，限前10名。先到先得，送完为止"，那么促销搞起来了，且不至于让老板花费过多。

## 四、写作训练

### 1. 标题分析

广告大师威廉·伯恩巴克曾为奥尔巴克百货商场撰写过这样一则广告文案：

> 正题：慷慨的旧货换新
> 副题：带来你的太太，只要几块钱，我们将给你一位新的女人
> 正文：为什么你硬是欺骗自己，认为你买不起最新的与最好的东西？在奥尔巴克百货商场，你不必为买美丽的东西而付高价。有无数种衣物供你选择——一切全新，一切使你兴奋。现在就把你的太太带给我们，我们会把她换成可爱的新女人——只花几块钱而已。这将是你有生以来最轻松愉快的付款。
> 附文：奥尔巴克 纽约·纽瓦克·洛杉矶
> 口号：做千百万的生意，赚几分钱的利润

在这则广告文案中，威廉·伯恩巴克自认为最得意的就是标题。请结合整个广告文案，谈谈威廉·伯恩巴克为何对标题最为得意。

### 2. 品牌理念

奇强洗衣粉公司曾用"干干净净做人，做中国人——奇强"来诠释品牌理念，后来将这句话调整为"干干净净，中国人——奇强"。请谈谈你对这一改动的理解。

### 3. 广告文案仿写

本节提供了三则马丁先生个性休闲服装的广告文案，请保持口号不

变，对文案的标题与正文进行仿写，注意保持形式、风格、创意点等方面的一致性。

欢迎把练习发布在本教材配套的交流圈子（见后折口），和更多人分享你的作品。

【延展阅读】

**推荐书目**

1. 李笑. 广告文案一本通. 北京：经济管理出版社，2014.
2. 沈虹. 广告文案创意教程. 北京：北京大学出版社，2008.

## 第二节 软文

传统的广告文案，由于营销目的过于显露，手段与方式有些单一，在信息过载的时代就显得有些坚硬、粗暴。出于软化营销目的、降低受众排斥度的需要，传统广告文案中的四要素逐渐以变形甚至删减的方式来呈现，这种转变催生了软文广告的出现。

### 一、文体界说

顾名思义，软文就是软性广告或隐性广告的简称。软文之"软"，是相对于上节所言的传统的"硬广告"而言的。作为一种广告文案，软文在营销手段上更具吸引力，在营销风格上更具亲和力，在营销目的上更具潜伏力。作为隐性的广告，软文主动放弃了以往硬广告出于急切的营销目的而展现出的积极宣传性与强烈鼓动性，往往表现出只是在不经意间顺带提及的随意性，倾向于以个人分享的方式进行友情推介，注重以良好的亲和力来获得传播的黏性，有时甚至会故意反营销之道，展现出一种"爱买不买"的高冷态度。总之，较之以往的硬广告，软文显得更巧妙、更迂回，在营销手段与营销目的上显得更为随性，大抵持一种以退为进、以软为硬、以舍为得的反向营销策略，在不经意间将受众的广告躲避行为扭转为自然接受。例如，软文《亚麻籽油对人体起着这么重要的作用，99％的人都想错了！》，主要针对亚麻籽油的功效和作用进行科普，只在文章的最下方添加了一条看似较为随意的产品链接，没有以往硬广告营销那种"买买买"的强烈鼓动性，显得比较随性与高冷。

### 二、文体特征

目前，对软文的分类研究还不是很深入，大体说来，故事型软文、分享型软文、科普型软文、案例型软文等软文类型在业界发展得较好，在学界受到的关注度也较高。随着媒介的变化与软文的发展，相信会有更多的软文类型涌现。目前，虽然很多软文以科普文章、情感文章、故事文章等面貌出现在网络新媒体中，营销意图看似减弱了，但实际上只是包装得更隐蔽、更巧妙了而已。归根结底，软文的营销属性是不变的。由此，我们总结出软文的三大文体特征。

### 1. 宣传营销上的"隐性"

软文特别注重将广告宣传与营销意味最小化，通常会以行业新闻、深度报道、科普文章、公益文章、案例分析、故事作品、娱乐八卦等多种面目出现在人们的阅读与接受视野中。例如，不少教材与营销杂志将哈根达斯作为经典案例进行分析，这既在无形中宣传和推广了哈根达斯这个品牌，又让"爱她，就带她去吃哈根达斯"的广告语慢慢地深入人心。总之，对于软文之"隐"而言，能将宣传营销意图"藏"得更深、更隐蔽，就意味着能"活"得更好，"走"得更远。

### 2. 文案表现上的"软性"

既然软文注重以"软"来"动"人，那么就需要在人性化与人情化上更为用力，在有温度与可亲近上更为费心。为此，软文通常会借助大事、时事等话题性强的事件，借助生活热点等百姓关注度高的话题，借助趣味性浓的故事或专业性强的知识文章，来进行文案的写作与表达。唯有如此，才能让广大受众在心理上觉得软文文案是有趣且无害的，在态度上愿意去阅读和接受，在情感上可能被触动，在行动上可能转化为相应的消费行为，营销意图得以实现"软着陆"。在软文之"软"这一点上，自媒体达人"六神磊磊"的软文文案可谓典范。在"六神磊磊读金庸"微信公众号上，他主要通过对金庸作品的独到品读而积累了一定的粉丝量与关注度，这为他撰写软文文案奠定了良好基础。例如，他在讨论"段誉为什么讨人喜欢"这个话题时，不但用独特的视角解读了段誉受人欢迎的原因，而且在最后带出了福特汽车受消费者喜爱的广告。由于"六神磊磊"的解读文章富于文艺性、故事性、趣味性、可读性，而且篇末加入的福特汽车的广告在"受欢迎"这一点上扣紧了主题，具有较强的贴合度，所以读者欣然接受了这篇软文。

### 3. 传播媒介上的"新性"

如果说传统的硬广告更适合应用于以纸媒为代表的传统媒介的话，那么软文则更适合在微信公众号、短视频等网络新兴媒介上应用，这就需要软文文案的写作适应相应媒介的传播特点与受众需求。总体来看，在新兴媒介上的软文，图文并茂已经是基本操作，利用创意短视频、小程序等各种"外挂"来强化软文在营销传播上的效能才是别具一格的操作。总之，以网络为代表的新兴媒介以海量的信息著称，如何写软文、如何发布软文、如何让软文的效能最大化，这些都需要进行科学的营销策划。这是异于传统的硬广告的，需要我们加以注意。

## 三、写作要点

一般来说，谈写作要点，大抵可以从正、反两个维度切入。正面切入是为了寻找成功的可能，我们通常将这些成功的捷径称为"干货"；反面切入是为了避开失败的可能，我们通常将这些失败的教训称为"坑"。下面将从正面维度的"干货"与反面维度的"坑"来展开阐说软文的写作要点。

### 1. 正面维度的"干货"

随着新技术与新媒介的应用，信息传播的短板得到极大弥补，信息的认可与接受取代信息的接收，成为制约广告效用的瓶颈。展现营销文案之软与适应技术之新，成为两大难题。从正面维度来看，与这两大难题对应的"干货"包括如下两个方面。

（1）就"软"而言。

软文需要将营销意图包裹在易于接受的背景材料中，这意味着软文广告实际上就是一颗"糖衣炮弹"。要想"糖衣炮弹"有奇效，需要注意以下三个方面。

①"炮弹"的能量要大。

软文不以信息量大取胜，而以巧、奇、软取胜，因此营销目的不仅要明确，而且要精心选定，只抓最重要的一点即可，无须面面俱到。只有这样，"炮弹"才是微型且高能量的"炸弹"；只有这样，才容易实现用"糖衣"完全包裹住"炮弹"，不露馅，不吓人。例如，"滴滴出行"推出的软文《什么是刚刚好》是这样写的：

> 不冷不热，
> 是车内的温度，
> 但不是我们对你的态度。
> 主动的男人值得等待。
> 无味的旅程，
> 自有它的趣味。
> 唯一的 BGM 来自你的内心。
> 在车里，
> 我们都变成了处女座。
> 恕我们不能把你放在第一位，
> 你的安全才是第一位。

这篇简短却充满文艺气息的软文，结合六张"滴滴出行"的图片，将安全驾驶、车内整洁无异物、安静不打扰、车内无异味、三分钟内主动联系、车内温度适宜等六个服务标准生动地传达出来，充分地诠释了"滴滴出行"所倡导的"刚刚好"的服务理念。这个"刚刚好"的选点非常巧妙，因而既能成为业界津津乐道的软文爆款，又带动了"滴滴出行"的商业营销。

②"糖衣"要够"甜"。

"糖衣"，就是能将营销商品与营销目的包裹起来的那些背景材料。如果背景材料不吸引人，那就意味着"糖衣"不"甜"，难以推广，营销效果自然不佳。因此，软文的背景材料通常要做到故事性强、文学性高、趣味丰富,这样的背景材料具有吸引受众的甜蜜之味与馥郁之美。例如,德芙的《青春不终场,我们的故事未完待续》以生动优美的文字,文艺化地讲述了作者与一位男生从初中到大学的不同人生阶段,如何相识、相伴、相惜的情感故事,在引发受众共鸣的意境中自然地植入了德芙的营销,这一切处理得浑然天成,其中背景材料的引人入胜功不可没。再如,"小红书"推出的《为爱做饭》的软文部分文字如下:

>............
>有人离开家
>也不会离家太远
>有人回到家
>放下世界走进厨房
>
>一蔬一食,日复一日,成为一家人
>爱的另一个名字
>是做饭给你吃

这篇《为爱做饭》的软文,除了文字部分外,还有视频部分。如果说这篇软文的视频部分更偏重于生活的烟火气与画面感,那么文字部分则更偏重于文艺的甜美度和诗意化,这样温馨的文字读着就让人有想做饭的冲动。

总之,"糖衣"越"甜",吸引力越大,传播效能越好。我们写软文时,要在"糖衣"之"甜"上多下功夫。

③"糖衣"和"炮弹"的结合要自然圆融,不能生硬粗糙。

如果背景材料和营销意图之间缺乏合理的联系,软文画风的转换就会很突兀。如果进行简单而粗暴的植入,那就更是下下之策了。前文所举的"六神磊磊"借段誉受人喜欢而植入福特汽车广告的案例,就成功地做到了"糖衣"和"炮弹"圆融结合,《什么是刚刚好》与《为爱做饭》这两篇软文,同样做到了圆融结合。除了这些前文提过的案例,我们再看一个具体的案例。

微信公众号"毒舌电影"（后来更名为"Sir电影"）曾推送软文《他单枪匹马把一部烂片拉到三亿》。该文看似在专业地介绍瑞典男星亚历山大·斯卡斯加德取得的引人赞叹的成就，夸赞其不断进取的精神，实际在文末顺势植入了新款别克昂科拉汽车的广告信息与视频。

在这篇软文中，亚历山大·斯卡斯加德努力上进的内容，属于软文的背景材料。这部分文字生动翔实，配上精美的电影海报与明星的个人写真，"男神"的魅力被渲染得无以复加，可谓"糖衣"很"甜"。新款汽车的引出以及广告视频的插入，则属于营销部分。这部分文字简洁有力，可见"炮弹"是微型高能量炸弹。而全文将亚历山大·斯卡斯加德与新款别克昂科拉汽车相提并论的构思立意，则是将"糖衣"与"炮弹"完美结合的关键所在。这篇软文抓住了二者的美（斯卡斯加德的完美外形 VS 新款别克昂科拉汽车的精美外观）与优秀（斯卡斯加德的努力与成就 VS 新款别克昂科拉汽车的追求与卓越）来展开论说，主题扣得紧，内容转得巧，"糖衣"与"炮弹"融合得自然。

总之，营销意图是起点，它貌似最容易明确，实际上最难提炼；背景材料是最自由的手段，在择取上基本没有限制；而材料与意图间的关系是行文裁剪的重要指导。因此，在构思和写作软文时，遵循这样的流程会给我们带来有益的帮助：将营销意图提炼到浓缩点（例如新款别克昂科拉汽车的美与优秀）→从自我擅长的领域与题材（例如"毒舌电影"长于电影领域）中找到当下的热点（例如，在当时热映的电影《泰山归来：险战丛林》中，亚历山大·斯卡斯加德是男主角）→在营销浓缩点与话题热点之中找到结合点，实现"三点合一"（例如人与车皆美而优秀）→以结合点为统摄，展开软文文案的具体写作（例如该篇软文的完成）。

（2）就"新"而言。

软文借着新技术提供的便利，在表现形式上多样，在手段运用上丰富，这是其"新"之利；但"新"也意味着多变，意味着容易迷失，这是其"新"之弊。因此，软文写作要在秉持自我特色的基础上，紧扣创意点，充分利用新媒介的技术之便。只有先明确自我特色，才能将新媒介用好，才能将软文写好。

我们先来看这样一个案例。"壹读"微信公众号的特色栏目"壹读视频"，推送过名为《史上最热的夏天，谁救了你的命》的短视频软文。这段短视频以溽暑七月为背景，择取了深圳这座年轻的城市作为切入点，通过一系列专业而形象的数据统计，指出了单靠年轻与梦想这两个偏于虚幻的要素，是撑不起深圳这座真实存在的活力之城的。接着，该视频话锋一转，郑重指出：在深圳这座城市岁月静好的背后，是"南方电网"小哥的辛苦努力与真诚付出，他们的负重前行为实现深圳年轻人的创业梦想与创新生活做了重大贡献。这个短视频显然在为"南方电网"打软广告，可即便拿掉"南方电网"这个营销对象，我们仍会从该视频所搜集和统计的一系列令人瞠目结舌的数据中，真切地感受到繁华都市背后真的有人在默默付出，会被深深地打动。总体来看，这段视频秉持了"壹读视频"的特色——以短取胜，篇幅不超过三分钟；以数据取胜，各种角度新奇的数据令人出乎意料；既有知识性，又有趣味性，集简短的说明与浓郁的人文关怀于一身，没有因为要打广告而丢掉自身的特色。这个成功的案例提醒我们，软文要善于与新媒介技术相融合，也要善于与推送者的自身定位与自我特色相结合。这样才富有个性，独树一帜，才能做到"软"而新，"软"而奇。

我们再来看一个案例。2016年8月，淘宝推出了"夜淘宝"的新概念。这是因为淘宝基于大数据分析，发现晚上10点是一天流量的高峰，于是便敏锐地抓住了这一发现进行营销。淘宝在App上，别出心裁地推出了一档以"美好的物品能治愈"为主题的《一千零一夜》夜间小剧场（见图8-4），开足马力进行各种广告营销。

《一千零一夜》夜间小剧场第1季共有16集，都是以故事的方式来讲述淘宝所售卖的美食商品。这个创意看起来与品牌"统一"所推出的《小时光面馆》系列有些相似，似乎有"撞车"的嫌疑，但点开第一集《一千零一夜·鲅鱼水饺》的视频一看，即可发现：较之品牌"统一"那生活化的《小时光面馆》系列而言，淘宝的《一千零一夜》夜间小剧场系列要更加魔幻，更加契合"夜"的时段特点与意境设定，精美的画面

图 8-4 《一千零一夜》视频海报

与美食的细节相得益彰，很好地慰藉了故事所表达的遗憾、彷徨与伤感等情绪，无限激发了在夜色之中孤独的"淘宝一族"购买和享用美食的强烈欲望。

通过这个案例，我们可以看出，新媒介确实能给软文带来诸多新变与惊喜，但淘宝坚持基于用户需求而创造购物契机的优势，利用"夜淘宝"的新概念，进行各种具体的软文广告推送，这才是过人之处。

总之，就"新"这个维度而言，在新媒介的环境下，做好自己，明确自己的定位与特长，软文创作才能有新意与亮点。

### 2. 反面维度的"坑"

有成功的软文，自然也有失败的软文。如果借用托尔斯泰《安娜·卡列尼娜》中那句经典的"幸福的家庭家家相似，不幸的家庭个个不同"来概括的话，那么可以说：成功的软文各有其卓越之处，而失败的软文则皆有相同之点。总体来看，失败的软文的相同点大抵包括以下两个方面。

(1) 营销层面的"坑"——不够用心，过于尴硬。

软文要求绵里藏针、含而不露，如果强行植入那就尴尬了，如果过度植入那就生硬了，这样的软文会落入"画虎不成反类犬"的境地。比如，有些软文虽然试图运用感叹号、语气词等带有轻松感的写作方式来拉近与受众的情感距离，用亲近感与亲切性来包裹营销目的，但由于缺少背景材料这层"糖衣"，或背景材料与营销意图结合生硬，全文展现出浓浓的推销味，存在着偏"硬"的瑕疵。

总体来看，品牌营销通常更偏于宏大的理念认知，在文案写作上更容易做到"软"；而具体商品的营销通常涉及具体的信息，容易偏"硬"。但事实上，面向具体商品进行营销且做到以"软"而著称的爆款软文并不少。例如，在微博上曾有一篇名为《千万不要用猫设置手机解锁密码》的软文，讲述了主人公用猫来设置手机解锁密码后遇到的一系列窘事，在趣味性的叙事中自然地介绍了华为手机"指纹解锁，保密性高，手机不充电两天还有电"等功能。该软文发表后，迅速走红，传播效果极好。由此可见，越是具体商品营销的软文，越需要注意在"软"字上下功夫。

(2) 写作层面的"坑"——过于文艺，沉迷"自嗨"。

一些软文为了让营销目的变"软"，过度地征用空洞的文艺手段，淹没了营销的联结点，这样的文案看似很有"文艺范"，但实际上却因不说"人话"而受鄙夷，这类软文通常被戏称为"自嗨"型软文。例如，在某空调的软文中，有"初见惊艳，再见依然"以及"在家里，邂逅×××之美"之类看似文采斐然的表述。但事实上，这些表述很空洞，受众很难明白该款空调具体惊艳在哪里，也没法弄清该篇软文的营销卖点具体是什么，因而有网友戏称其"初见不懂，再见依然"。归根结底，"自嗨"型广告文案大多由于过于以自我表现为中心，过于注重空洞华美的文辞，而忽略了软文在本质上是营销广告，需要面向消费者结合商品卖点来进行写作。

此外，一些品牌为某些所谓的热点或爆款文案的外在所迷惑，而犯了"自嗨"之错。例如，在"美是……"体文案火了之后，一些品牌和文案作者不顾自身既有的调性，纷纷生搬硬套地模仿，于是就出现了下面这份东施效颦的文案[①]：

> 美是一切的开始
>
> 美是我们决定用 150 句话描述的东西
>
> 美是我
>
> 美是我照镜子
>
> 美是每天出门前要对镜子说的话
>
> 美是牛仔裤口袋里的餐巾纸，
>
> 在洗衣机里跳舞变成一场雪
>
> 美是一切肮脏的欲望的倒影
>
> 惹人占有毁灭杀戮
>
> 建造木马攻城略地于神话特洛伊

这份文案看似华美，其实比较空洞，有些不知所云，较难让人有阅读的兴趣与接受的愿望，因而是失败的。

总之，在进行文案写作时，我们最好从消费者、售卖者、创作者等多重立场出发来进行构思和写作，这样才能做到营销与文艺的兼美。

## 四、写作训练

### 1. 糖衣炮弹

请在近年的爆款软文中找一份你喜欢的，分析其中的"糖衣"（背景材料）"甜"在何处，"炮弹"（营销内容）的"爆点"是什么？"糖衣"与"炮弹"是如何做到圆融结合的？

### 2. 软文的公式与套路

软文虽以"软"著称，大部分人认为软文写作是有公式和套路的。

---

[①] 刀法行研．为什么80%的品牌文案都是无效文案？.（2022-08-25）[2023-11-02]. https：//mp.weixin.qq.com/s/hW5YTRM0PmIWFSeRcygYkQ.

你如何看待这一观点？请结合具体案例，说说软文写作包含哪些公式与套路。

3. 软文写作

请结合本地的人文风情、风物特产、景点名胜、老字号品牌等可营销的对象，以"XX 故事"为主题，写一份软文。

欢迎把练习发布在本教材配套的交流圈子（见后折口），和更多人分享你的作品。

【延展阅读】

一、推荐书目

1. 奥格威. 一个广告人的自白. 北京：中信出版社，2008.
2. 霍普金斯. 文案圣经. 姚静，译. 北京：中国友谊出版公司，2017.
3. 林永强. 小强广告 100 招. 北京：中信出版社，2008.
4. 李欣频. 诚品副作用. 北京：电子工业出版社，2007.

二、补充阅读

请扫描下方或本书后折口创意写作教学平台二维码，进入"《大学创意写作（第二版）》各章补充阅读资料"栏目，加深对软文写作要点的理解。

# 创意写作书系

　　这是一套广受读者喜爱的写作丛书,系统引进国外创意写作成果,推动本土化发展。它为读者提供了一把通往作家之路的钥匙,帮助读者克服写作障碍,学习写作技巧,规划写作生涯。从开始写,到写得更好,都可以使用这套书。

| 书名 | 作者 | 出版时间 |
| --- | --- | --- |
| **综合写作** | | |
| **成为作家(纪念版)** | 多萝西娅·布兰德 | 2024年1月 |
| **作家笔记** | 阿德里安娜·扬 | 2024年1月 |
| 一年通往作家路——提高写作技巧的12堂课 | 苏珊·M. 蒂贝尔吉安 | 2013年5月 |
| 创意写作大师课 | 于尔根·沃尔夫 | 2013年6月 |
| 渴望写作——创意写作的五把钥匙 | 格雷姆·哈珀 | 2015年1月 |
| 文学的世界 | 刁克利 | 2022年12月 |
| 从创意到畅销书——修改与自我编辑 | 詹姆斯·斯科特·贝尔 | 2016年1月 |
| **虚构写作** | | |
| 小说写作教程——虚构文学速成全攻略 | 杰里·克里弗 | 2011年1月 |
| 开始写吧!——虚构文学创作 | 雪莉·艾利斯 | 2011年1月 |
| 冲突与悬念——小说创作的要素 | 詹姆斯·斯科特·贝尔 | 2014年6月 |
| 视角 | 莉萨·蔡德纳 | 2023年6月 |
| 悬念——教你写出扣人心弦的故事 | 简·K. 克莱兰 | 2023年6月 |
| **情节与人物——找到伟大小说的平衡点** | 杰夫·格尔克 | 2014年6月 |
| 人物与视角——小说创作的要素 | 奥森·斯科特·卡德 | 2019年3月 |
| 情节线——通过悬念、故事策略与结构吸引你的读者 | 简·K. 克莱兰 | 2022年1月 |
| 经典人物原型45种——创造独特角色的神话模型(第三版) | 维多利亚·林恩·施密特 | 2014年6月 |
| 经典情节20种(第二版) | 罗纳德·B. 托比亚斯 | 2015年4月 |
| 情节!情节!——通过人物、悬念与冲突赋予故事生命力 | 诺亚·卢克曼 | 2012年7月 |
| 如何创作炫人耳目的对话 | 詹姆斯·斯科特·贝尔 | 2016年11月 |
| 如何创作令人难忘的结局 | 詹姆斯·斯科特·贝尔 | 2023年5月 |
| 超级结构——解锁故事能量的钥匙 | 詹姆斯·斯科特·贝尔 | 2019年6月 |
| 小说写作工具箱——125招助你写出爆款故事 | 詹姆斯·斯科特·贝尔 | 2024年5月 |
| 故事工程——掌握成功写作的六大核心技能 | 拉里·布鲁克斯 | 2014年6月 |
| 故事力学——掌握故事创作的内在动力 | 拉里·布鲁克斯 | 2016年3月 |
| **畅销书写作技巧** | 德怀特·V. 斯温 | 2013年1月 |
| 30天写小说 | 克里斯·巴蒂 | 2013年5月 |
| 从生活到小说(第二版) | 罗宾·赫姆利 | 2018年1月 |

| | | |
|---|---|---|
| 如果，怎样？——给虚构作家的 109 个写作练习（第三版） | 安妮·伯奈斯<br>帕梅拉·佩因特 | 2023 年 6 月 |
| 501 个创意写作练习——每天 5 分钟，激发你的创造力 | 塔恩·威尔森 | 2023 年 8 月 |
| **小说写作完全手册（第三版）** | 《作家文摘》编辑部 | 2024 年 4 月 |
| 写小说的艺术 | 安德鲁·考恩 | 2015 年 10 月 |
| 成为小说家 | 约翰·加德纳 | 2016 年 11 月 |
| 小说的艺术 | 约翰·加德纳 | 2021 年 7 月 |
| | 非虚构写作 |
| **开始写吧！——非虚构文学创作** | 雪莉·艾利斯 | 2011 年 1 月 |
| **写作法宝——非虚构写作指南** | 威廉·津瑟 | 2013 年 9 月 |
| **故事技巧——叙事性非虚构文学写作指南（第二版）** | 杰克·哈特 | 2023 年 3 月 |
| 自我与面具——回忆录写作的艺术 | 玛丽·卡尔 | 2017 年 10 月 |
| 写我人生诗 | 塞琪·科恩 | 2014 年 10 月 |
| | 类型及影视写作 |
| 金牌编剧——美剧编剧访谈录 | 克里斯蒂娜·卡拉斯 | 2022 年 1 月 |
| 开始写吧！——影视剧本创作 | 雪莉·艾利斯 | 2012 年 7 月 |
| **开始写吧！——科幻、奇幻、惊悚小说创作** | 劳丽·拉姆森 | 2016 年 1 月 |
| **开始写吧！——推理小说创作** | 劳丽·拉姆森 | 2016 年 7 月 |
| 弗雷的小说写作坊——悬疑小说创作指导 | 詹姆斯·N. 弗雷 | 2015 年 10 月 |
| 游戏故事写作 | 迈尔斯·布劳特 | 2023 年 8 月 |
| **剧本杀——玩法与写法** | 许道军 等 | 2024 年 6 月 |
| 好剧本如何讲故事 | 罗伯·托宾 | 2015 年 3 月 |
| 经典电影如何讲故事 | 许道军 | 2021 年 5 月 |
| 童书写作指南 | 玛丽·科尔 | 2018 年 7 月 |
| 网络文学创作原理 | 王祥 | 2015 年 4 月 |
| | 写作教学 |
| 剑桥创意写作导论 | 大卫·莫利 | 2022 年 7 月 |
| **小说写作——叙事技巧指南（第十版）** | 珍妮特·伯罗薇 | 2021 年 6 月 |
| 你的写作教练（第二版） | 于尔根·沃尔夫 | 2014 年 1 月 |
| 创意写作教学——实用方法 50 例 | 伊莱恩·沃尔克 | 2014 年 3 月 |
| 创意写作思维训练 | 丁伯慧 | 2022 年 6 月 |
| 故事工坊（修订版） | 许道军 | 2022 年 1 月 |
| 大学创意写作（第二版） | 葛红兵 许道军 | 2024 年 7 月 |
| 小说创作技能拓展 | 陈鸣 | 2016 年 4 月 |
| | 青少年写作 |
| 奇妙的创意写作——让你的故事和诗飞起来 | 卡伦·本基 | 2019 年 3 月 |
| 有个性的写作（人物篇＋景物篇） | 丁丁老师 | 2022 年 10 月 |
| 成为小作家 | 李君 | 2020 年 12 月 |
| 写作魔法书——让故事飞起来 | 加尔·卡尔森·莱文 | 2014 年 6 月 |
| 写作魔法书——28 个创意写作练习，让你玩转写作（修订版） | 白铅笔 | 2019 年 6 月 |
| 写作大冒险——惊喜不断的创作之旅 | 凯伦·本克 | 2018 年 10 月 |
| 小作家手册——故事在身边 | 维多利亚·汉利 | 2019 年 2 月 |
| 北大附中创意写作课 | 李韧 | 2020 年 1 月 |
| 北大附中说理写作课 | 李亦辰 | 2019 年 12 月 |
| 作文课——让创意改变作文（修订版） | 谭旭东 | 2023 年 3 月 |

# 创意写作教学平台

**提供前沿教学资源，服务创意写作学科发展**

扫码了解创意写作教学平台最新信息

"创意写作教学平台"由中国人民大学出版社打造，汇集近二十年"创意写作书系"图书、创意写作论坛、写作公开课等内容，为中文创意写作相关课程提供前沿、丰富、生动、立体的教学资源，让教师的教学有法可依，让学生的学习有路可循。

## 教材内容补充资源

免费为读者提供教材相关章节补充资源，点击即可阅读。另有教材课件、大纲、PPT、试读样章等资源供任课教师参考使用，可联系工作人员申领：刘静，手机：13910714037，邮箱：12918646@qq.com。

## 写作论坛及公开课资源

可免费收看独家写作论坛实录及公开课资源，由一线作家、教师、学者主讲，为师生提供多维的视角和多角度的思路，见证创意写作在中国十余年发展的历程。

## "创意写作书系"图书资源

作为一套系统引进国外创意写作成果、推动本土化发展的丛书，"创意写作书系"已出版70余册。教学平台可试读或试听部分电子书和有声书。

图书在版编目（CIP）数据

大学创意写作/葛红兵，许道军主编. -- 2版. --
北京：中国人民大学出版社，2024.7
（创意写作书系）
ISBN 978-7-300-32868-3

Ⅰ. ①大… Ⅱ. ①葛… ②许… Ⅲ. ①汉语—写作—
高等学校—教材 Ⅳ. ①H15

中国国家版本馆 CIP 数据核字（2024）第 106662 号

创意写作书系
**大学创意写作（第二版）**
葛红兵　许道军　主编
Daxue Chuangyi Xiezuo

| 出版发行 | 中国人民大学出版社 | | |
| --- | --- | --- | --- |
| 社　　址 | 北京中关村大街 31 号 | 邮政编码 | 100080 |
| 电　　话 | 010-62511242（总编室） | | 010-62511770（质管部） |
| | 010-82501766（邮购部） | | 010-62514148（门市部） |
| | 010-62515195（发行公司） | | 010-62515275（盗版举报） |
| 网　　址 | http://www.crup.com.cn | | |
| 经　　销 | 新华书店 | | |
| 印　　刷 | 天津中印联印务有限公司 | | |
| 开　　本 | 720 mm×1000 mm 1/16 | 版　次 | 2024 年 7 月第 1 版 |
| 印　　张 | 17.25 插页 1 | 印　次 | 2025 年 8 月第 3 次印刷 |
| 字　　数 | 235 000 | 定　价 | 49.00 元 |

版权所有　侵权必究　　印装差错　负责调换